伝播する蘭学

江戸・長崎から東北へ

KATAGIRI Kazuo
片桐一男

勉誠出版

はじめに

キリスト教厳禁、日本人の海外渡航禁止・密貿易厳禁という鎖国政策のもと、毎年、定期的に唐・蘭貿易船の入港を許した長崎。そこで貿易交渉とともに育まれた海外文化交流。異国の人との交流・交渉で、まず第一の問題は「ことば」の壁の除去であった。

唐商は唐人町の唐館に、オランダ商人は出島のオランダ商館に滞在、貿易業務に従事した。来日の唐商に対しては唐通事が、オランダ商館員に対しては阿蘭陀通詞が組織的に用意された。したがって、海外文化交流の第一線で役割を果したのが通事と通詞という職業集団であった。

通事と通詞が、基本業務の通弁・通訳に加えて、余技・副職として身につけることの多かったのが、医療行為と薬物知識の吸収とであった。

来日の唐商は民間商人群である。オランダ商館は国家に準ずる組織・オランダの連合東インド会社の支店として位置付けられ、幕府もそれを認め、管理の要と政権の誇示もあって、オランダ商館長＝カピタン一行の江戸参府を許し、義務付けた。その道中は諸侯の参勤に準ずる扱いであった。唐商の参府は許されなかった。類似の扱いを受けていたようにみえて、両商人において、参府が許されていたか、否かは、大きな相違点である。

右の相違点が、江戸に蘭学が発達する契機に大きく作用を及ぼしている。

江戸の蘭学の発達は、杉田玄白が明言しているごとく、明和・安永の交、ターヘル・アナトミア訳読グループが訳読作業に従事している間に、誰いうともなく唱え出した新名「蘭学」に由来している。換言するなら

長崎港（『長崎の湾と町』1825（文政８）年夏の情景、オランダ、ハーグ、国立中央文書館蔵）

ば、江戸の蘭学の発達には、長崎の物的・人的影響の大きかったことが認められる。

その蘭学が、玄白が文化十一年（一八一四）の段階で脱稿した「蘭学事始」の末尾において、「一滴の油これを広き池水の内に点ずれハ散じて満池に及ぶとや」「五十年に近き年月を経て、此学海内に及」ぶようになったことを「喜」んでいる。

江戸からも離れ、長崎からも遠くに位置していた東北において、「東北の長崎」と呼ばれるところがあった。米沢である。

「東北の長崎」「東北の蘭学」を考え、近世における新文化の全国伝播の様子を具体例を通じて考察してみたい所以である。

枝振りよりも香りを

いかにも大切そうに貼り込んである漢詩の刷り物がある。それも愛蔵の貼り込み帳に同じ物が二枚も。

春日賣花声亦奇
東阡西陌路參差
黄金用尽園成市
只擇紅香不擇枝

兼続

これを、

春日、花を売る声また奇なり
東阡西陌、路参差たり
黄金用い尽して、園市を成す

直江兼続肖像　（米沢市　上杉博物館蔵）

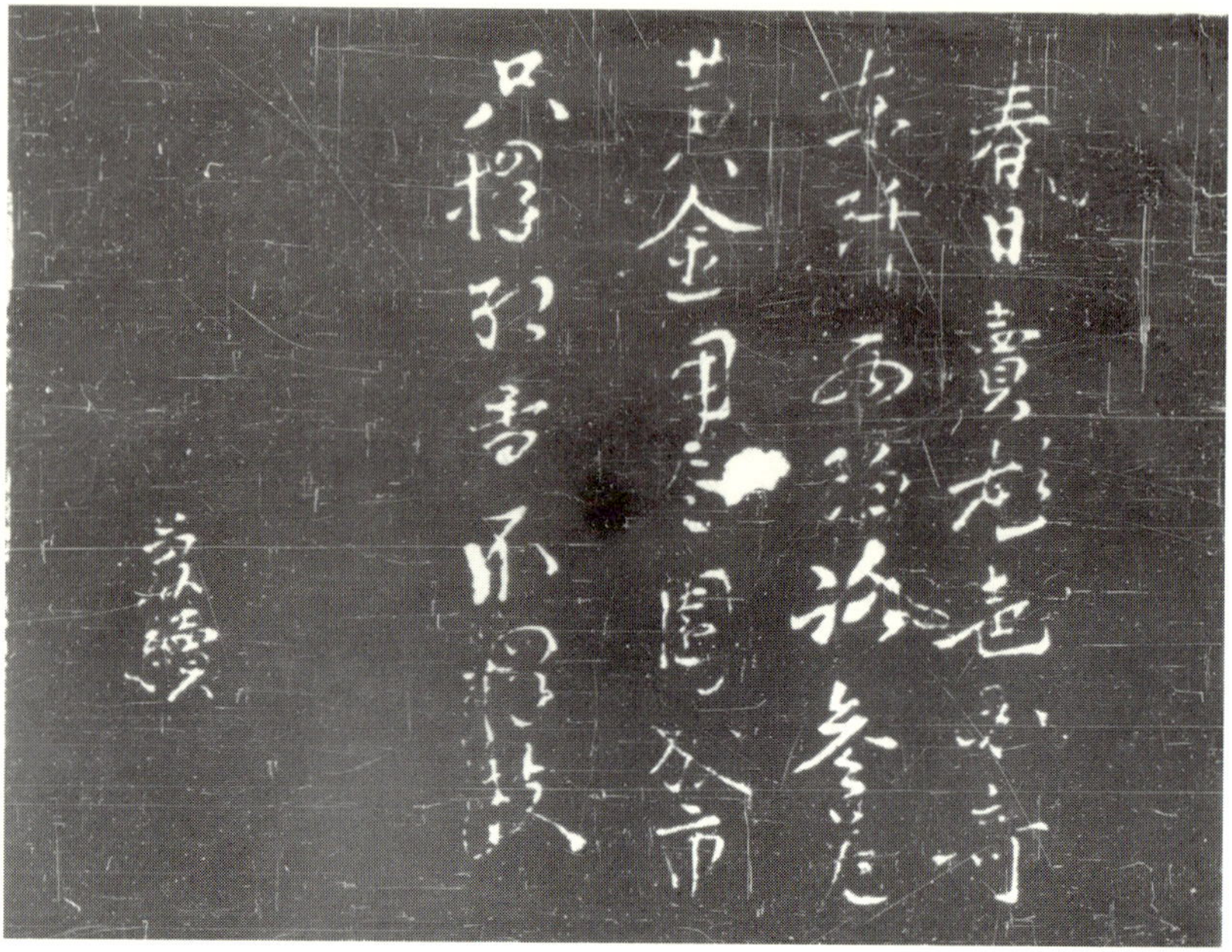

「売花」　（「堀内家文書」米沢市　上杉博物館蔵）

ただ紅香を択んで、枝を択ばず

と、読んでみた。その心は、

京の街に花を売り歩く娘たちの声の華やぎ。

整然とつくられ、縦横にのびる街。

贅を尽くした園には市がたっている。

ただ、紅香を択(えら)んで、枝の良し悪しで択ばないにしよう。

とでもいうのであろうか。

戦国の雄、上杉景勝に仕え、転戦に転戦。上杉軍団を支え、導いた猛将直江兼続。

天下の秀吉の甘言に靡(なび)かず、長文の「直江状」をもって、家康に一歩も退かず、主君を支え続けた智謀・智将の兼続の作。米沢藩医を務めた堀内家文書に伝来している。

平成二十一年（二〇〇九）はＮＨＫ大河ドラマ「天地人」で、直江兼続・おせんの与板、上杉の米沢、ともに沸き立った。時を同じくして、米沢の甘糟家旧蔵手鑑「鳥のあと」のなかに同じ文言の作品が見付かった、という。

直江兼続自身、この作品を好んでいたものと思える。刷り物にしたのは、兼続自身か、それとも周囲の誰か、はたまた後世の誰かか。しかし、堀内家文書に、同一の刷り物が二紙、いかにも、大切そうに貼り込んである。米沢で更に同文の一点が見付かった、となると、兼続自身の刷り立てになる施与物か、と思えるからである。

万一、後世の人の手になる刷り物であるならば、この兼続の作が、ひろく、想い出の秀作と見做されていた、ということになろう。兼続自身の手になる刷り物であるならば、おそらくは、兼続自身がこの一作に愛着をおぼえ、愛でて、友人・知人に贈ることしばしばであったか、としのばれる。

最後の一句に、兼続の心が籠められている、と、筆者は思う。

花を択ぶに、枝振りの良し悪しにはよらない。ただ、香りの良い一枝を択ぶのみである、と。人を花にたとえて詠む兼続の姿勢をそこに見る。人を択ぶに、容姿の美醜によるのではない。ひたすら、香気ある心の持ち主を択ぶのみであると。

遣いした京の街で、街と、そこで働く人をよく観ている。この透徹した観察眼があったからこそ、兼続は京の社会で働き得たのである。その後の人生を全うし得たのである。

この、心と眼の持ち主が、米沢の街の建設に、汗したのである。そこに住む人の行く末に心を馳せたのである。

米沢の財政の建て直しに挺身、徳と行動をもって人を導いた上杉鷹山、兼続を心の糧としていた人であったという。

Ⅰ　直江兼続と医療

はじめに

関ヶ原の合戦のあと、会津一二〇万石の上杉景勝が、三〇万石に削られて米沢に移された。多数の移住部隊とその家族で米沢は混雑をきわめた。

屋敷割・町割の整理をすすめる家老直江兼続は、当初、やむなく共同井戸・共同風呂・共同便所の使用を諸士に行わせたが、集団病の発生を予防するため、衛生に留意し、施策に「医書」を参考にしたという。

兼続がどんな医書を準備し、施策に活用したのであろうか。

一　医書の収集

1　『千金要方』

文禄の役で、上杉景勝に従って肥前名護屋に在陣していたとき、兼続は『済世救方』三百巻を写させたという。その謄写本は、後年、幕府に献じられ、副本が米沢興譲館に所蔵されていたが、明治四年文部省に徴収され、いまは伝存していない。

兼続の蔵書に宋版『千金要方』がある。

唐代のすぐれた臨床家であった孫思邈（そんしばく）の『備急千金要方』三十巻は病態に応じた治療書であったから、衛生の施策に役立てられたことであろう。

人命は至重で、千金よりも貴い。一処方が人命を救ったならば、その処方は千金よりも貴い、という意が書名となっている。三十巻の内容は次の通り。

『備急千金要方』三十巻

巻第一　序　例
巻第二　婦人方　上
巻第三　婦人方　中
巻第四　婦人方　下
巻第五上　少小嬰孺　上
巻第五下　少小嬰孺　下
巻第六上　竅　病　上
巻第六下　竅　病　下
巻第七　風毒脚気
巻第八　諸　風

巻第九　傷寒方　上
巻第十　傷寒方　下
巻第十一　肝臓
巻第十二　胆腑
巻第十三　心臓
巻第十四　小腸腑
巻第十五上　脾臓　上
巻第十五下　脾臓　下
巻第十六　胃腑
巻第十七　肺臓
巻第十八　大腸腑
巻第十九　腎臓
巻第二十　膀胱腑
巻第二十一　消渇　淋閉
　尿血　水腫
巻第二十二　丁腫　癰疽
巻第二十三　痔漏
巻第二十四　解毒　雑治

巻第二十五　備　急
巻第二十六　食　治
巻第二十七　養　生
巻第二十八　平　脈
巻第二十九
巻第三十　　針灸下孔穴主対法

人体の全体に発生する病態に応じた治療の大系が示されている医書とわかる。衛生の施策に参考とされたことが納得できよう。

二　兼続の手抄本と謄写本

1　『兼続手抄』

兼続の自筆と伝えられる『兼続手抄』と、彼の蔵書の謄写本と伝えられる『諸薬方書』を見てみよう。
『兼続手抄』は、見聞したことを手控えたもので、次の五部門に分かれている。

可相中友知大支（三項目）
出于中友ニ可相方之支（六項目）

船渡之大事（一項目）
兵法杖之大叓（一項目）
光明鬼神▨▨　次秘奇[方]ニ云（一項目）

武将として、その日その日に、その身にふりかかってくる「大事」を予見して難を避けるための手立てが書き留められている。

・「脈」によって「大事」の有無、死生を知ること。
・膳のうちに「毒」の有無を知ること。
・毒の入った膳を運んできた者の所作・挙動から察知すること。
・「船渡」に際し、舟に乗る前に行って難を避ける仕方。

いかにも、実戦に臨んで生き抜いた武人らしい見聞手記である。純然たる医書ではないが、身命の保持に関する記述も含まれていて、注目に値する。

2　『諸薬方書』

『諸薬方書』は、表紙の題簽に、

諸薬方書直江城州手抄
と認められている。兼続が手ずから書き抜きした書というわけである。四九丁ほどの冊子で、書式は必ずしも整ってはいないが、次のような諸項目から成っている。
金不換三七経験仙方
散滞茴香散治諸淋并婦人赤白帯
益元壮固丸
木香丸
阿片丸
神仙延壽酒
煑鹿角膠法
消風去毒方専治男婦生楊梅
天疱後病身腫手足骨節疼痛
霍乱吐瀉
治蚊虫
治臭虫
衣不生虱

千腫不酔
不酔任飲
一鍾便酔
読書不困方
婦人陰中生瘡
五間猪馬圭牛羊

帰芪艾附丸治婦人血海虚冷月叓不准赤白帯下小腹
常疼腰痛血氣腫満癥瘕子宮冷皆服此薬神効要対症用
便毒并臁里便毒清毒流氣飲初起即消
安胎飲　産前可用
胎衣不下為血長在内不得下活絡丹童便泡服二次甚妙
婦人以経信為重
用薬條例
楊梅瘡止用十帖　久遠結毒漏瘡二十帖
痔瘡久瘡不愈倶治極験名曰香梅散痔瘡妙
化痰丸治諸色痰疾
化痰丸快脾順氣化痰消食

滋陰大補丸
治牙歯痛清胃散
頭風疼痛立効諸般眼痛
小児吐瀉焼針丸
喉痺之方
金瘡之方
三神丸
黒薬方
蕪秘方
牛秘方
至宝丹
玄補丹方
順体丹方
金龍丹方
参議神仙方
透項之方
甲州万力膏薬方
瀉心丸

元和二年六月廿一日

備急丹
下胎衣方
神仙之方
備急丹
寸白薬
流氣飲　諸病治
神仙解毒万病丹
備急丹
長命丸諸毒之薬
歯齦ヨリ血ノ出ルヲ治方
白々散ヒラドノ白薬ト云也
木香丸　虫薬　奥州仙台白川ノ道場薬コレナリ
種物之秘灸楢原　太兵衛
脚ノツリ痛灸同
癰疔灸瘡共ニ痛ムニ引薬之方
同推薬ノ方
同膿抜薬ノ方
秘結ノ薬

加減安虫丸
寸白之秘灸
草氣ニテ目ノ損シタルニ秘灸
下血長血ノ秘灸
鼻ノ赤キヲ治方
安虫丸方
ノドケノ薬

多くの処方や薬物名が見える。

止血薬、祛痰薬、歯痛薬、眼病薬、金瘡薬、梅瘡薬、虫薬、腫物薬、婦人病薬、解毒薬、保健・強壮薬、などなど、雑多で、部類分け、順序なども不同である。長い歳月にわたり、各地に転戦した間にも、体験した伝聞を、よく手抄していることがわかる。

ときには、「読書不困方」「不酔任飲」などといった、手抄した当人も理解に困惑したり、おかしい、と思ったものまでも書き留めてあり、地名や年代の記されたものも散見される。どこへ行っても、常に注意深く、処方や薬物に注意を払っていたことが読み取れる。それらが直江兼続の衛生の施策に役立てられたのであるという筋道がくっきり見えてくる。

II　上杉鷹山の指導のもとに

一　藩医の遊学を奨める

1　米沢の医家と医師

上杉鷹山肖像　（米沢市　上杉博物館蔵）

米沢藩に医師の家はどれくらいあったであろうか。

どんな医師が活躍していたのであろうか。

米沢の医家と医師を把握するためには、どうしたらよいか。

そこで考えてみる。米沢藩の厖大な「先祖書」と「勤書」にさぐってみてはどうだろうかと。『上杉文書目録』には次のように記載されている。便宜上、番号を付けてみる。

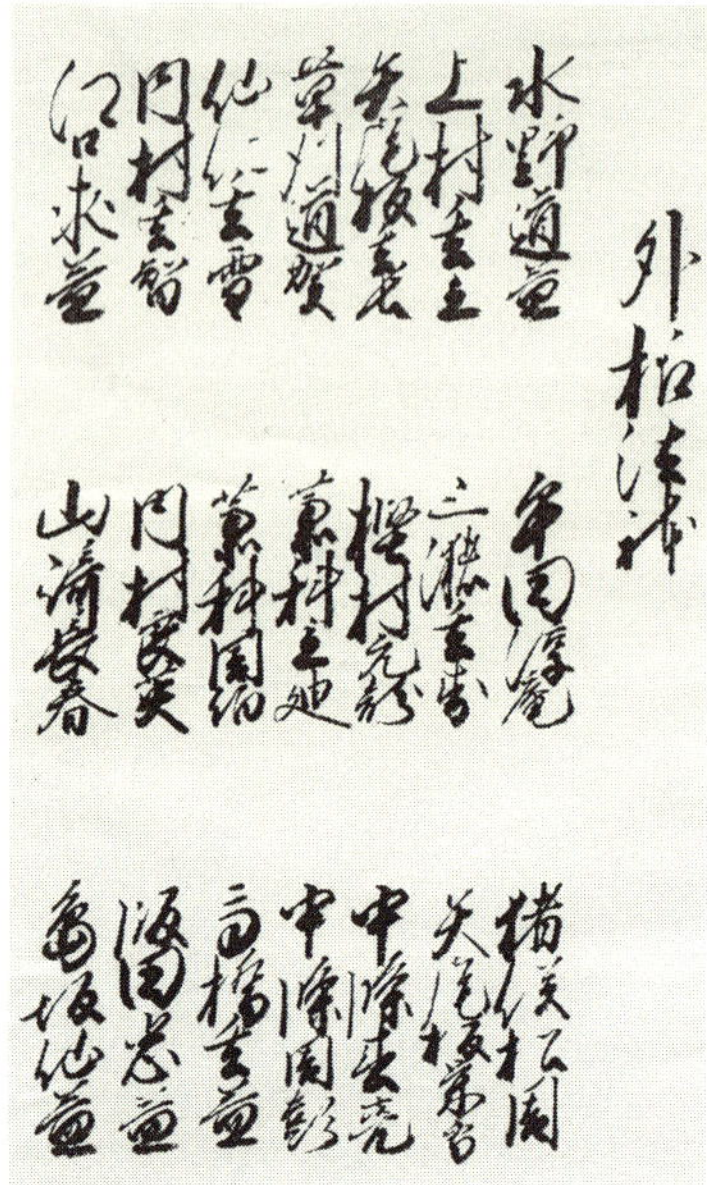

「先祖書」
（「上杉文書」米沢市立図書館蔵）

1　先祖書　元文五　42冊
2　先祖書　天明五、一〇　19冊
3　勤書　文化一、四　54冊
4　勤書　天明五、一〇　9冊
5　勤書　（文化一四―弘化元）　57冊

全一八一冊の厖大な記録から医師を抽出してみなければならない。さいわい米沢市立図書館の青木昭博氏が医家と医師を抽出して下さった。誠に有難い。これによって、各種の分析や、集計をし、考察することができた。

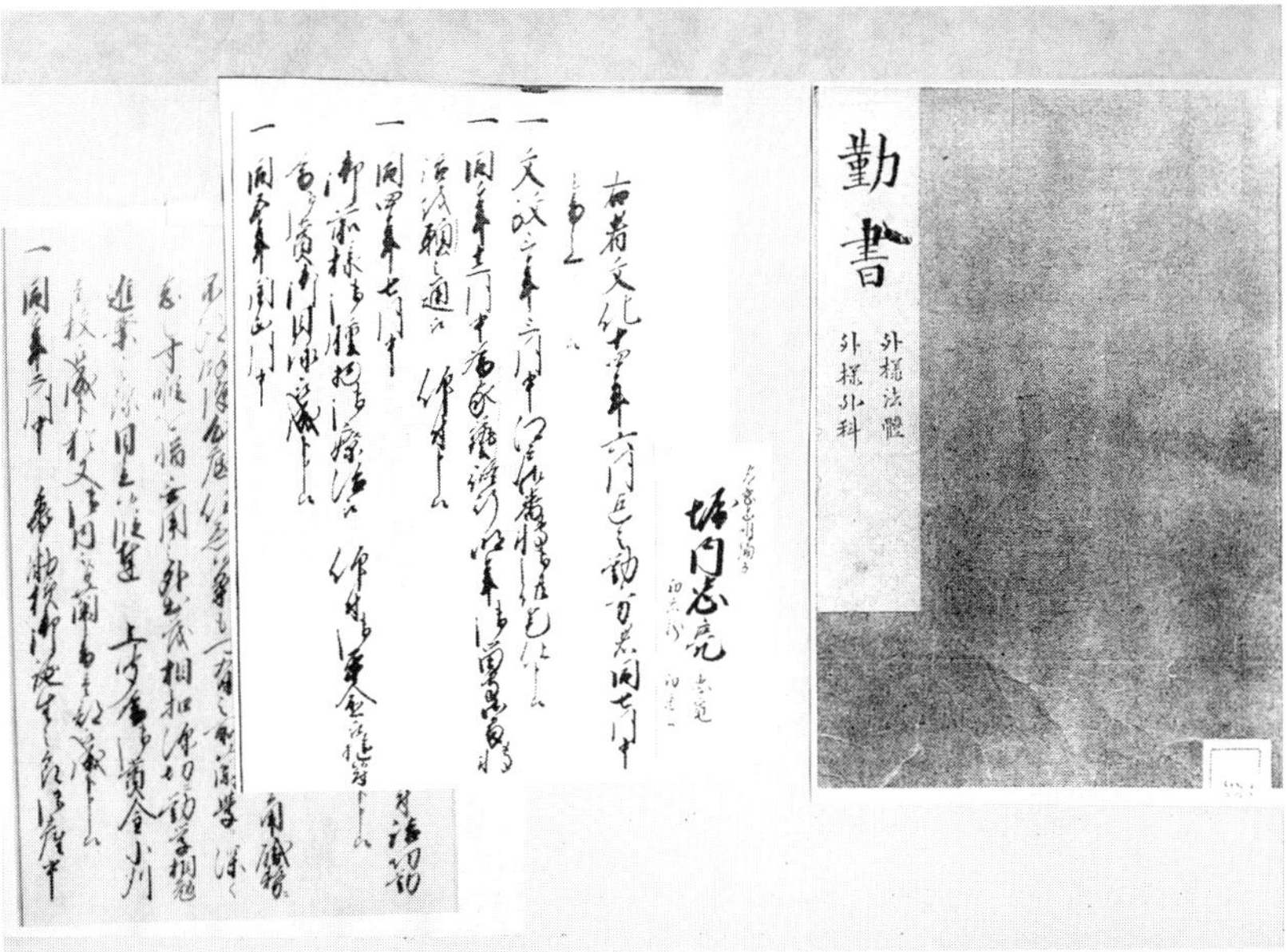

「勤書」　（「上杉文書」米沢市立図書館蔵）

抽出作業や分析・集計の過程は『米沢藩医堀内家文書』（平成二七年、米沢市医師会、米沢市上杉博物館）を見てもらわなければならない。ここでは、集計結果のみを紹介することにしたい。集計してみた結果が表1である。

このような一表に作成してみたことによって、次のようなことが判明した。

1　元文五年期は、全二〇家。

2　天明五年期になると、元文五年期によく対応している。しかし、18山崎家が姿を消し、かわって21猪俣以下の九家が増加をみた。

3　文化十四年期は、元文五年期と、天明五年期によく対応しているが、18山崎が復活、30本川以下の四家が出現する。

4　弘化元年期に至ると、30本川が消え、かわって、34太宰以下の五家が出現している。

5　結局、のべ三八家を見ることができる。

6 1、2、3、4、5、6、7、8、9、10、11、12、13、14、15、16、17、19、20の一九家が終始その名のみえる医家である。米沢藩医の家として長く存続をみた医家であることがわかる。これ以外の一九家がつぎつぎに台頭してきた医家であると判明する。

2 米沢藩医の遊学先

抽出した米沢藩の医家の「先祖書」「勤書」の記事のなかから、さらに藩医が江戸、京・長崎等へ遊学した様子を示す記事を拾ってみる。拾い出した記事を集計してみることによって、医師養成に対する米沢藩の姿勢がどのような変遷をたどったか、概観してみることはできないか、と考えてみる。

まず、遊学記事を拾い出して読んでみると、次のようなことが判明した。

「先祖書」「勤書」では、いわゆる「遊学」の行為に相当する言葉として「勤学」という用語が使用されている場合が多い。「家業道修業」「医学修業」とか、「医道修業」「家芸修業」「修業」「医道疑惑」のためとか、「眼科治術」「鍼術稽古」のためなどという具体的な科目の表現も見られるが、単に「勤学」と記している場合が断然多い。

寛政四年（一七九二）、江戸の本草家佐藤平三郎が米沢に招聘され、同七年（一七九五）疱瘡の大流行に際し、江戸の痘瘡医津江栢寿が招聘された際に、米沢の地で師事する機会に恵まれた藩医の例も含めることとする。

「勤学」が行われる場合には、希望する医師が藩に「願い」出て、許可を得ていた。「御威光」や「思召」「格別之御吟味合」によって藩命を受ける場合もあった、とあるが、これは上杉鷹山による「御威光」「思召」「格別」の「御吟味」であったようだ。いずれにしても「窺」いをたて、「願」い出て、藩命を受けるという手続きの例が断然多かった。「治憲公御内慮」による、と明記されている例も一例見付かっている。
このような、藩の許可を得、藩命を受けたかたちで「勤学」に赴く場合には、「勤学料」が支給された。「合力銀」「稽古料」「御勤学手当」などと称された場合もあり、勤学中「○人扶持○○両」支給の場合もあった。後には「定例之御擬金○人扶持」などと、定例化した表現も見られるようになった。

表1　「由緒書」と「勤書」にみえる医師の家

	元文5年医家	天明5年医家	文化14年医家	弘化元年医家
1	平田	平田	平田	
2	矢尾板	矢尾板	矢尾板	矢尾板
3	内村	内村	内村	内村
4	島坂	嶋坂	島坂	島坂
5	有壁	有壁	有壁	有壁
6	中條	中條	中條	中條
7	水野	水野	水野	水野
8	上村	上村	上村	上村
9	仙仁	仙仁	仙仁	仙仁
10	冨沢	冨沢	冨沢	冨沢
11	藁科	藁科	藁科	藁科
12	中條	中條	中條	中條
13	草刈	草刈	草刈	草刈
14	飯田	飯田	飯田	飯田
15	内村	内村	内村	内村
16	藁科	藁科	藁科	藁科
17	矢尾板	矢尾板	矢尾板	矢尾板
18	山崎		山崎	山崎
19	堀内	堀内	堀内	堀内
20	桑嶋	桑嶋	桑嶋	桑嶋
21		猪俣	猪俣	猪俣
22		樫村	樫村	樫村
23		江口	江口	江口
24		高橋	高橋	高橋
25		飛田	飛田	飛田
26		吾妻	吾妻	吾妻
27		伊東	伊東	伊東
28		山口	山口	山口
29		三潴	三潴	三潴
30			本川	
31			海瀬	海瀬
32			黒江	黒江
33			山本	山本
34				太宰
35				小沢
36				吉田
37				河内
38				宮崎

成果が上がり、特別の業績が認められた場合には「小判〇枚」が支給されることもあった。自費遊学の場合でも、許可を得る必要があったようで、「自分入料」などと明記されている。この場合も、成果、業績のみられた場合には、「一過金子五両」などと褒美が与えられていた。

勤学（遊学）地としては、江戸と京が多く、次いで、長崎、大坂が続いている。

記事には師事した師匠の名が明記されていたり、「入塾」とか「随身」と表記されることもあった。

勤学（遊学）の期間は、短かい何か月の場合もあったが、一〜三年が多く、五年、数年に及ぶものもあった。

江戸への場合、藩主の参府に随行し、江戸滞在の期間中、あるいは、それの延長で勤学に従事する場合が多かったようである。

師の名とともに勤学の勉学内容、科目の記されている場合も見受けられた。

勤学（遊学）記事を年代順に整理し、そのうえで、それらの記事を、鷹山以前の時期（米沢藩医の遊学Ⅰ）と、鷹山の藩主襲封から家督を譲ったあとも、その「御威光」の発揮された存命中（米沢藩医の遊学Ⅱ）と、鷹山以降（米沢藩医の遊学Ⅲ）の三期に分けて、集計してみる。このようにして得られた表を次に掲げる。

米沢藩医の遊学I

	医師名	遊学地	期間	勉学　種類・内容	出願有無	師匠名	学費	備考
1	飯田忠林	江戸	寛文十一(一六七一)年	勤学		杉本忠恵		
2	中條玄察　英泰	江戸	延宝七(一六七九)年					
3	中條玄休　雪涛 養庵	京都	元禄二(一六八九)年	医学	願		一ヶ年一貫目 合力銀	
4	草刈卜庵	京	元禄八(一六九五)年十二月 —同十一年三月二十八日	京学				
5	有壁道穏　好生	京	元禄九(一六九六)年	勤学			銀一貫目	
6	矢尾板玄柏　立象	京	正徳元(一七一一)年九月 —同五年三月	勤学	御威光			
7	堀内忠哲　直董		若年より十二—三ヶ年	阿蘭陀流外科		飯田忠林ノ門弟		正穂四年 組外仲間之勤
8	中條玄休　秀雪	京都	享保八(一七二三)年 享保十一年六	勤学 勤学	願		一貫目 五百目	
9	藁科周伯　光祐	江戸	享保十二(一七二七)年	勤学	願	井関杏仙院ノ門弟	三人扶持	
10	水野道益　秀寿		享保十三(一七二八)年二月 四ヶ年(十六年五月六日)	京学	願		一ヶ年五百目	
11	嫡子　杏庵							
12	有壁玄清　昌承	江戸	享保十九(一七三四)年三月	勤学			三人扶持	
13	矢尾板道迪　慮雄	京	元文六(一七四一)年正月 三ヶ年 —寛保四年二月	勤学	御威光			
14	吉田元三	江戸	延享五(一七四八)年	勤学				
15	本川松逸　春方		宝暦年中(一七五一—一七六三)	医道稽古		藁科松伯貞祐へ入門		
16	嶋坂仙益　長倫	江戸	宝暦八(一七五八)年十一月 —翌九年九月	鍼術稽古	思召	和田春長老へ弟子入	稽古料	

	医師名	遊学地	期間	勉学種類・内容	出願有無	師匠名	学費	備考
1	中條春亮　資寿	江戸	明和五(一七六八)年	針		和田春長	入料	
2	水野道益　秀親	江戸	明和六(一七六九)年八月↓九年四月　四年	勤学			五百目　勤学料	
3	樫村元龍　清方	江戸 京都	安永元(一七七二)年十一月	医学稽古			自分入料	一過金子五両
4	吾妻寿安　存厚	江戸	安永三(一七七四)年三月	勤学	願	三潴玄寿に附添って登 徳永享庵へ入門		
5	矢尾板栄雪　忠秋	江戸	安永六(一七七七)年三月—同年五月		御威光	今大路兵部大輔へ門弟入		
6	吾妻寿安	江戸	安永六(一七七七)年四月再登	勤学		徳永享庵へ寄宿	御勤学手当二人扶持	
7	吾妻寿安	江戸	天明元(一七八一)年四月　五ヶ年	五ヶ年勤学仕罷下				
8	中條玄休　資如	江戸	天明五(一七八五)年三月	勤学	願		五百目(合力)	
9	平田龍伯　範好	京都	天明五(一七八五)年三月	勤学			自分入料	
10	平田道宣　範淑	京都	天明五(一七八五)年	勤学				
11	藁科立迪　玄澄	江戸	天明五(一七八五)年	勤学		徳永享庵へ入門		
12	三潴玄寿　守行	江戸	天明六(一七八六)年四月				定例之御擬金一人扶持三両	
13	吉田元碩　元良	江戸	天明七(一七八七)年—寛政五年　七ヶ年	勤学	願	二宮桃亭へ寄宿		
14	吾妻寿安	京都	天明八(一七八八)年四月	勤学 医術稽古	願	小林方秀法眼へ入門		

15	内村洞翁　直則	江戸	天明九(一七八九)年四月	勤学	窺	杉田玄白へ寄宿	擬金一ヶ年五百目宛	
16	黒江玄益　則元	江戸	寛政三(一七九一)年三月	勤学	願	中山仁玄雪へ随従		
17	仙仁玄雪　秀之	江戸	寛政三(一七九一)年三月―同五年四月	勤学	願			
18	水野道益　秀文	米沢	寛政四(一七九二)年十月十七日	定附稽古		佐藤平三郎		
19	桑嶋雲白　房貞	江戸	寛政五(一七九三)年	家業道稽古	願	杉田玄白へ入門		
20	猪俣松周　安正	江戸	寛政六(一七九四)年三月	勤学		二宮桃亭へ寄宿	勤学料三人扶持	
21	水野道益	江戸	寛政七(一七九五)年三月―十年十月				五百目	
22	樫村元龍　清應	江戸	寛政七(一七九五)年	勤学	格別之御吟味合		勤学中三人扶持五両	
23	上村玄立　利仁	江戸	寛政八(一七九六)年二月―同十一年四月	勤学	願			
24	飯田忠林　正倫	江戸	寛政八(一七九六)年二月	勤学	願	桂川甫周法眼へ入門	三人扶持	
25	山口彭寿　吉信	江戸	寛政八(一七九六)年　三ヶ年	勤学	御威光	小児科芝田玄養へ入門　口中家佐藤文仲へ入門		
26	伊東升迪　祐徳	江戸	寛政八(一七九六)年三月	勤学	願		二人扶持	
27	矢尾板道迪　忠房	江戸	寛政八(一七九六)年三月　三ヶ年	勤学	願		初一年　一人扶持　後二年　勤学料五百目	

28	樫村元龍	江戸	寛政八（一七九六）年四月	御番転直（桜田屋敷へ）勤学兼帯				
29	宮崎周伯　知盈	江戸	寛政十一（一八二八）年三月　五十日	眼科治術	願	馬嶋周山		
30	高橋玄勝　知盈	京　大坂　長崎	享和元（一八〇一）年二月	家業道修業			年々三人扶持	
31	高橋玄勝		享和二（一八〇二）年六月	治憲公御内慮		竹中文啓　痔漏之治術伝授	小判七枚	
32	山口彭寿	京都	文化元（一八〇四）年	勤学	願	川越大助へ入門		
33	内村元智　直高	江戸	文化三（一八〇六）年八月—五年十二月　四年	勤学	願	杉田玄白へ入門　土生玄碩へ寄塾	小判十枚	
34	海瀬玄秀　忠吉	江戸	文化六（一八〇九）年四月	勤学	願	杉田玄白へ入門　寄宿		
35	草刈道庵　良遷	京都	文化六（一八〇九）年五月—同七年八月	勤学	願		三人扶持	
36	藁科梅庵　吉祐	江戸	文化六（一八〇九）年八月—同九年十二月迄　三ヶ年	勤学	願	二宮桃亭へ入門		
37	山崎元丈　秀満	江戸	文化八（一八一一）年三月	医学修業	願			
38	藁科立長　玄之	江戸	文化十（一八一三）年三月—十一年四月	勤学	願			
39	吉田元碩　良雄	江戸	文化十（一八一三）年八月—文政元年　六ヶ年	勤学	願	二宮桃亭へ寄宿		
40	樫村元龍　清光	江戸	文政元（一八一八）年四月—三年四月	勤学	願		一ヶ年五百目宛	

	医師名	遊学地	期間	勉学種類・内容	出願有無	師匠名	学費	備考
41	水野道益　光斎	江戸	文政三(一八二〇)年三月	勤学	願			
42	矢尾板栄雪　惟一	江戸	文政三(一八二九)年三月二十九日—五年三月	勤学	願		一ヶ年五百目宛	
43	三潴白圭　守仁	江戸	文政三(一八二〇)年三月二十九日	勤学 医術	願			
44	吉田元碩	江戸	文政三(一八二〇)年三月—同年十一月	医学疑惑	願	二宮桃亭へ寄宿		
45	猪俣松周　貞正	江戸	文政三(一八二〇)年六月	勤学	願	古賀　寄宿	自分入料	
46	草刈道賀　良勁	江戸	文政三(一八二〇)年八月—同四年六月	勤学		尾台良作へ		
47	堀内忠亮　忠寛	江戸	文政三(一八二〇)年十二月	家芸修業	願			
48	吾妻寿安　存厚	京都	文政三(一八二〇)年十二月	勤学	願	吉田意専へ入門	勤学中二人扶持	
49	有壁道穏　元昌	江戸	文政四(一八二一)年三月四日	勤学	願	渡辺昌郷へ入門寄宿	勤学中三人扶持	
50	猪俣松周	江戸	文政四(一八二一)年六月	勤学	願	二宮桃亭へ寄宿	一ヶ年五百目宛	
51	水野道益	江戸	文政四(一八二一)年十二月	勤学		服部升庵へ随身	一ヶ年五百目勤学料	

米沢藩医の遊学Ⅲ

	医師名	遊学地	期間	勉学種類・内容	出願有無	師匠名	学費	備考
1	三潴白圭	江戸	文政五(一八二二)年四月	勤学	願	服部昇庵へ随身		
2	伊東救庵　祐直	江戸	文政六(一八二三)年二月	勤学 眼科	願	土生玄碩老へ入門 杉田立卿	勤学中三人扶持	

3	平田淳庵　範周	江戸	文政六(一八二三)年四月	勤学	願	尾台良作へ入門		
4	三潴白圭	京	文政六(一八二三)年五月	勤学	願	服部昇庵へ随身	小判三枚	
5	桑嶋掛庵　敬房	江戸	文政六(一八二三)年	勤学	願			
6	飛田玄伯　方章	江戸	文政八(一八二五)年二月	修業	願	石坂宗哲老へ入門		
7	堀内忠亮	江戸	文政八(一八二五)年四月	勤学 蘭学			蘭書一部 小判一枚	
8	河内勾當松尾部	江戸	文政九(一八二六)年四月	鍼術稽古	願	石坂宗哲法眼へ入門		
9	伊東救庵	長崎	文政九(一八二六)年四月―十一年五月	勤学	願	眼科 外科		
10	中條春亮　賢之	江戸	文政十(一八二七)年四月―天保二年四月　五ヶ年	勤学	願		小判一枚	
11	樫村元龍	江戸	文政十一(一八二八)年二月―十二年四月	勤学	願			
12	桑嶋松庵	江戸	文政十一(一八二八)年四月―天保三年六月十五日	勤学	願	杉田玄白へ入門 花岡随賢へ入門		
13	海瀬玄秀　寛恒	江戸	天保元(一八三〇)年三月	勤学	願	湊長庵へ入門寄塾		
14	上村玄立　孝継	江戸	天保二(一八三一)年五月	勤学	願			
15	中條春亮　資之	江戸	天保六(一八三五)年十月―七年七月	勤学	願	多紀安叔へ入門		
16	藁科立迪　玄成	江戸	天保七(一八三六)年三月	勤学	願	官医多紀安叔老へ入門		

17	河内勾當松尾部	江戸	天保七(一八三六)年八月 三ヶ年増	勤学	願		勤学中二人扶持	
18	山崎長春　仁術	江戸	天保十二(一八四一)年二月	勤学	願	竹内玄同へ入門		
19	高橋玄益	江戸 長崎	天保十二(一八四一)年六月　二ヶ年 ―弘化元年九月　猶一ヶ年	勤学	願			
20	藁科松玄　保祐	京都	天保十三(一八四二)年六月	勤学	願			
21	山口利惣　立元		十ヶ年	勤学　家法伝授		藁科立迪・立沢へ随身		
22	山口利右衛門 吉富					吉田玄三門弟 藁科立沢		

このように、三期に分けて集計してみたことによって、はじめて判明した点がいくつかある。次に列挙してみる。

1　「先祖書」「勤学」にみられる米沢藩の藩医勤学（遊学）の制度が、早く寛文十一年（一六七一）から見られること。

2　上杉鷹山が襲封、在職中、および、隠居後も藩政に深くかかわった期間に、藩医の「勤学（遊学）」が、断然、多く見られること。

3　上杉鷹山没後も、米沢藩医の「勤学（遊学）」制度が、たとえ数は減っても、継承されていたことが確認できる。

以上をもって、いかに鷹山が既存の制度のなかで、その制度を活用して、藩医の質的向上をはかり、「勤学（遊学）」を奨励していたかが判明する。なかんずく、勤学（遊学）先の師匠名に蘭方医の名を多く見ることによって、いかに蘭方医学が奨励されていたか、はっきりと読み取ることができる。米沢が〝東北の長崎〟と呼ばれた所以がここにあると、鮮明に証明されたことになる。

3　杉田玄白の天真楼に学ぶ——江戸遊学の具体例——

江戸の蘭方医として名声の高い杉田玄白の天真楼塾に学んだ米沢藩医を、「先祖書」と「勤書」にみえる藩医より取りあげてみよう。

1　内村洞翁（直則）は、天明九年（一七八九）四月、窺いのうえ、杉田玄白塾に寄宿勤学が叶った。擬金一ヶ年五百目ずつ支給された。

2　桑嶋雲白（房貞）は、寛政五年（一七九三）、家業道稽古として杉田玄白に入門した。

3　内村元智（直高）は願い出て、文化三年（一八〇六）から五年十二月まで、勤学が叶って、杉田玄白に入門、次いで眼科医として名のある幕医土生玄碩のもとに寄宿することもできた。顕著な成績が認められたとみえて、小判十枚が与えられた。

4　海瀬玄秀（忠吉）は、願い出て、文化六年（一八〇九）四月、杉田玄白に入門、寄宿して勤学に従事することができた。

5　伊東救庵（祐直）は願いにより勤学が許され、文政六年（一八二三）二月、土生玄碩老と杉田立卿に入門して眼科を学んだ。勤学中、三人扶持を支給された。

さらに、文政九年四月から十一年五月にかけて長崎での勤学の願いが叶い、眼科と外科の修業を積むことができた。

6　桑嶋松庵（敬房）は、医道修業を願い出て、文政六年（一八二三）から翌年の五月にかけて江戸で学ぶことができた。さらに、願い出て、文政十一年（一八二八）四月から天保三年（一八三二）六月十五日まで、杉田塾へ入門、花（華）岡随賢にも入門して勤学に従事することができた。

杉田玄白肖像　　（早稲田大学図書館蔵）

堀内忠意（林哲）が杉田玄白に師事し、天真楼に在塾していたことは「堀内家文書」に往復書翰三通と玄白からの書翰十一通があって明白である。かつ玄白の日記「鷧斎日録」の寛政三年（一七九一）四月十九日の条に「送林哲帰郷」と題する一詩を載せている。

同じく寛政十年（一七九八）四月八日の条には「製芙蓉図餞高玄勝」と題する一詩と「送覚端帰米沢」と題する一詩を載せている。高橋玄勝と覚端が米沢に帰るに際して贈った餞別の詩であった。したがって、高橋玄勝と覚端も杉田玄白の天真楼に学んだことは確実である。

杉田玄白の天真楼塾に学んだ米沢藩医達は、具体的に、どんな蘭学学習や蘭方修業をしたものであろうか。教えた玄白の側にも、学んだ門弟たちの側にも、具体的に様子を示す資料がなく、未詳である。

総じて、蘭学塾における教授内容、修業内容を具体的に示す資料は、思いのほか少ない。ほとんど見受けられない、といっても過言ではない。

大槻玄沢肖像　（早稲田大学図書館蔵）

幸いにも、杉田玄白の高弟で、玄白の蘭学教育を忠実に引き継ぎ、次世代に伝えた人として大槻玄沢は注目に値する。また、玄白に入門を希望していたにもかかわらず、玄白病没の間際であったため、大槻玄沢と杉田立卿に学んだ長崎浩斎の具体的な在塾・学習記録も注目に値する。そこで、大槻玄沢と長崎浩斎の記録を通じて、杉田玄白の天真楼塾に学んだ米沢藩医たちの勉学振りを推察してみる。

長崎浩斎が百日の暇をもらって高岡を出立したのが文化十四年（一八一七）三月廿四日、浩斎十九歳の春であった。四月九日、江戸南伝馬町二丁目の布袋庵に着いた。八月十一日の江戸出立まで、一二〇日間、約四ヶ月の江戸滞在の遊学で、精力的に多忙な毎日を過したようだ。「東遊襍録」のなかの「東都医事録」に記している（拙著『蘭学、その江戸と北陸』思文閣出版、収録）。

大槻玄沢の芝蘭堂において、

二ノ日　新書
七ノ日　蘭書
三ノ日　縛帯

と、記録されている。「二ノ日」には『解体新書』が講じられ、「七ノ日」には「蘭書」が講じられていたことが判明する。「三ノ日」の「縛帯」は実技指導を含んでいたことであろう。このように、杉田玄白系の蘭学塾において学科と実技とが課せられていたことがわかる。

「蘭書」がオランダ語の原書を指すのか、翻訳書を指すのか、判然としない。しかし、浩斎が記している「蘭書類」と題した項目には、ハルマの「和蘭辞典」すなわち、世にいう『江戸ハルマ』と、『訳鍵』『蘭語訳選』をあげているから、蘭日、日蘭辞典が講じられていたことがわかる。

「東都医事録」の中で、長崎浩斎が筆記した「講義ノート」とみなされる「紀聞」を点検してみると、『解体新書』は「解体新書紀聞」として、「巻ノ三肺篇ヨリ聞始ム」と記されているから、これが受講の開始と見受けられる。「心篇」「動脈篇」「血脈篇」「門脈篇」「腹篇」〈巻ノ四〉「脾篇」「腎膀胱篇」「陰器篇」と終えて、「巻ノ四妊娠篇迄」「聞」いたとき（受講したとき）に期限切れとなった。

長崎浩斎肖像　（長崎圭爾氏蔵）

長崎浩斎が受講した分量を点検してみる。『解体新書』の「巻之三」「肺篇」から、「巻之四」「妊娠篇」までは、第一四篇から第二七篇までの計一四篇に当たり、丁数にして、三六丁分ほどになる。

長崎浩斎が受講した四月半ばから八月上旬までの間として、その間に「二ノ日」は何回あるか。数えてみると、一二回を数えることができる。

これによって、一四篇三六丁を一二回で割ってみると、一回すなわち一講時に約一篇強、三丁分くらいずつ講義されていたことが判明する。

これを換言すれば、芝蘭堂において大槻玄沢の講義は一回に半日かけて、『解体新書』の一篇分すなわち一主題を採りあげて、より原書に忠実に改訳、推敲を加えながら進められ、平均三丁分くらいずつ進んだことが理解できる。

愛弟子大槻玄沢が敬愛する師杉田玄白の天真楼塾においても、杉田玄白自身が、杉田伯元が、実子で別家した杉田立卿の塾においても、芝蘭堂塾で行われていると大同小異の講義が行われていたものと察せられる。

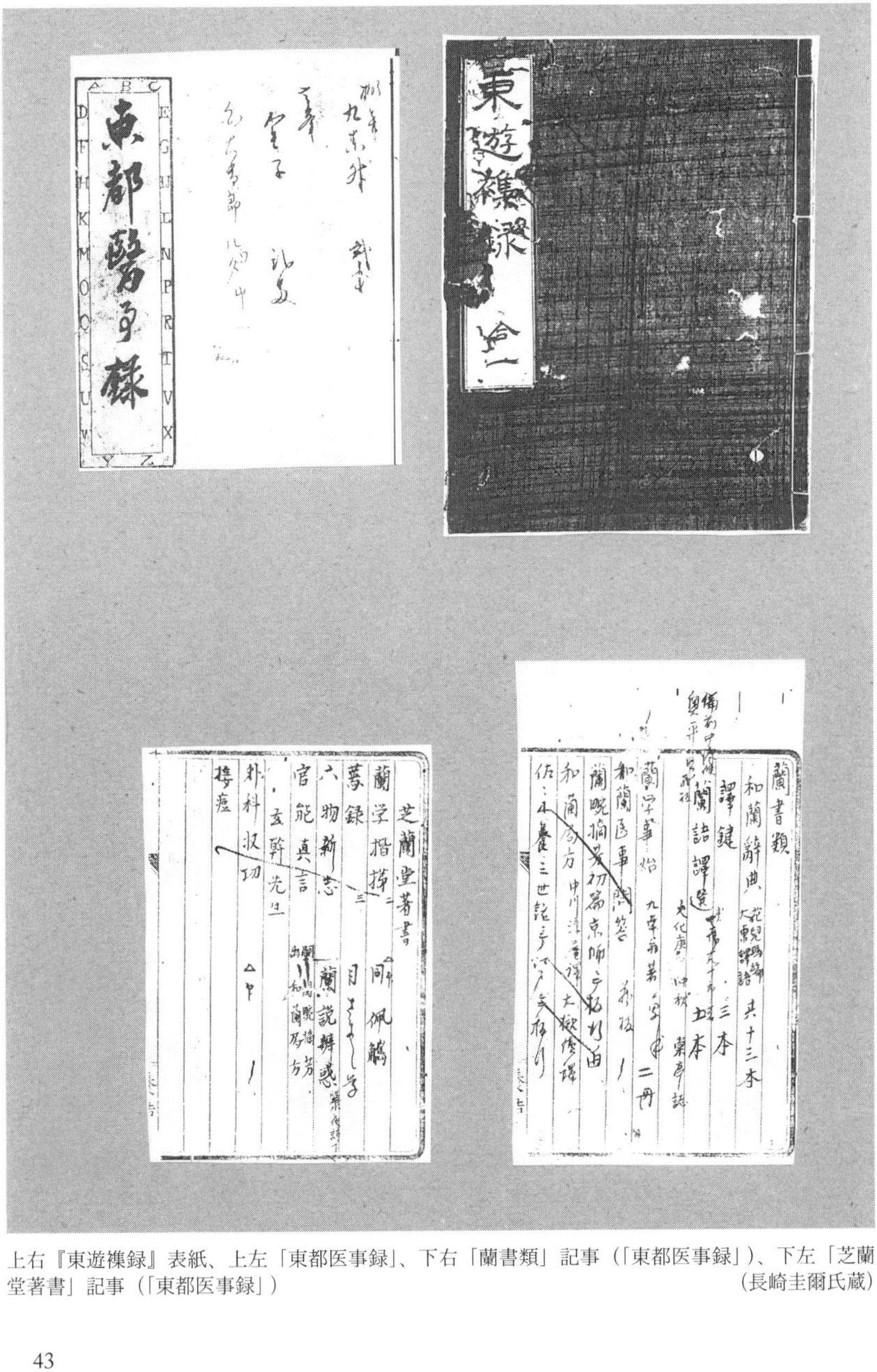

上右『東遊襍録』表紙、上左「東都医事録」、下右「蘭書類」記事（「東都医事録」）、下左「芝蘭堂著書」記事（「東都医事録」）
（長崎圭爾氏蔵）

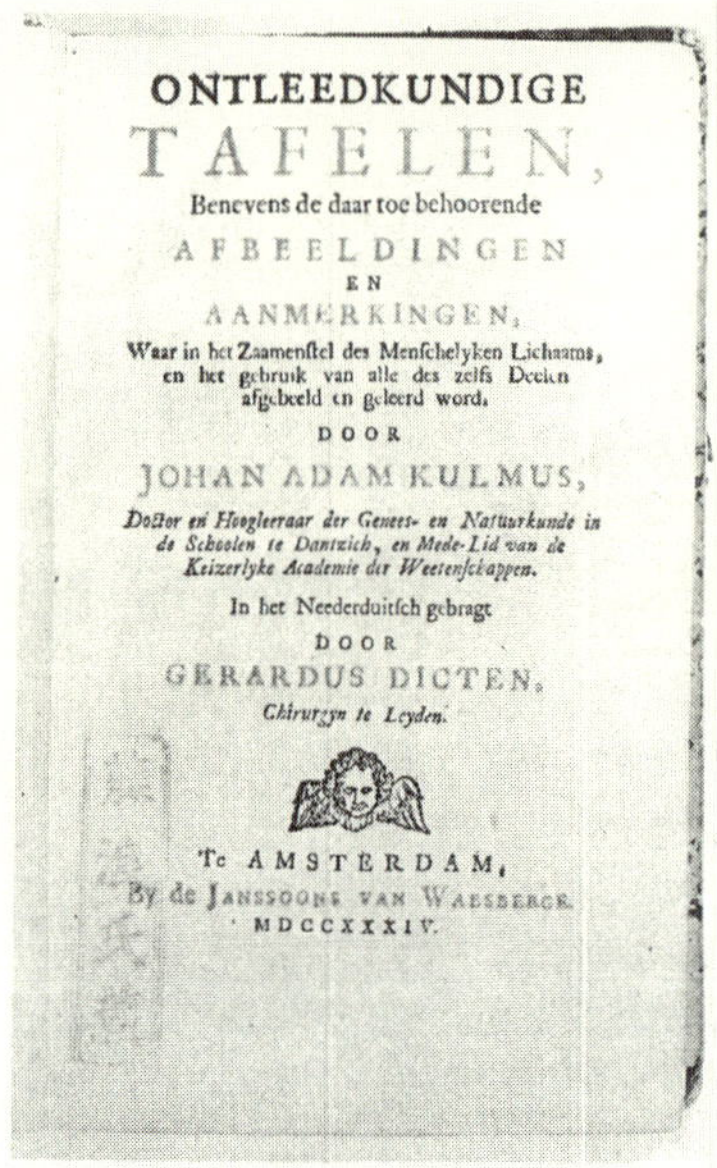

ONTLEEDKUNDIGE
TAFELEN,
Benevens de daar toe behoorende
AFBEELDINGEN
EN
AANMERKINGEN;
Waar in het Zaamenstel des Menschelyken Lichaams, en het gebruik van alle des zelfs Deelen afgebeeld en geleerd word.
DOOR
JOHAN ADAM KULMUS,
Doctor en Hoogleeraar der Genees- en Natuurkunde in de Schoolen te Dantzich, en Mede-Lid van de Keizerlyke Academie der Weetenschappen.
In het Neederduitsch gebragt
DOOR
GERARDUS DICTEN,
Chirurgyn te Leyden.
Te AMSTERDAM,
By de JANSSOONS VAN WAESBERGE.
MDCCXXXIV.

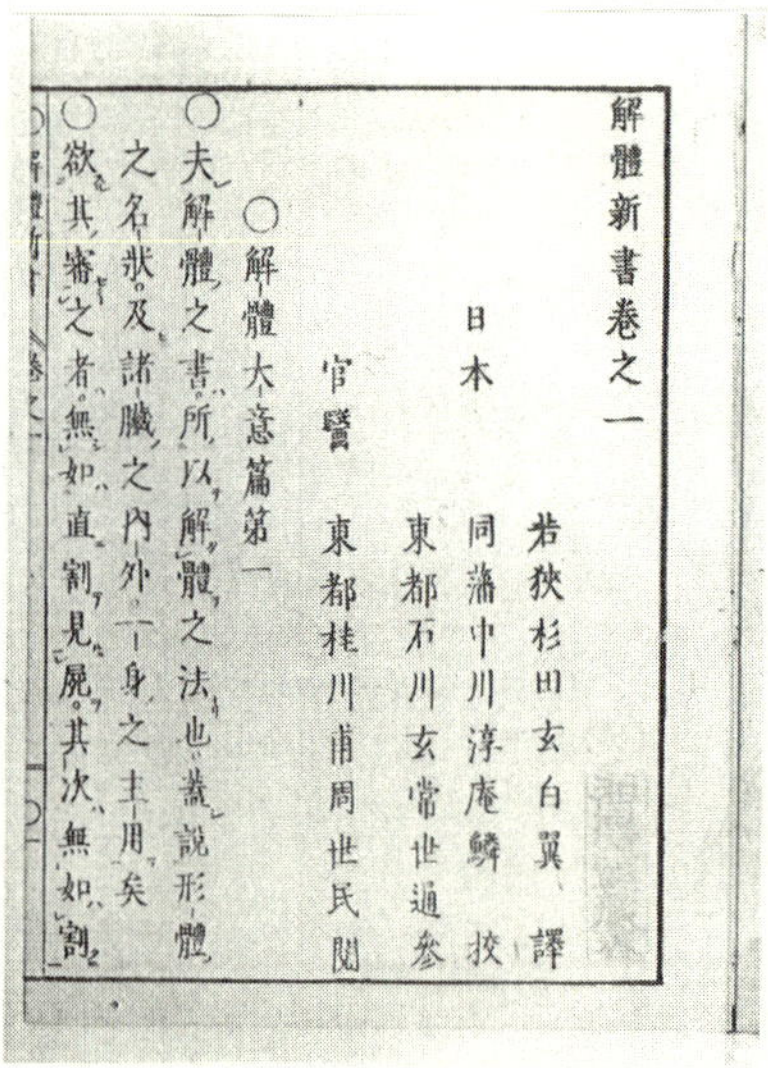

解體新書巻之一
若狭 杉田玄白翼 譯
日本 同藩 中川淳庵鱗 挍
東都 石川玄常世通 参
官醫 東都 桂川甫周世民 閲
○解體大意篇第一
○夫解體之書所以解體之法也謹説形體之名状及諸臟之内外一身之主用矣
○欲其審之者無如直割見屍其次無如割

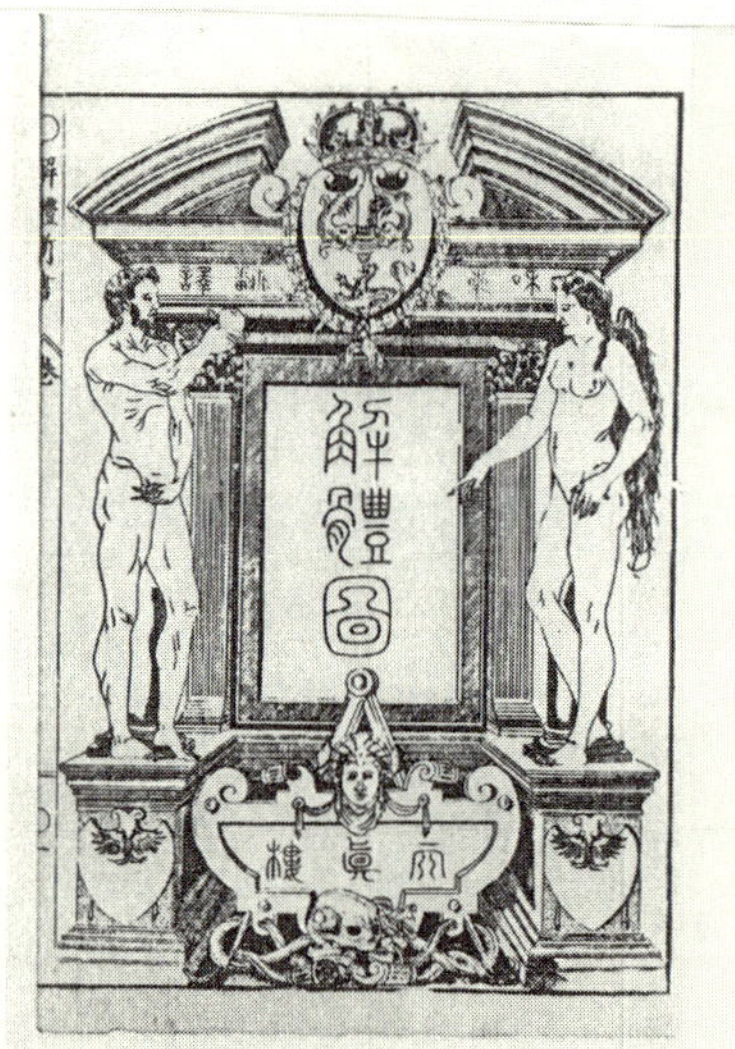

上右　クルムス「ターヘル・アナトミア」タイトルページ
上左　　　　　　　同書　　　　　扉絵　　　　　　　　　　（慶應義塾大学蔵）
下右　下左　『解体新書』扉絵と本文冒頭　　　　　　　　　　（東洋文庫蔵）

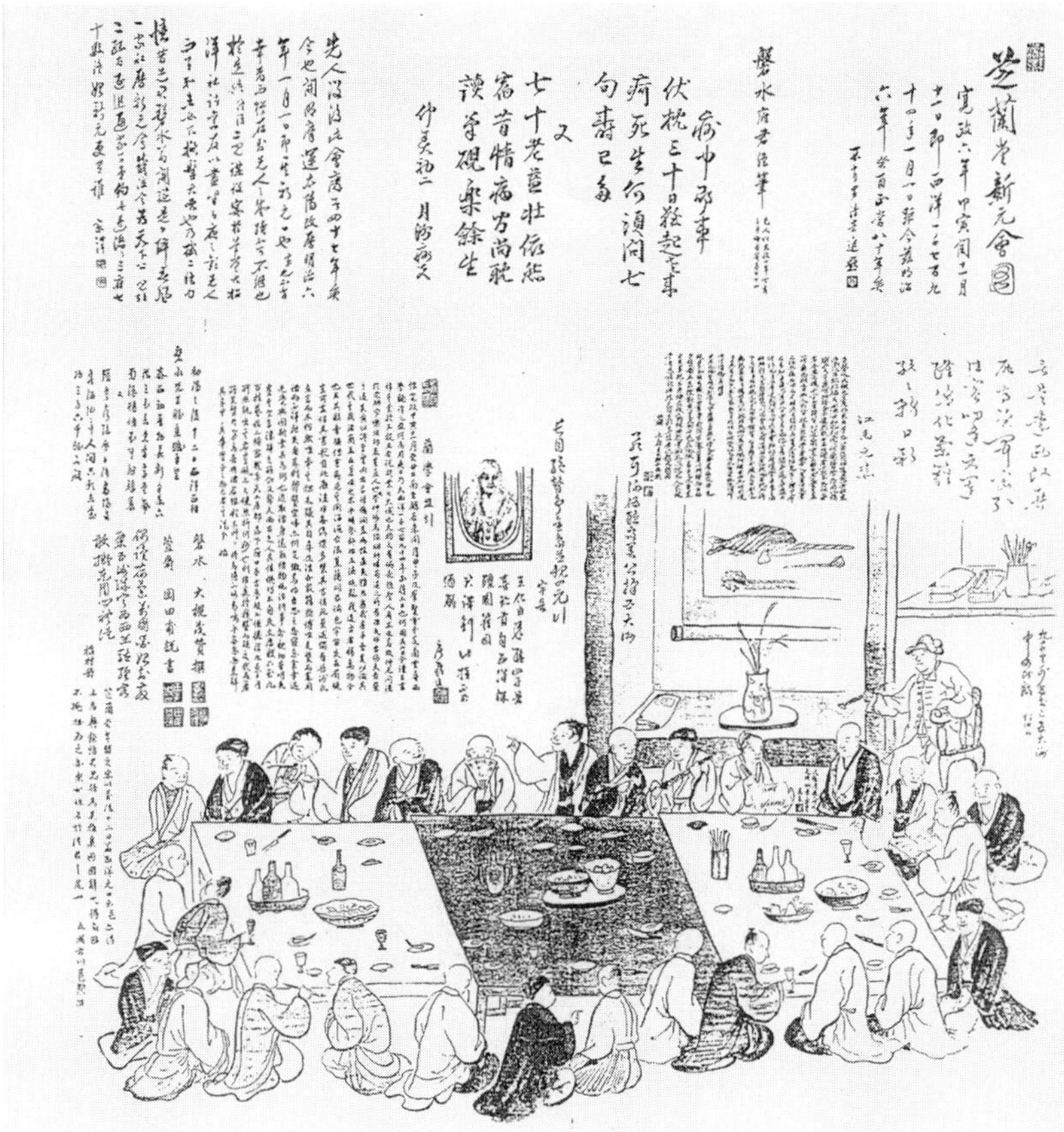

「芝蘭堂　新元会図」　（早稲田大学図書館蔵）

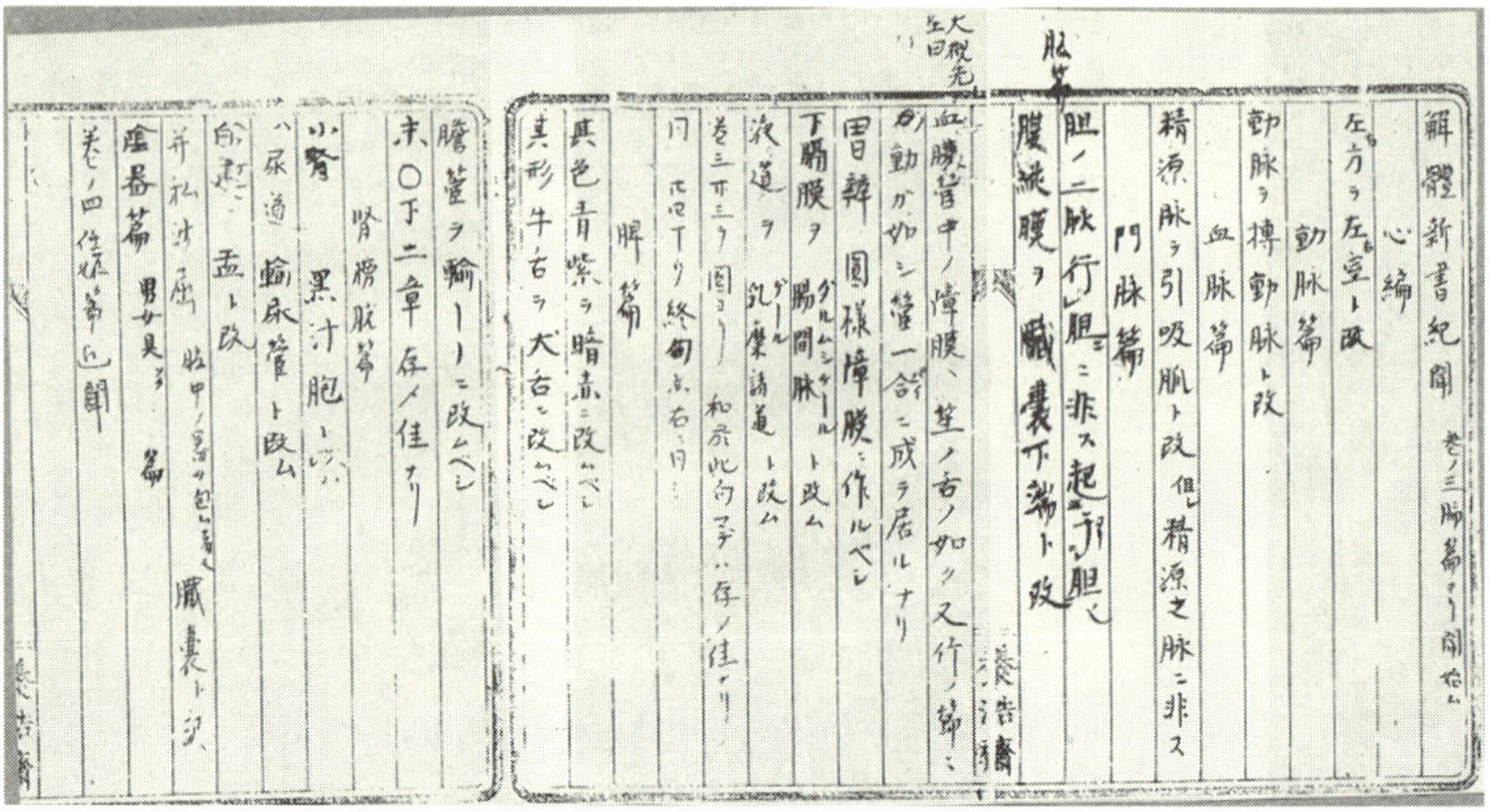

「解体新書紀聞」記事　　　　『東遊襍録』の中の「東都医事録」（長崎圭爾氏蔵）

4　吉雄耕牛の成秀館に学ぶ——長崎遊学の具体例——

米沢藩医高橋玄勝が、長崎の遊学先から米沢藩の六人年寄の一人志賀八右衛門に宛てた長文の報告書翰がある。堀内家文書の第二二二号書翰である（書翰番号は『米沢藩医堀内家文書』による。以下同じ）。

私費遊学とちがって、米沢藩の藩費で遊学した藩医の報告である。この時代、蘭方医師・蘭学者の長崎遊学は前後多きにのぼっている。それにもかかわらず、長崎における入門・入塾先の実況を具体的に報じた実例となると、思いのほか少ない。極めて少ない。

米沢藩医が長崎遊学の具体例として、特に長崎における高名な蘭方医の成秀館塾の実態報告として注目に値する。

高橋玄勝の報告書翰そのものは『米沢藩医堀内家文書』に全文収載してあるので参看願いたい。同書翰の詳細な紹介もすでに行ったことがある。本稿ではほぼ再録し、若干の補足をもって紹介に努めたいと思う。

長文の一翰の日付が「十月五日」とあり、書翰の常として、発信年の記載はない。しかし、文中、長崎の著名な阿蘭陀通詞吉雄幸作に言及して、「幸作去秋中古人ニ相成申候」とある。吉雄幸作の没年は寛政十二年（一八〇〇）八月十六日で、七十七歳の寿を全うして病没したのであったから、本書翰はその翌年たる享和元年（一八〇一）十月五日の発信であることがわかる。

本状の発信人である高橋玄勝について、まず、みておきたい。彼は初め満長といい、のち名を知盈と改めた。玄勝は通称である。代々米沢藩医を勤めた家柄で、父の玄益も藩医を勤め、明和八年（一七七一）には江戸勤務もはたしている。一体、米沢藩制において、医師には外様法体と外様外科とがあり、中之間御番医師のなかから御側医があげられていた。藩医はもちろん扶持を受けていたが、五人扶持五石くらいが普通で、なかには一人扶持などという甚しいものもあった。そんななかで、知行取りの医師は有壁二〇〇石、矢尾板八〇石、三潴三九石と高橋玄益五〇石とであったから、藩医のなかでも上位クラスの家柄であったわけである。藩の記録『勤書外様法体外様外科』によれば、玄勝は天明四年（一七八四）、父の病死の跡を継いで、七月八日に家督を相続し、寛政元年と同八年の両度、藩主上杉治広の江戸参勤道中に供を勤め、同九年には江戸の御留守御番を命ぜられ、

吉雄耕牛肖像　（吉雄幸治氏蔵）

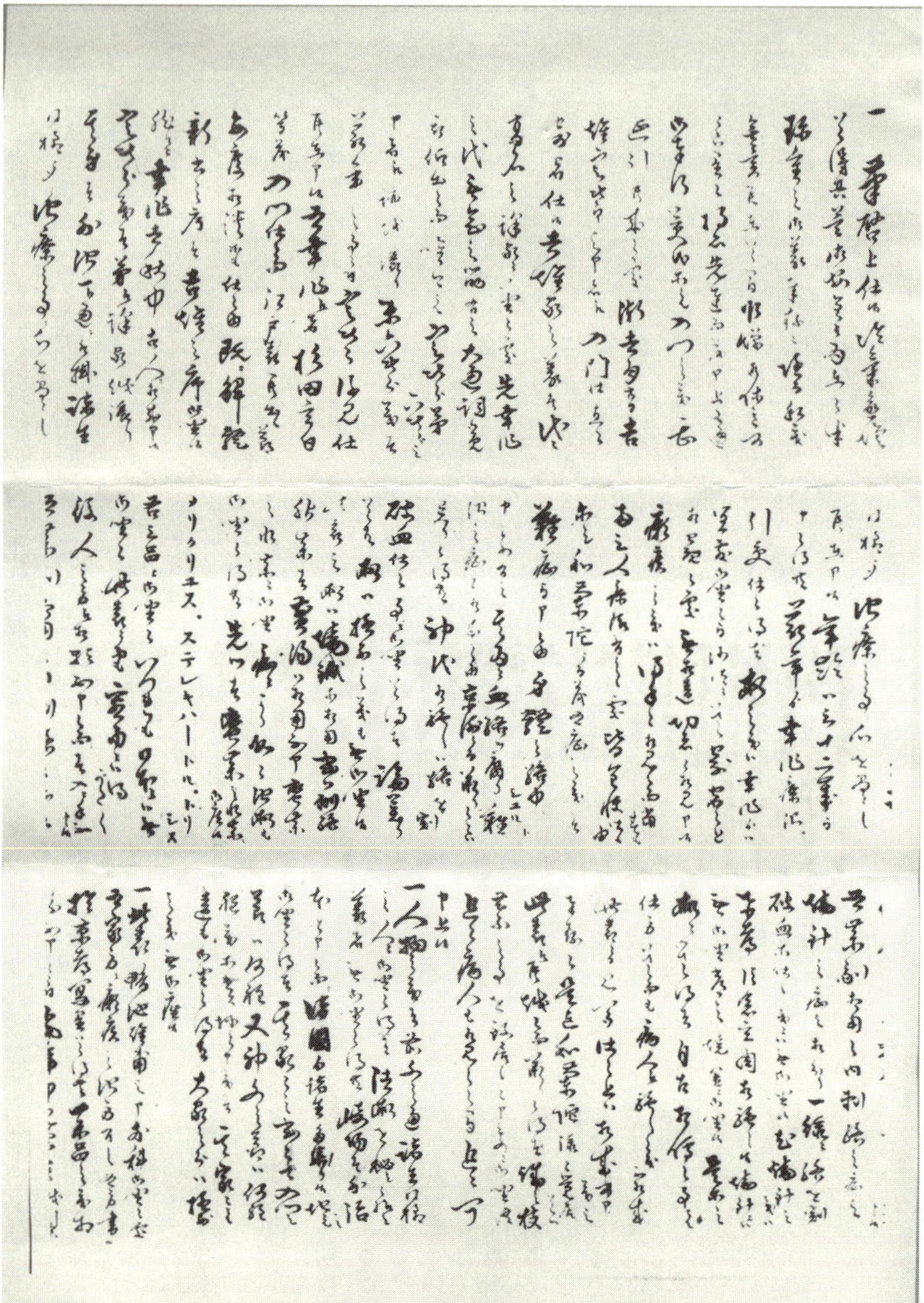

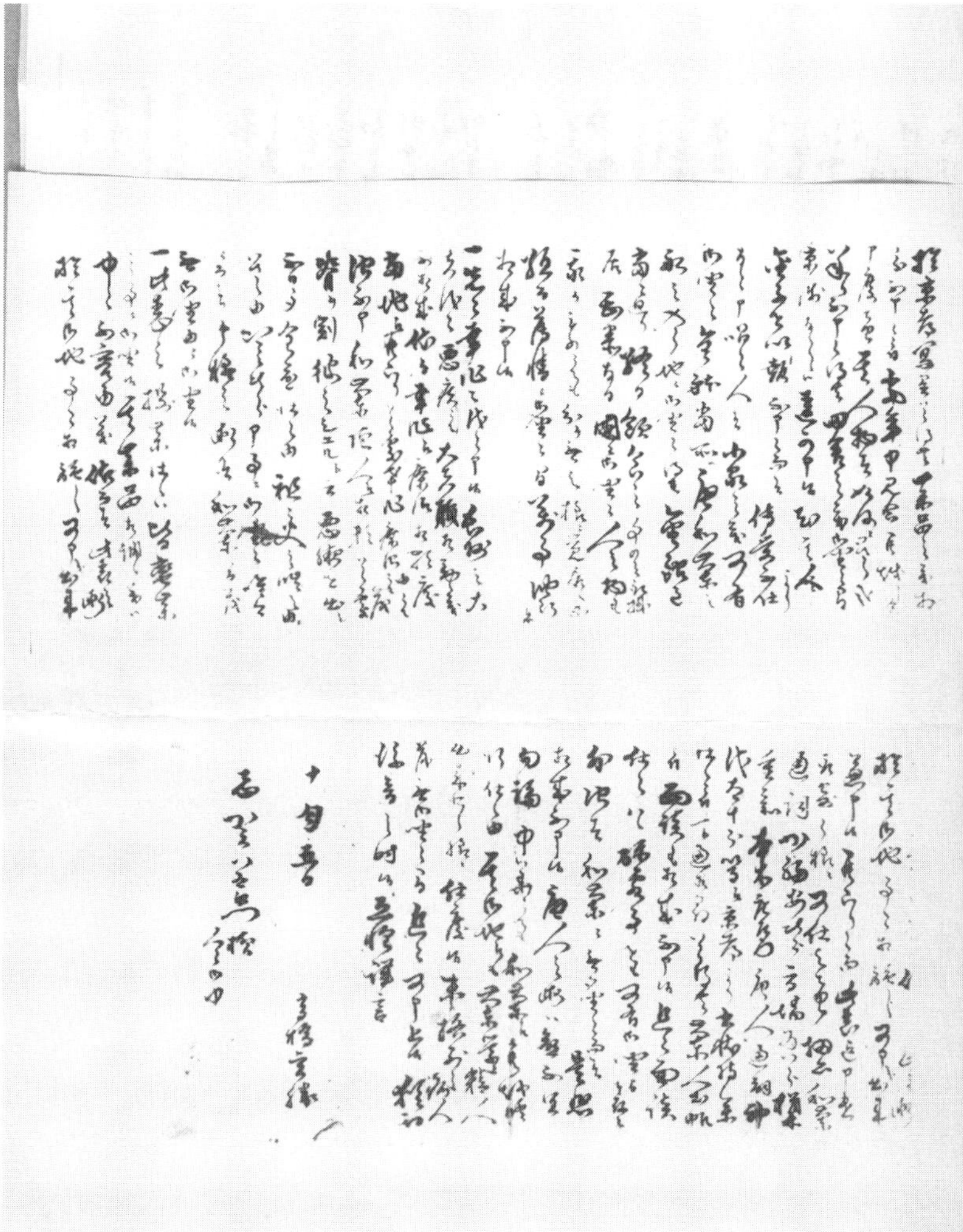

志賀八右衛門宛　高橋玄勝書翰　　　　　　　　（「堀内家文書」米沢市　上杉博物館蔵）

翌十年六月十四日、米沢に下着した。次いで、「享和元年二月中、願之上、京大坂長崎迠、家業道修業のため発足」とみえるから、先に決定した本書翰の発信年月日とも、前後矛盾しない。玄勝は長崎遊学の翌享和二年六月には藩主治広の御側医にあげられ、以後、江戸参勤の供を勤めることしばしばで、のち文化十四年（一八一七）正月には「治広公御側外療拾六箇年相勤候ニ付、其身一代三人扶持成し下される」こととなって、栄進の道を歩んだ。

一方、本書翰の宛先である志賀八右衛門については、概略次の通りである。名は祐親といい、初め仙四郎と称し、のち八右衛門を称した人で、ながいあいだ仲之間年寄を勤め、米沢藩の改革に携った。特に彼は、天明三年の飢饉によって生じた極度の財政窮乏を緊急に打開すべく、六人年寄としてこの難問題に取り組み、天明六年には御内証掛となって、経済改革の中心となって財政建て直しの衝に当たったものである。本書翰が報じられたころの八右衛門はすでに寛政三年三月に隠居して、嫡子の孫太郎宜親に家督を譲っていたが、なお在役中の精勤によって、藩主からの思し召しも目出度かった様子であった。したがって、遊学先から玄勝が詳細なる報告を送り届けた意味も明らかである。

さて、享和元年二月に米沢を出立した高橋玄勝は、途中、京・大坂で医学上の見聞を広げたあと、いよいよ長崎に赴いた様子で、「去月廿日」に吉雄定次郎へ入門・寄宿したとみえる。享和元年九月二十日のことである。その九月は、今春まで大坂町奉行であった成瀬因幡守正定が新任奉行として初の長崎入りをして、一ヵ年在役した奉行肥田豊後守頼常が帰府との交代に当たっていた。それゆえ、通詞諸家はいずれも多忙をきわめていたため、高橋玄勝の入門・入塾も遅延していたもので、書翰文面に「入門之義甚延引」とみえる。それが、

「入門仕、直ニ寄宿仕候」とあれば、玄勝は長崎到着後、直ちに吉雄塾に入れたのではなく、若干の日数は他所でその機を待っていたものと窺える。

玄勝の入塾先は阿蘭陀通詞の吉雄家であった。「吉雄家之義者代々高名之訳家ニ御座候」とある。吉雄氏は、系譜的には、遠く平戸時代の南蛮通詞肝附伯左衛門につらなり、長崎移転後も、通詞家のうちでも由緒ある家柄として重職を勤めてきた。ことに吉雄幸左衛門（のち幸作、号は耕牛、享保九～寛政十二〈一七二四～一八〇〇〉）は十四歳で稽古通詞となり、十九歳で小通詞に任ぜられ、直ちに年番加役を勤め、寛延元年（一七四八）、若冠二十五歳で大通詞に昇進し、同時に年番大通詞の大役に当たった。以後、長崎の地においては年番に当たることしばしば、また、オランダ商館長の江戸参府に付き添って東上する江戸番通詞の重任を果たすことの回数も多きを数え、異例の昇進と活躍をした。寛政年代には、すでにその二年に阿蘭陀通詞目附の要職につき、通詞仲間の監督・統率に当たっていたが、寛政二年（一七九二）冬、いわゆる半減商売の趣旨をオランダ商館長に命じた書類とオランダ商館側からの請書との翻訳書類作成上に疎漏があったということで、阿蘭陀大通詞の楢林重兵衛と同小通詞の西吉兵衛とともに罪に問われ、入牢のうえ、翌三年三月十日には役儀取り放ち、五カ年蟄居を命ぜられてしまった。本書翰において「幸作之代無念之筋これあり、大通詞御免仰せ出だされ候」と伝えているのがこの件をさすものである。しかし、北辺をはじめ、異国船の出没に端を発し、吉雄幸作の力量は時代の要求するところとなって、寛政九年（一七九七）、七十四歳の高齢をもって、なお、蛮学指南を命ぜられたのであった。

定次郎とその弟六次郎とは、吉雄幸作とその妾サヨとの間の子供である。六次郎は天明五年（一七八五）幸作が六十二歳の折に生まれた子供なるにより、はじめ六二郎と称したといわれ、六次郎また六治郎とも書き伝えられている。実名は永保といい、のち文化十一年正月に権之助と改名した。のち、シーボルトにも師事して、実力を備えた蘭語学者に成長した吉雄権之助その人である。吉雄幸作のあとを継いで阿蘭陀通詞となったわけであるが、享和元年現在、彼はまだ十六歳の若年であったから、兄の定次郎が後見に当たっていたらしい様子が本書翰によって窺える。兄の定次郎は吉雄幸作の医術の面を継いだ。父の幸作は耕牛と号し、医をよくした。すなわち、実力ある通詞として出島勤務をする余暇に、オランダ人医師から直接に医術の伝授をうけ、また参考となる洋書の入手にも努めていた。耕牛が直接に伝授を受けたオランダ商館付医師はヒリップ・ピーテル・ムスクルスPhilip Pieter Musculus、ダビット・エーフェルスDavid Evers、ゲオルグ・ルドルフ・バウエルGeorge Rudolf Bauer、カール・ペーター・ツーンベルグCarl Peter Thunbergの前後四人に及んだ。ために、彼の医術は吉雄流オランダ医術として遠近に伝わり、その成秀館に入塾を請うて訪れる者また頗る多きを数えた。吉雄耕牛が明和六年に参府の商館長ヤン・クランスJan Cransに付き添って東上した際、かの杉田玄白が早速入門を請い、ヘーステルの外科書を借覧した話は有名である。ついには、安永二年（一七七三）の春、杉田玄白の請いにより、耕牛は『解体新書』に序文を与えたものであって、本書翰にもみえている通りである。『解体新書』公刊は当時の医学界において、画期的なる盛挙であったから、たちまち海内に喧伝され、米沢の地にも知られたことも、けだし当然のことと考えられるが、米沢藩の藩医連に、かくも正確に印象強く受けとめられていたことには深い理由がある。すでに寛政元年（一七八九）四月には米沢藩医の内村洞庵が江戸の杉田玄白のもとに入門・寄宿して、翌二年の初夏まで修業に励んだし、同じく藩医の堀内林哲も寛政の初年に玄白に師事して帰り、帰藩後も書信を寄せて医学上の教示を受けることしばしばであった。寛政五年には桑島雲白が同じく玄白へ入門、同八年には飯田忠林が幕府に仕える蘭方医師桂川甫周へ入門するというふうに続き、のちには、藩主自らも玄白の医術に信頼を寄せて、自ら診察を受け、籠臣のあいだに患者の出た場合など、診察方の周旋をするほどの熱の入れようであった。したがって、米沢藩医たちが江戸の蘭方医師杉田玄白などに入門・修業の機会を通じて、その斡旋により、あるいは直接に、参府東上の阿蘭陀通詞たちにも斡旋の手を求めて、やがて、藩内における有力藩医の長崎遊学が実現にいたったものと推察できるところであって、諸般の実情を総合するに、決して無理な推測とは考えられない。

吉雄定次郎は当時「年齢ハ三十二歳」と報じられているから、明和七年（一七七〇）の出生なること、したがって弟の六次郎とは十五歳違いであったことが判明する。これならば十分弟六次郎の後見も可能なることがうなずける。定次郎は、耕牛の門弟である名古屋の医師野村立栄が記した『免帽降乗録』によれば、定治郎とも記され、実名は惟孝といい、甲子の年すなわち文化元年（一八〇四）に永久と改めたとある。

その定次郎は本書翰によれば、若年より父幸作の療治の手伝いを致し、「術之義」は父の幸作よりも宜敷いとの風評であった様子である。高橋玄勝が入塾のうえ、この点を窺いみると、はたして世評に相違なく、特に「癩疾」の治療を「得手」としている様子で、当春も両三人療治したところ、いずれも全快した由で、オランダでも難症といわれている由を伝えている。父の吉雄耕牛がすでに癩疾の治療に力を入れ、訳書にも『布斂吉黴瘡篇』とか『蝸蘭癩瘡巻』などを遺しているから、定次郎はこの父の実績を継受し、その向上に努めていたものと考えられる。身体の絡中にシュルというものがあって、そのために血絡を腐り、難治の症となるのである、とその症状を述べている。いうところのシュルとはChijl乳糜にあたるかと考えられる。したがって、この段階における蘭方医師たちの間では、まだ、病気の原因が血液中に混在した悪液にあると判断しており、細菌（ライ菌）によるものであるとは気付いていない。ノルウェーのハンゼンA. Hansenがレプラ菌を発見し、それが、やがてレプラの病原体であることがきまったのは一八八〇年のことであったから、気付いていないのも無理からぬわけであるが、一八〇一年現在におけるわが蘭学者の理解の仕方が現われていて参考となる。

ところで、興味深いのは、その治療法が「京摂」のそれと、長崎の吉雄定次郎の方法とでは異なる、と比較して報告している点である。前記の通り、玄勝が長崎に赴く途次、京・大坂での見聞したことと比較しているわけで、「神代」なる京の医師の治療は「絡を割、破血」することであると伝えている。いうところの神代某とは、当時、京の釜ノ座二条下ルところに住していた神代（くましろ）多仲ではあるまいか。これに比して、長崎の術は、鋏鍼などを用い、あるいは刺絡を施し、服薬としては煎湯は用いず、「蛮薬之水薬」を用い、症によりては「段々治術」もある、と伝えるあたりは、さすがに長崎ならでは、といった感じを深くする。その輸入蛮薬の水薬は、といえば、「メリクリュス」「ステレキハートル」「トリシス」なる三品であると。この三品とは、Mercurius 水銀・sterk water 硝酸・dulcis（mercurius dulcis 甘汞の略ではなかろうか）であろう。細菌による感染に気付いていない段階における当時において、この三品が殺菌作用のあることを的確に認識していたとは考えられないが、なが年蓄積された経験にもとづいて、特効ある薬品として珍重していた様子がわかる。かつ、この三品は長崎でも容易に入手し難く、役人に頼まねば入手出来かねるものであると述べている。ちなみに、吉雄耕牛の『蝸蘭癩瘡巻』などを検すると、蘭書などからの「和解（訳）」となっているが、そこで実際に準備されている薬物の多くが在来の漢方で使用してきた薬物の組み合せであることをみるとき、吉雄らが高価にして入手困難な蛮薬に対して、いかに代薬の調達に苦心を払っていたかが窺える。

次いで使用法を述べ、刺絡の症と鋏針の症とに分かれており、何でも彼でも絡を割り、破血などさせるのではない、と伝えている。その鋏針のことについては、江戸の片倉玄（元）周が施術する鋏針とは違い、「常之焼金」である、と。このように違った施術方法であるから、古くから相伝の仕方では病人に施しようもなく、長崎にて見聞したうえは可能であろうと述べ、これまで「和蘭陀流」として覚えていたことは長崎に来てみると、まことに「枝葉之事」を致していたものである、と、長崎遊学の有益なる近況を報じているのである。ここで江戸の医師として比較の引き合いに出された片倉元周とは、江戸本石町に前野良沢の門人嶺春泰と隣り合って住した片倉鶴陵のことで、彼の処女出版は、実に、癩疾と梅毒を扱った天明六年刊行の『黴癩新書』二冊であった。

次に、吉雄家は他所とは違い、「治術を秘」すようなことはない、と開放的な塾の雰囲気を述べながらも、長崎は「外治（外科）」の本場といわれ、諸国から諸生が多く集まってくる地なるため、それぞれの家塾において「其家々之式」によって入門の際の料金、神文（免許を受ける）の際の礼金などが決まっている様子を報告している。吉雄家のことについて、玄勝は「大家之分ハ格別之義御座無く候」と報告しているが、前記の野村立栄が記し伝えるところに従えば、「耕牛先生入門式」として、

○永章先生入門式　銀一枚　酒肴
　六治郎銀壱枚　五十□銀壱枚ツ、
　子息　妾銀壱枚　男女三人銀弐匁ツ、灑帛銀壱枚
　　盆三重百疋

と記録しているから、恐らくはこれに準じていたことかと察せられる。

高橋玄勝はこの長崎遊学の機に、吉雄氏以外にも訪接の機を得て見聞をひろめたらしく、長崎の鴨池雄甫なる外科医のことに言及している。この鴨池雄甫の「癩疾之治方」についての「方書」を京都で写しておいた

が、薬品のことがわからないので会って問い質したい様子である。未知の人に対する多少の不安を述べるとともに、長崎の地の人情・気風にも言及している。長崎が、唐・オランダ船の入り来たる地で、「金銀過当ニ廻り、終日飲食之事のミ取掛居、甚泰なる国」であると報じ、この地の人は「人之物も我かものニても分チこれなき様ニ覚え居り」「したがって薄情ニ御座候間、万事油断は相成り申さず候」と評している。上級藩医とはいえ、東北人の眼には、鎖国時代唯一の国際都市ともいうべき長崎が醸し出す雰囲気に、余程、異質なる感情を懐いたもののようである。

また、次の一項は吉雄家に伝わる、長崎の要職にある人の悪疾治療に関する話を定次郎から聞いて報じたものである。これにより、余程、手に余るような療治にはオランダ人医師を頼んで施療してもらっていた様子が窺える。

さて、長崎での投薬は「皆蛮薬」と報じているが、いかがであろうか、過大評価の気味歴然たるものである。それにしても、蛮薬の入手がいかに困難なることか、繰り返して述べている。したがって、折角長崎遊学で身につけた施術ではあっても、米沢には蛮薬がないから「る丶相施し申すべき義、出来かね申候」と述懐している。そこで、米沢から長崎まで蛮薬を取り寄せに使者を遣わすべきことを進言している。しかし、すでに述べたごとく、吉雄氏においてさえも、ほとんど代薬をもって診療に当たっていたくらいであるから玄勝のかかる積極的なる提言ではあっても、とても実現には程遠いことであったに相違ない。

次いで、玄勝は京より長崎へくだるに際し、阿蘭陀通詞の加福安次郎・馬場為八郎・楢林重兵衛・本木庄左衛門に加えて唐通事の神代太十郎宛の京都からの書状を言伝られていたらしく、各人を訪れ廻ったらしいのであるが、折しもオランダ船の出帆時期に当たっていたため、全通詞が多忙を極めている様子で面談も出来ず、追々、再訪問する旨を報告している。

最後に、「外治（外科）は和蘭ニ御座なく候ては、是非相成リ申さず候、唐人之術愈ミニよろしからず」と報じ、米沢にも「蘭学ニ精しき人」が出て来るようにしたきものであると指摘して、長文の報告を結んでいる。

米沢藩における積極的蘭方医学採用の気運にのって長崎に遊学した藩医高橋玄勝が米沢藩政に重きを有する国もとの長老に送った報告の内容をみてきた。本書翰は全く断片的な一報告であるが、その時期が草創期の蘭学が各方面に影響を及ぼして、人的にも学問・技術の内容においても交替・変容の時期に当たっていたため、蘭学史を考察するうえで種々の示唆を与えてくれるようである。このような意味において、本書翰とその内容をめぐる諸事情から気付くことを整理してみれば、およそ次のごとくなる。

一、米沢藩が蘭学採用に積極的となった姿勢とその時期を窺い知ることができる。

二、その米沢藩の蘭学採用の実施においては、まず藩医の江戸遊学、次いで、江戸の蘭学者を媒介として上級藩医の長崎遊学が実現せしめられたこと。

三、藩医高橋玄勝の長崎遊学は短期間であって、その主目的が蘭方医術の修得と薬物知識の吸収にあって、語学修業ではなかったこと。

四、遊学の寄宿先が阿蘭陀通詞の家であること。長崎の通詞家が医学面で誇っていたことは、何といってもオランダ人直伝の医療技術と蛮薬の入手の便宜にあったことがわかる。

五、阿蘭陀通詞吉雄家の様子が具体的に報じられていること。

六、草創期の江戸の蘭学者前野良沢・杉田玄白らに多大の便宜と影響を与え、また、ともに有名を馳せた吉雄幸作（耕牛）の跡、子息たちが、父の阿蘭陀通詞としての語学者の面と、オランダ人医師直伝の蘭方医師としての面とを、分業して継いでいること。

七、吉雄定次郎の医術は高名なる父耕牛の医術・知識を継受したものとはいえ、その技術は余程進歩している様子であること。これは、江戸の蘭学界の場合と同じ傾向にあることがわかる。杉田玄白の名声すこぶる高いものがあったとはいえ、蘭学の内容そのものは門弟の大槻玄沢や宇田川玄真において数倍の進歩をきたし、養嗣子伯元の臨床医家としての医術は養父玄白のそれをはるかに上まわっていたとみなされる。蘭学界全体の水準が一段高となり、人的にも次世代の俊秀の活躍期に入っていた様子がわかる。

八、長崎において、医術・蘭学の習得を望めば、何といっても阿蘭陀通詞がその主役であることがわかる。ことに「蛮薬」「蛮書」などの入手ということになればオランダ人・奉行所役人に顔のきく阿蘭陀通詞がもっとも頼みとされる対象であった。有能な阿蘭陀通詞たちに対して何かと連絡の書信が寄せられている様子はこの間の事情を雄弁に物語っているものと判断されうる。

歴代のオランダ商館付医師に就いて学び、ツュンベリーから「スウィーテン水」処方の秘術を伝授された吉雄家の医術は、どんなふうに出来あがっていったのであろうか。

成秀館塾に学んだ門弟に、吉雄耕牛が授与した免状でもあれば、その内容を知ることができそうである。さいわいにも、全く、ぴったりの免許状を一組見ることができる。吉雄耕牛に学んだ門弟の野村立栄が受けた「免状」と「授吉雄家学之秘条」がその一組である。

『尾張蘭学者考』によると、天明二年（一七八二）ころ、長崎遊学をした医師として、美濃髙須藩医野村立見の次男立栄なる医師がいる。

野村立栄は長崎で吉雄耕牛の門に学び、天明三年正月に「免状」を得、「吉雄家学之秘条」を授かっている。

かつ在塾の間に、立栄は師耕牛をはじめ師家の人々のこと、門下生、知友のことなど、筆まめに『免帽降乗録』に書き留めている。

当流秘事相伝之上者、已来、執心之輩於有之者（これあるにおいては）、其人撰（そのひとをえらび）、堅誓詞を以、相伝可有之候（これあるべく）、依而（よって）免状
如件（くだんのごとし）
天明三卯正月　　吉雄幸作
永章（花押）
野村立栄殿

この「免状」によって、吉雄耕牛の成秀館においては、「当流」すなわち、「吉雄流」の医術を「秘事」として、「誓詞」をもって「相伝」していることがわかる。そこで吉雄流の「秘事」とはどんなものであるか。「吉雄家学之秘条」がそれとわかる。

「十カ条」から成っている。

第一　紅毛文字
第二　紅毛方言
第三　纏帛法
第四　切脈法
第五　腹診法

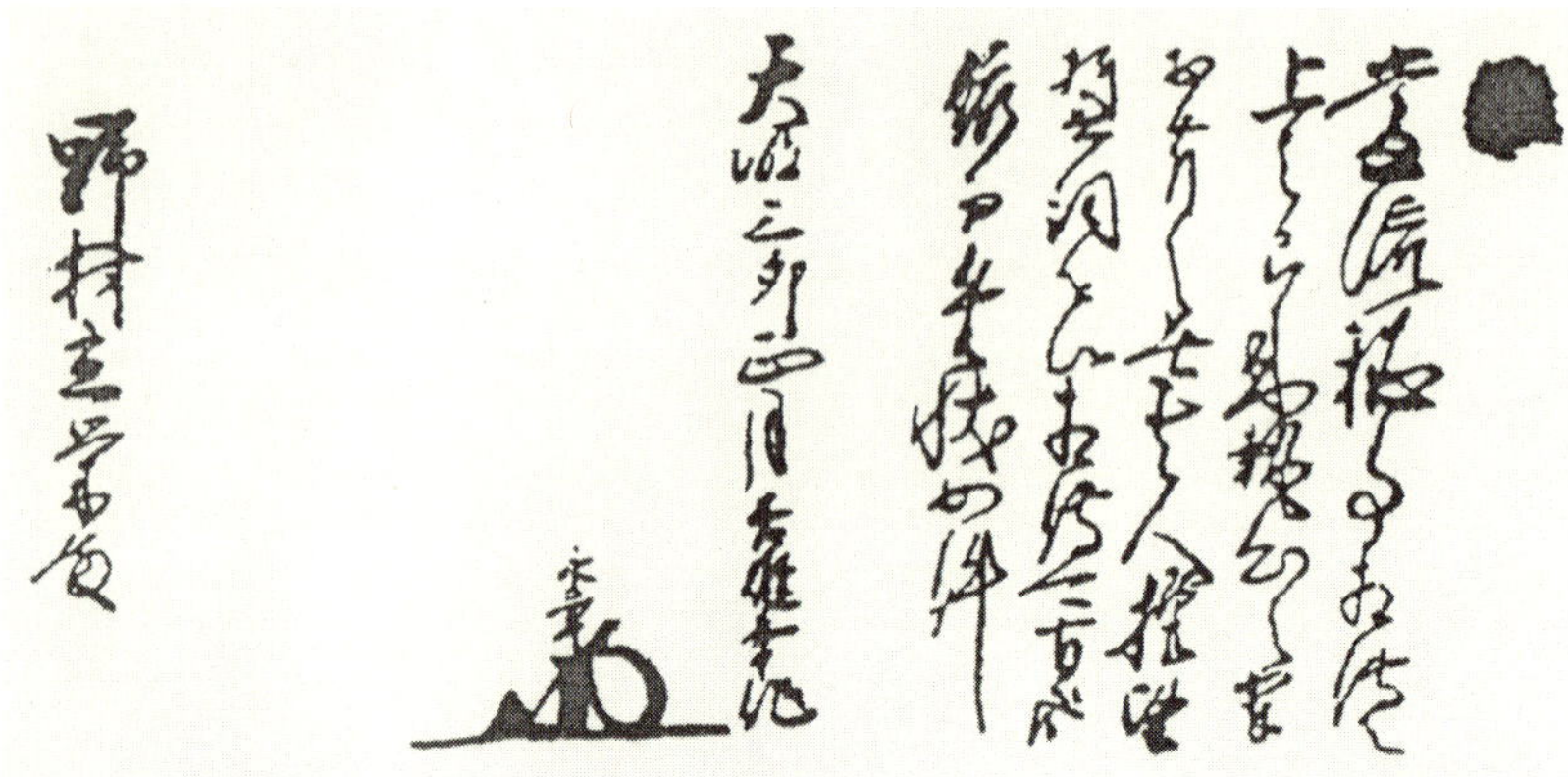

野村立栄宛　吉雄幸作免状　（『尾張蘭学者考』より）

第六　服薬法
第七　刺鍼法
第八　治創法
第九　療瘍法
第十　整骨法

この十カ条において、第一の紅毛文字と第二の紅毛方言は、吉雄家の基礎をなしているオランダ語学の習得を明示したものである。この基礎学力を基盤にして、以下の八法から吉雄流紅毛医術が成り立っていることを示している。

この「十カ条」は「紅毛（オランダ）」伝来のもので、およそ「衛生治病」の「要」はこの「数事（＝八法）」を出るものではないといい切っている。この「八法」の習得によって「紅毛医術」を総合的に身につけることができると表明しているわけである。耕牛自身、力をつくして「前籍」によって調べ、「疾患者」に「験（ため）」して「研精」を積んだものである。それによって、かつて「効」を得なかったことはない、ともいい切っている。医療効果の有効・確実、その実績を誇っているわけである。

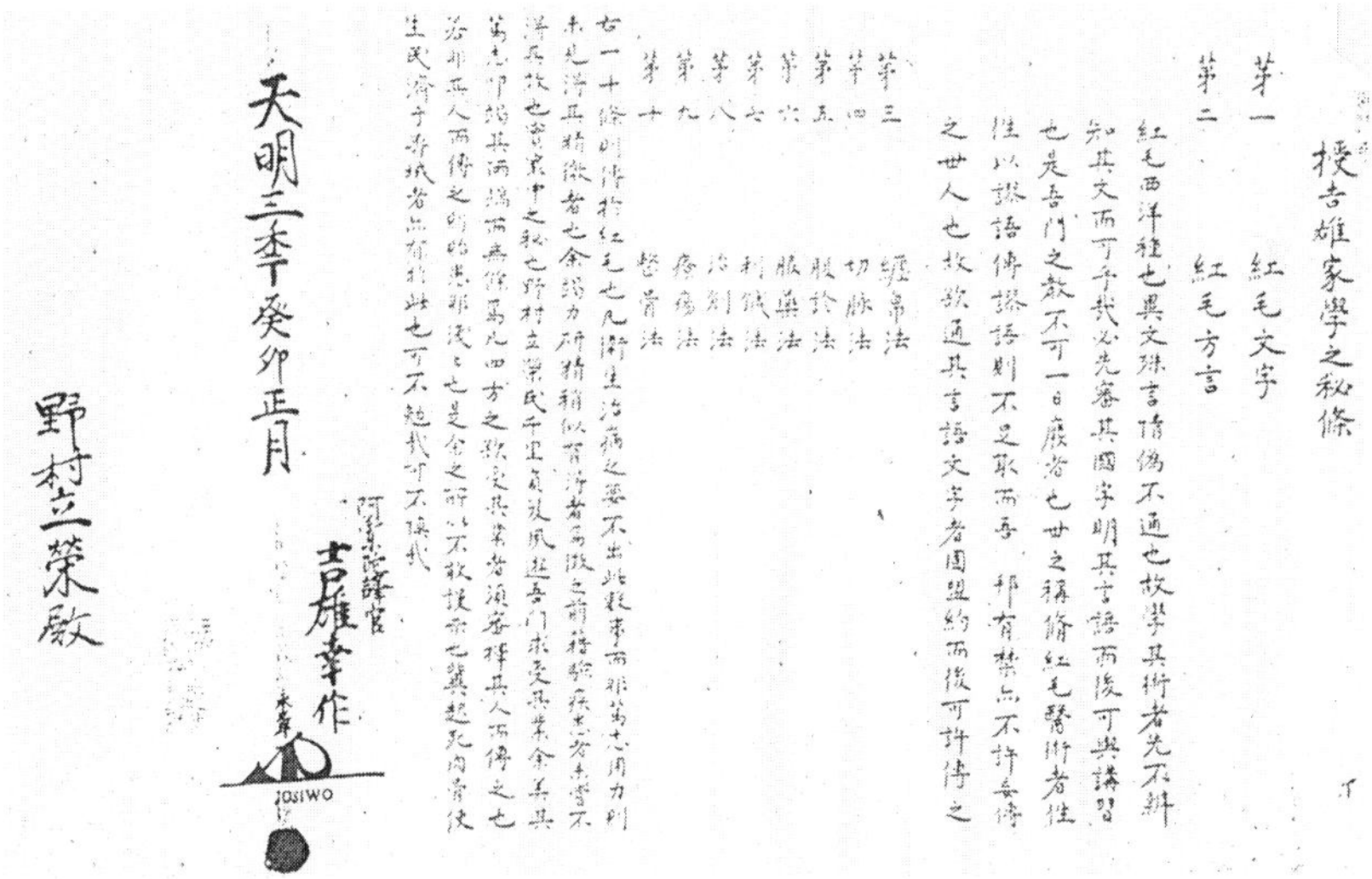
授吉雄家學之秘條

第一　紅毛文字

第二　紅毛方言

紅毛西洋雅也異文殊言情偽不通也故學其術者先不辨知其文而可乎哉必先審其國字明其言語而後可與講習也是吾門之教不可一日廃者也世之稱修紅毛醫術者往往以謬語傳謬語則不足取而吾　邦有禁亦不許妄傳之世人也故欲通其言語文字者固盟約而後可許傳之

第三　縫帛法

第四　切脈法

第五　服診法

第六　服藥法

第七　刺鍼法

第八　治刺法

第九　瘡瘍法

第十　整骨法

右一十條皆得於紅毛也凡術生治病之要不出此數事而非篤志用力則未足得其精微者也 [illegible]

天明三年癸卯正月

阿蘭陀譯官　吉雄幸作

JOSIWO

野村立榮殿

「授吉雄家学之秘条」　　（『尾張蘭学者考』より）

野村立栄が「千里笈を負」うて「吾門」に「業」を受けた「篤志」をたたえている。

さて、そこで、あらためて、この「八法」から「吉雄流家学」の内容を知りたいわけであるが、残念ながら「秘条」の文面に詳しい内容説明は盛り込まれていない。

仮に現今の大学教育にこれを置き換えてみれば、右の「免状」が卒業証書に当り、「吉雄家学之秘条」が履修科目・単位証明書に当るとみれば理解しやすかろう。この場合、オランダ語教育の最初の二カ条が基礎教育科目、続く八法が必修専門科目とでもみることができよう。野村立栄を誉めた文言の部分を成績証明の部分とみればわかりやすいであろう。したがって、これによって、直ちに各科目の内容が詳しくわかるというものではない。

現代風にいうならば、吉雄ゼミに属した野村立栄が、吉雄耕牛師からどんな講義と実習を受けたか。吉雄耕牛師がどんなテキストを使用し、治療実習を施してくれたか。成秀館塾の蔵書や実験器具類はどんなものであったか。これらの追及によって知ることになろうかと思う。

吉雄耕牛の成秀館塾には、どんな医書が架蔵されて塾生の閲覧にも供されていたのであろうか。ことに輸入蘭書が気にかかるところである。

この点について、門人で編者の百百海鵬が『因液発備』の「識語」のなかで、吉雄塾で知ることのできるオランダの医学書を紹介している。注目の書目といえよう。難解な漢字表記で列記している。それぞれの原書名については、当時、蘭学者間における習慣にしたがい、その著者名で呼んだり、書名の一部分で略称したりしている。復元的に示し直すべきところであろうが、煩にすぎ、あまりにも専門に入りすぎると思われるので、脇に読みをつけて示すにとどめたい。

1　麾削訶狄離吉（ホイスホウデ　レイキ）
2　僕乙先（ボイセン）
3　失葛蔿各滅兒（シカットカーメル）
4　莫蔿労先（マトローゼン）
5　離竭児失吉的（レイゲルシキデ）
6　抜竭亜亜児（バグアールト）
7　度度奴斯（ドドネウス）
8　佛剛（ブカン）

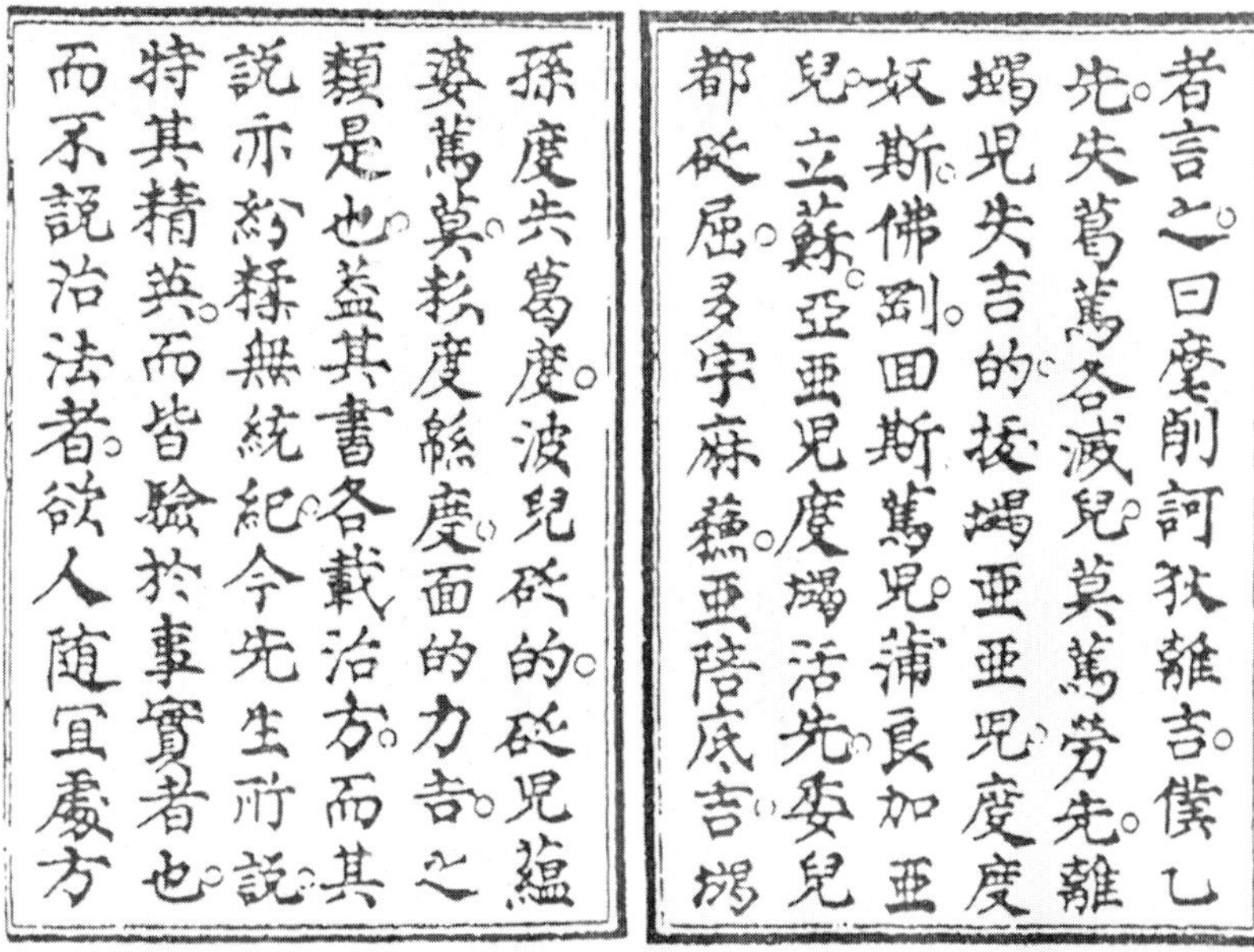
者言之曰度削訶狄離吉僕乙
先失葛萬各滅兒莫萬勞先離
竭兒失吉的援竭亜亜兒度度
奴斯佛剄田斯萬兒蒲良加亜
兒立蘇亞亜兒度竭活先委兒
都砼屈多宇麻蘇亜陪底吉竭
孫度失葛度波兒砼的砼兒蘊
婆萬莫粉度緜度面的力吉之
類是也蓋其書各載治方而其
説亦紛揉無統紀今先生所説
特其精英而皆驗於事實者也
而不説治法者欲人随宜處方

成秀館塾の「藏書目録」　（『因液発備』より）

9　回斯萬兒（ヘーステル）
10　蒲良加亜兒（プランカール）
11　立蘇（リス）
12　亞亜児度竭活先（アールドゲワッセン）
13　委兒都砼屈（ウイルツヒング）
14　多宇麻蘇（タウマス）
15　亜陪底吉（アポテーキ）
16　竭孫度失葛度（ゲソンドシカアド）
17　波兒砼的（バルベツテ）
18　砼兒蘊婆萬莫（ベルウンバトン）
19　粉度緜度（フンダメント）
20　面的力吉（メデレイキ）

このような豊富な蘭書に接し、利用できる点においても、吉雄耕牛の成秀館塾は魅力のある質の高い塾であったことが察せられる。

米沢藩医高橋玄勝はこの成秀館塾で学んだのである。

二　採薬師佐藤平三郎を招く

1　佐藤平三郎の招聘

米沢藩に、江戸の本草・物産家佐藤平三郎が招かれて、藩医たちの指導にあたり、薬園を開いたと伝えられている。よく知られていることのようである。

では、

1　いつから、いつまで、米沢に滞在したか、年月日は、はっきりしているか。
2　米沢のどこに滞在していたのか。
3　薬園の開かれた場所はどこか。
4　薬園の規模はどれくらいのものであったか。
5　「数千種の薬草を植え、培養製煉の方法を教えさせた」、と伝えられている。では、薬草名は何々か。どんな「培養」方法と、「製煉」方法であったのか。

これらのことについて、例えば『鷹山公偉蹟録』でも、『米沢医界のあゆみ』でも、『米沢市史』でも、『米沢藩医史私撰』などでも、大同小異の表現で伝えられていて、はっきりしない。「数千種」の「薬草」というが、その薬草名は記されていない。

さらに細かなことになるが、

6　米沢藩では、佐藤平三郎に対する、世話掛りや、受講者をも選定していたというが、「取扱」とか「御用掛」と呼ぶ仕事の内容は、同じものであったのか、それとも異なるものだったのか。担当者は同じか、ちがう人物なのか、受講者は一率のものか、人によって異なる受講の仕方なのか。従来、根拠を示した説明がされていない。

7　佐藤平三郎の講義は、どんな内容であったのか。どこで講義が行われたのか。根拠を示した説明はされてこなかったようである。

これらの諸点については、米沢の歴史において、いずれも重要視すべき事項と思われる。しかし、現今において、はたして明確にし得る資料が遺っているものか、どうか、甚だ心許ない。

まず、招聘された佐藤平三郎について、事典類で予備知識を得ておこう。

一七六二年から一八四八年までの人。名は成裕、通称平三郎、中陵または青莪堂と号し、しばしば滕（とう）成裕と称したといわれる。（『国史大辞典』『洋学史事典』など）。

宝暦十二年（一七六二）二月十一日、江戸青山で生まれた。植木屋の出といわれる。

学歴はないが、実地の経験を積んで、独力で本草学を究め、練達の物産家であったという。

佐藤平三郎肖像
（『国史大事典』より）

彼の実力を最初に認めたのは、薩州侯島津重豪で、天明元年（一七八一）―三年、自藩内の採薬と産物調査に従事させたという。『鷹山公偉蹟録』によれば、松平定信も彼を招いて医師等に学ばせたという。島津侯にならい、米沢藩上杉、会津、備中松山の各侯も、佐藤平三郎中陵を招いて自藩領内の産物を調査させたという。蝦夷地を除く各州を旅し、足跡を印さない地はなかったといわれる。

嘉永元年（一八四八）六月六日、八十七歳で水戸に没した。

『薩州採薬録』『薩州産物録』『採薬録』『飼籠鳥』『山海庶品』など著書は多いが、『中陵漫録』などのほかは大部分未刊のままであるという（上野益三『国史大辞典』の項）。

さて、以上の予備知識を得たうえで、米沢における佐藤平三郎のことを、得られる資料の範囲で追及してみよう。

2　講習と薬園

五十七歳で米沢藩の中老職を務め、藩政を任され、寛政の改革を行なって、財政再建に取り組んだのが莅戸善政である。その善政の著『三重年表』はよく引用され、信頼が置かれているようである。

『三重年表』によれば、佐藤平三郎の招聘は寛政四年（一七九二）で、八月十九日「到着」とある。（北条元一氏は「八月十七日」としている（『米沢藩医史私撰』七七ページ）。

『三重年表』は、「御酒蔵へ到着、翌春、屋代町会所屋舗長屋へ移」る、と伝えている。

米沢藩は、佐藤平三郎の、

「取扱い」に藩医の樫村元龍清応を、

「御用掛」に藩医の平田道宣範淑を、

当て、

・藩医の佐藤九門、飯田忠倫等に「採薬・製薬の法」を伝授、

・水野道益秀文は「定附」の「稽古」を、

命ぜられ、「翌年十月中」平三郎の「帰郷」まで「勤」めた（『組離　天明五年十月以来代々勤方書上』）。

佐藤平三郎が再度招聘されたことは『米沢医界のあゆみ』にも欠落している。このとき、水野道益秀文は、平三郎が「同九月中　帰郷」するまで「日通」で「稽古」を命ぜられ、勤めた（同上「勤方書上」）。

「寛政六年三月十四日」「再応御下シ（招聘）」となっている。このとき、水野道益秀文は、平三郎が「同九

〈講習〉佐藤平三郎が米沢の「医者中」へ行なった講習は「本草綱目」の「会読」であった。自ら「会頭」となって教授した（同上「勤方書上」）。場所については記載されていない。

右にみた、関係の藩医たちが、その後、重要な働きをしている。重視しなければならない。

樫村元龍清応は、「寛政七年」、「格別之御吟味」で「江戸表勤学（遊学）」をはたしている。「勤学中、三人扶持金五両宛」支給された（同上「勤方書上」）。

平田道宣は、平三郎帰府の後、「御国産所」へ「好生堂」が「補理」されたとき「会頭」を命じられ、「年来相勤」め、享和三年（一八〇三）の「二月」、「御政事所」において、「家業柄」を「手透き無」く勤め、「諸生を誘掖」し、「出精」に「勤」めたことが認められて、「御懇」の「上意」をもって、「御綿三把」の「拝領」が仰せ付けられた、（同上「勤方書上」）。

水野道益秀文は、願い出て、寛政七年三月から「十年十月」まで、一ヶ年「五百目」の支給を得て江戸「勤学（遊学）」に励んだ。おそらく、佐藤平三郎にも就いて学んだことであろう。

佐藤平三郎が米沢に招聘されて、「数千種の薬草」を伝授したといわれるが、その薬草名は、いまもって未詳である。薬園の確たる場所を示す資料も得られない。存在したことは確かであろうから、場所と規模の確定を期待したい。なお、米沢市医師会の高橋秀昭・北村正敏両氏の考察を参看願いたい（『米沢藩医堀内家文書』参照）。

三　痘瘡医津江栢寿を招く

1　天然痘大流行

米沢地方は、たびたび天然痘の流行に見舞われた。天明三年（一七八三）にまず流行。次いで、寛政七年（一七九五）七月より大流行となり、死者もすこぶる多く、人心は恟恟、藩も痘病者の看護に関する令を布き、対応に努めるが、患者はなかなか減らない。

天然痘は大昔からもっとも怖れられていた病気のひとつである。

高熱がでる。三日ほど続いて、水疱疹（すいほうしん）が出る。顔からはじまって全身に広がる。発疹は、水疱から血疱に変わり、化膿して青黒くなって、最後に瘡蓋（かさぶた）になる。七日間くらいの変化であるが、一斉に発疹が出るのではなく、次から次へと出てくる。だから水疱段階のものも、瘡蓋になったものも混じって現れる。

発病してから十四・五日で全快はする。しかし、その間に死亡することが多い。とても怖い病気であった。

幸いに治ったとしても、顔に痘痕（あばた）が残り、ひどい痘痕面（あばたづら）になってしまうことも多かった。痘瘡をまぬがれる術（すべ）のなかった江戸時代、痘瘡を乗り切ったときに、はじめて名前をつける地方もあったくらいである。それで、痘瘡を乗り切った赤子を喜び合い、祝ったのである。

痘瘡除けの錦絵が売られたり、流行しだすと、家の入口に痘瘡神が入らぬように、まじない札を貼ったりした。神社に奉納された疱瘡の絵馬を、いまもなおよく眼にする。

イギリスのジェンナーが、牛痘種痘法を発明したのは一七九六年のことである。日本で牛痘種痘法が実施されるようになるのは、幕末の嘉永二年（一八四九）からである。

ＷＨＯ（世界保健機関）が大規模な撲滅作戦を展開して、アフリカのソマリア人の患者を最後に地上から消えてしまった。一九八〇年にＷＨＯは天然痘撲滅宣言をした。人類が人力で消し去った伝染病は、いまのところこの天然痘だけである。

話をもどして、江戸でも寛政五年十二月、疱瘡が大流行した。翌六年正月、上杉治憲の長男顕孝がこれに罹り、ついに江戸白金邸で一月五日に逝去した。十九歳であった。期待していた世子であっただけに鷹山の落胆は大きかった。

米沢で、寛政八年十月二十六日迄に届け出のあった郷村中の患者は七三四三人で、内死者は九九九人であった。町奉行扱ぃの患者は一〇四六人で、内死者は一四六人、町在都合疱瘡人八三八九人、内死者一〇六四人で、郡中の一年の死者が二〇〇〇人に及ぶか、といわれた（前記『三重年表』を引用した『米沢市史』）。

2 「栢寿様のやうな御医者がほしい」

ここにおいて、江戸は萱場町に住む「疱瘡専門ノ医」である「津江栢寿」なる医師が米沢に招かれた。寛政七年十一月十日に到着、大町の御酒蔵が旅舎にあてられた、と伝えられている（莅戸善政『三重年表』）。

藩は、平田道宣、藁科松伯、飯田忠林の藩医三人を津江栢寿の「御用懸」とし、藩医の樫村元竜には栢寿のもとに通って「疱瘡療治方」の「伝授」を受けるように命じた。

伊東升迪は藩に伺い出て、栢寿に「入門」して学んだ。

山口彭寿はまだ部屋住みの身分であったが「門弟入」りを命ぜられ、「御中の間医師同格」で「勤」めるよう「御賄」も下された。そこで、彭寿は栢寿の「客屋（宿所）」に「詰越」しで勤めた、と伝えられている。

上村玄立もまだ部屋住みの身分であったが「御賄」付きで「附添稽古」の藩命を受けて勤め、玉庭村に疱瘡流行の際には、平田道宣の代りを命ぜられ、出張して療治に当たった、と伝えられている（米沢藩の「勤書」）

同年の十二月二十八日、栢寿は藩主上杉治憲の「御前へ召出」され、「銀二百枚」の賞賜を受け、翌八年正月十八日、江戸への帰路に付いた（『三重年表』）。

当時、俗謡に「栢寿様のやうな御医者がほしい、痘面（じゃか）になるとも死にやしまい」と、坊間、誰いうともなく赤い頭巾をかぶった亡者が夕刻三々伍々寺に現われ、哀怨の調をもって、この唄で口ずさむ、という噂がしきりであった、と伝えている（『三重年表』）。

米沢の人びとに対する津江栢寿の影響の多大であった様子がしのばれる。

では、津江栢寿が、どんな「療治」を施し、門弟にどんな「伝授」を行ったのか、といった彼の果した「御用」の詳しい内容を具体的に知ることはできないものであろうか。

北條元一氏は『三重年表』や『勤書』の記述を踏まえて紹介されたあと、

この時栢寿の編になる「疱瘡心得書」を板行し頒（頒）布した（この書名は『米沢市史』昭和十九年版に記されているが、現在の米沢図書館蔵書の中には見あたらない）。

と述べられ、その業績あるいは著書などが後世に残るような人ではない、と紹介されている（『米沢藩医史私撰』）。

津江栢寿の事蹟について、伝えられるところきわめて少ない、といわざるを得ない。

3 『疱瘡心得書』

たしかに、昭和十九年版『米沢市史』には、

疱蒼（瘡）心得書　一冊　寛政七年刊
津江伯（栢）寿述

と明記されている。しかし、現在もその原本の確認はできない。

念のため、市立米沢図書館の郷土資料担当の青木昭博氏に確認の問い合せをしてみた。すると、次のような朗報に接することができた。

市史編纂当時、市史編集委員が調査し、書写されて報告されていた「米沢市史々料」の46巻中に、次の資料を見付けて下さった。

疱瘡治療単方
疱瘡中食物禁忌

昭和十九年版『米沢市史』には「伯(マヽ)寿の米沢に来るや、疱瘡治療単方及び禁忌食物を撰定し、之を板行して領内に頒布す。」と記されている。したがって、この板行、頒布した両書を一緒にして「疱瘡心得書」と総称していたものかもしれない。とすれば、「疱瘡心得書」と特定された刊本の見付からない理由も納得できる。両書の内容は、正に「疱瘡心得」の「書」であったのである。津江栢寿の指導内容を知ることのできる資料と思えるので次に、記録しておきたい（句読点を施す）。

疱瘡療治單方

一、疱瘡前薬
絲瓜(ヘチマ)　二三枚取て、日乾し、皮ともに蒸焼にして、細末すへし、辰砂・五分　右二味為散、白湯にて用、
小児年齢相応に多く飲しむへし
一、有熱痘欲出時

紫艸　一文目

右紫艸を蒸葉ともに夏中採、陰乾して貯置、白湯に振出し用

一、風邪疱瘡未分時

葛根（カツノ子）　三四文目　煎用

右五月中掘採、皮を去り、洗浄、乾し、

貯置無し

一、疱瘡にひきうしたる時

能膽　水にと起　用申

又　蝮蛇の膓　熱湯に浸し、乾して、貯置、煎用へし

一、痘瘡後餘毒を洗方

水楊（ヲヽハ）柳葉　或ハ皮　一味煎し、洗へし

一、同　目疾

兎糞（ウサキノフン）　一味煎服　一文目はかりにてよし

一、同　目洗薬

柳蟲　水に出し用由

一、痘瘡癢時

白殭蠶　五六分より一文目はかりまて煎し用へし　又殭沙にてもよし

疱瘡中食物禁忌

一、穀物にて拵たる類

餅類　油揚類　素麪（ソウメン）　蕎麦切（ソバ）　生請類

罌粟（ケシ）　胡麻子（コマ）　豆腐（トウフ）　納豆（ナツトウ）　酢（ス）　餉飯（カテメシ）　麻子（オタネ）

一、野菜類

菘類（ナノルイ）　辛物（カラキ）　葷物（クサキ）　芋類（イモ）　暮蕷類　菌類（キノコ）　午旁（ゴバウ）　萵苣（チト）　薺（ナツナ）　馬歯莧（スベノヒヨ）　蕨（ワラヒ）　酸模（スカナ）　艾（ヨモキ）　蒟蒻（コンニヤク）　茄子　壷盧（ユウカオ）

南瓜（カホチヤ）　胡瓜（キウリ）　甜瓜（マクワ）　西瓜（スイクワ）　笋（タケノコ）　虎杖（イタトリ）　海草類

一、魚鳥類

川魚類中　鯽（タチマ）　いわな　鮎（アヘ）　鮒（フナ）　はへ　此五品ハよし　其外ハ悪し　無鱗魚　いしなき　鯡（ニシン）　鯡子（カスノコ）　蛸（タコ）

生海鼠（ナマコ）　蛤（ハマクリ）　蜊（アサリ）　黒鯛　目脱鯛（メヌケタイ）　田螺（ツブ）　鰯（イワシ）　鱓（ホシコ）　鱈（タラ）　鯣（スルメ）　鯒（コチ）　海月（クラゲ）　大魚類　大鳥類　雉（キジ）　山鳥　鴨（カモ）

家鴨（アヒル）　鶏（ニハトリ）　燕（ツハクラ）　雲雀（ヒハリ）　四足類

一、果物類（クタモノ）

生果物中　梨子（ナシ）よし　柿　生干熟（ナマホシタルモウミタルクリ）とも栗悪し

茄栗焼栗　其外何も禁すべしよし

此外非常之物生冷物堅硬物禁すべし、疱瘡の軽重に従て禁物の日数長短有べし

寛政七乙卯年十一月　津江栢寿撰

領民が日々の生活において、疱瘡の初めから終息後まで、その食物について、心得るべきことを具体的に示した「心得書」となっている。ジェンナーの牛痘種痘法が伝わる以前において、ひろく行なわれていた疱瘡に対する対策であった、とわかる。ただし、津江栢寿の著書と呼ぶには、あまりにも簡単な板行物である、といわざるを得ない。

津江栢寿の著作について、このような現状において、次の著作と書翰は注目に値する。

・『栢寿鑑定、痘瘡餘薬並除洗方』（写本）
・米沢藩医堀内忠意宛津江栢寿書翰　十三通

4　『栢寿鑑定、痘瘡餘薬並除洗方』

今成吉四郎という人物が伝え、文化三年（一八〇六）正月、今成すけ規なる人物が書写して伝えた「栢寿鑑定、痘瘡餘薬並除洗方」なる一書が杏雨書屋の乾々斎文庫にある。未定稿の写本であるが、文中、「津江良医曰」とか、「津江良医伝」と明記されている記事が見受けられる。

この写本の大尾に、書写した人物の跋文がある。一読しておかなければならない。

右、諸法ハ、祖父相規の著ハさるゝ書ニして、良医、衆人之妙薬、奇方なり、実に神代ハ高位、貴人は不及申、諸人多くせさりしとかや、今世ハ、痘瘡第一番之大役也、然るに、こたひ、専、流行するにより、尚又、綴り合せて、此薬療を施し、往々功能を希のミ

文攻十二年霜月　　口鳥渕亭

文化三年（一八〇六）正月に、本写本を書写して伝えた今成すけ規という人物を米沢藩士に探ってみると、今成吉四郎相規という藩士であることが判明する。青木昭博氏が上杉文書の「勤書」や「紹襲録」などを基礎資料にして執筆された「藩士事典」（横山昭男編『上杉鷹山のすべて』所収）にみえる今成吉四郎相規は、延享三年（一七四六）生まれ、文化三年（一八〇六）九月五日六十一歳で没した人物である。今成家は代々組外御扶持方組の下級藩士であるが、吉四郎は学問に優れ、明和八年（一七七一）細井平洲が米沢へ来て松桜館で講義したとき、日通い諸生に選ばれ学んだ。安永五年（一七七六）学館再興のときも諸生に選ばれて勤学に従事した。安永八年六月、部屋住みのまま役所役に抜擢された。米沢藩における役所役は奉行の下で藩政の実務を担当する役職で、様々な御用掛を勤め活躍した。寛政二年（一七九〇）には財政再建のための御評議に、奉行・侍頭・御中之間年寄などの藩政中枢の重職と同席することとなった。寛政十一年十一月、特に一代馬廻組入を命ぜられた。これは米沢中級家臣団を構成する馬廻・五十騎・与坂の三手組に入ったことを意味し名誉なことであった。享和三年に御勘定頭格に進成、文化三年七月には二石加増された。

したがって本写本を書写した文化三年正月の今成吉四郎相規は御勘定頭格の米沢藩士であったのである。

津江栢寿が米沢に召聘されて滞在した寛政七年から八年にかけての吉四郎相規は藩政中枢の重職と同席の許

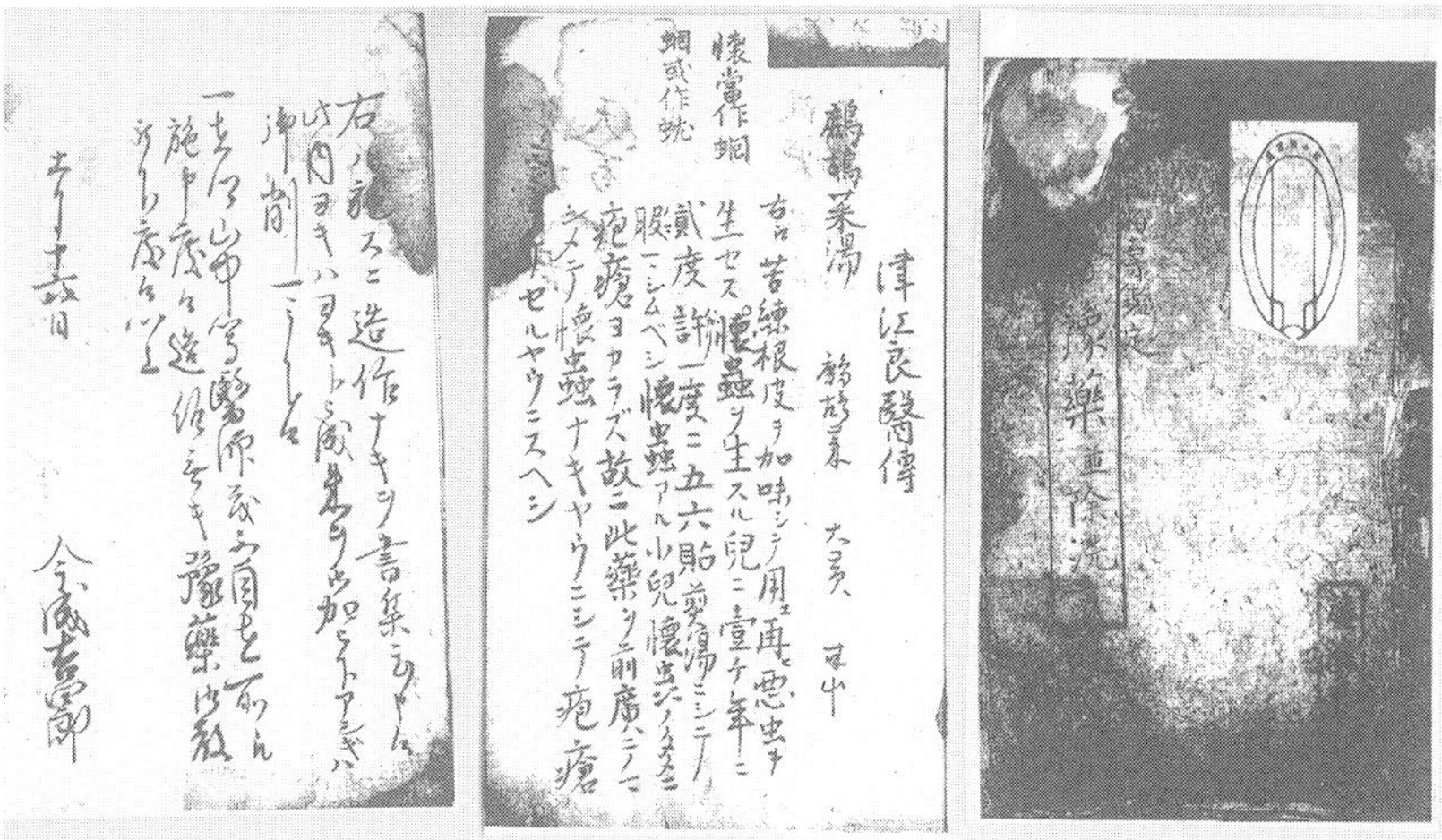

「痘瘡餘薬並除洗方」　（杏雨書屋蔵）

された役所役であったのである。当然、津江栢寿と面談する機会のたびたびであったことと察せられる。そのような機会を通じた親交の間に津江栢寿の痘瘡治療教示内容が書写された筋道が理解できる。

痘瘡流行の再燃に際し、吉四郎相規の孫に当たる口鳥渕亭によって再び写本が作られた、というわけである。

口鳥渕亭の跋文によると、本書は一人の著書というのではない。長い年代にわたる「良医」や「衆人」の「妙薬・奇方」が集められて、備忘とされてきたものとわかる。「痘瘡」が「今世」「第一番之大役」だとしている。「流行」に遭い、再び「綴り合せて」、「薬療」の「功」があがるように、と希望しているのである。

文化三年正月に書写して伝えた「今成すけ規」は、文政十二年に書写した「口鳥渕亭」の「祖父」に当たる。「今成すけ規」は「今成相規」と書く人物であり、通称今成吉四郎と呼ばれた。

したがって、長年にわたる「衆人」が伝えた「功能」の

「妙薬・奇方」に、「津江良医」「津江栢寿」の「伝」えた「妙薬・奇方」が挿入されて成った一書ということになる。

そこで、少なくとも「津江良医」「津江良医曰」とか「津江良医伝」、「栢寿」と明記されている記事を抽出してみる。津江栢寿が堀内忠意に宛てた書翰の文面に照合する記事も拾って一読してみる。

小児口洗薬

○甘草　黄連　各等分

右煎湯トナシ　右二味　絹ニテ　乳ノ頭ホドニ包ミ　ノマシムベシ　幾度モ　煎湯ニヒタシテ　服（ノマ）シムへシ　○乳ハ　成ホド　晩ク　ノマシムへシ

△得効　予カ祖父　此方ヲ学ヒ　予カ父兄弟子孫ニ皆ノマシム　幸ナルカ　未　疱瘡ニテ　死スルモノナシ

○津江良医曰、右二味ニ大黄ヲ加べシ　三味等分ニスへシ

（この後に、次の附記が記してある）

寛政八年正月元日、相規孫春女誕生ノ時、甘草五分　黄連五分　大黄五分　煎湯トシ　絹ヲ乳ノ如クシ幾度モノマシム　生ル時ヨリ十二時過テ　乳ヲノマシム

○　清人長崎ニ来リテ教ユル方

○其人ノ　臍帯(ホソノヲ)　猪口(チヨク)一ツ水ヲ入レ　ザハ〳〵ト煎ジ　服シムベシ
　此方　米沢ニ古ヨリ伝来　疱瘡　初熱ノ時用レ之ト云、ホソノオハ　此時用ユルガタメニ　其身々々
ノ分ニ　名ヲカキ付ケテ仕廻置モノ也　ト云　此方モ験アリト云　又ホソノヲ(其身ノ臍ノヲナリ)　黒焼ニシテ白湯
ニテ　ノマシムルモヨシト云

○苦練子ヲ煎湯トナシ　浴セシムレハ　痘不レ出出ルトモ稀ナリ　七歳以上ハ十二粒　以下ハ七粒也

○津江良医曰、苦練子ノ皮ヲ煎シ　小児ニ浴セシムベシ

○陰乾ノ葫蘆花ヲ煎シ　浴セシムヘシ

（中略）

　十一月十六日　　　　今成吉四郎

　不試方

　陳皮二匁　枳実二匁　大カ子三匁

　紅花二匁　黒豆壱匁五分　緑豆壱匁五分

　右六味　朔日　十五日　常用之　則安痘也

拙医　未試候得共　西国辺ニ而　甚□

栢寿

津江良医伝

鷓鴣菜湯　鷓鴣薬　大黄　甘艸

右江　苦練根皮ヲ加味シテ用ユ　再ヒ悪虫ヲ生セス　○懐蟲ヲ生スル兒ニ壱ケ年ニ弐度許（ハカリ）　一度ニ　五六貼　煎湯ニシテ服（ノマ）マシムベシ　懐蟲アル小兒　懐蟲ノタメニ　疱瘡ヨカラズ　故ニ此薬ヲ前広ニノマシメテ懐蟲ナキヤウニシテ疱瘡〔　〕ナセルヤウニスヘシ

文化三丙寅年正月写　今成すけ規

時代はまだジェンナーの牛痘種痘法が伝わる以前の段階である。

津江栢寿が疱瘡治療に右のような方法で対処したことが読み取れる。

右にみえる長崎に来た清人とは医師胡兆新のことである。堀内家文書中にも登場している。

5　栢寿の書翰は語る

堀内家文書のなかに、堀内忠意に宛てた津江栢寿の書翰が十三通含まれている。およその年月日順に示せば次の通りである。

1　寛政八年三月二十五日付

2　寛政八年四月二十日付
3　寛政八年五月二十一日付
4　寛政八年六月七日付
5　寛政八年七月二十日付
6　寛政八年十二月十八日付
7　寛政九年十月二十三日付
8　寛政十年九月二十五日付
9　文化元年九月二十二日付
10　文化元年十二月二十五日付
11　文化三年六月八日付
12　文化四年二月十九日付
13　（年未詳）十二月二十五日付

十三通の書翰の原文そのものは『米沢藩医堀内家文書』を参看願うことにしたいと思う。ここでは、順序に従って、各書翰から読み取れる要点を抽出し、列挙してみる。

1　寛政八年（一七九六）三月二十五日付の書翰

「三月二十五日」付の書翰は、津江栢寿が江戸に帰った寛政八年（一七九六）一月末から間もない文面の内容である。したがって、寛政八年三月二十五日付の一翰とわかる。

まず、栢寿が寛政八年正月帰国の際「路費」として「貳百疋」頂戴したことに対する礼を述べている。藩主の面前で「銀二百枚」の賞賜を受けたことに相当する。

門人左馬助が「累年貴邦逗留」であったこと、その逗留期間中、「御合力米」を頂戴していたことは「貴君(=堀内忠意)」などの「御隠」であった、と礼を述べている。

左馬助帰郷に際して「御餞別」頂戴の礼も述べている。

2 寛政八年四月二十日付の書翰

「四月二十日」付の書翰は、津江栢寿が米沢出立のときに、清左衛門から「疱瘡之療治致方」の書を頼まれ、堀内忠意からは「医案」と「痘論」を託され、また「保赤全書」の探索方を頼まれたことについて、それぞれ取り組んでいる内容であることから、三月二十五日付書翰に続く寛政八年四月二十日付の一翰とわかる。

長文で、要件は八項目、便宜上番号をつけてみる。

① 「清左衛門」は内中津川の大肝煎小田切清左衛門で、すでに寛政七年の天然痘流行に際し、「内中津川痘瘡人容躰書上覚」と題した記録を作成しているほどの医学的知識の持ち主でもあった。のち堀内家にも直接師事している。堀内家文書の「門生譜」に「文化六己巳三月　中津川大肝煎　五十四歳　小田切清左衛門　彦政(花押)」と明記されている。

前記「内中津川疱瘡人容躰書上覚」の本文冒頭に「栢寿様御製薬内中津川拾四ヶ村江被成下、拙者差配被仰付」と見えている。これに加えて、本翰において、山深い内中津川村にあって獲た「猪胆」を堀内忠意の手を通じて栢寿に届け、それに対する礼を栢寿が堀内忠意に申し送っているところをみると、津江栢寿が寛

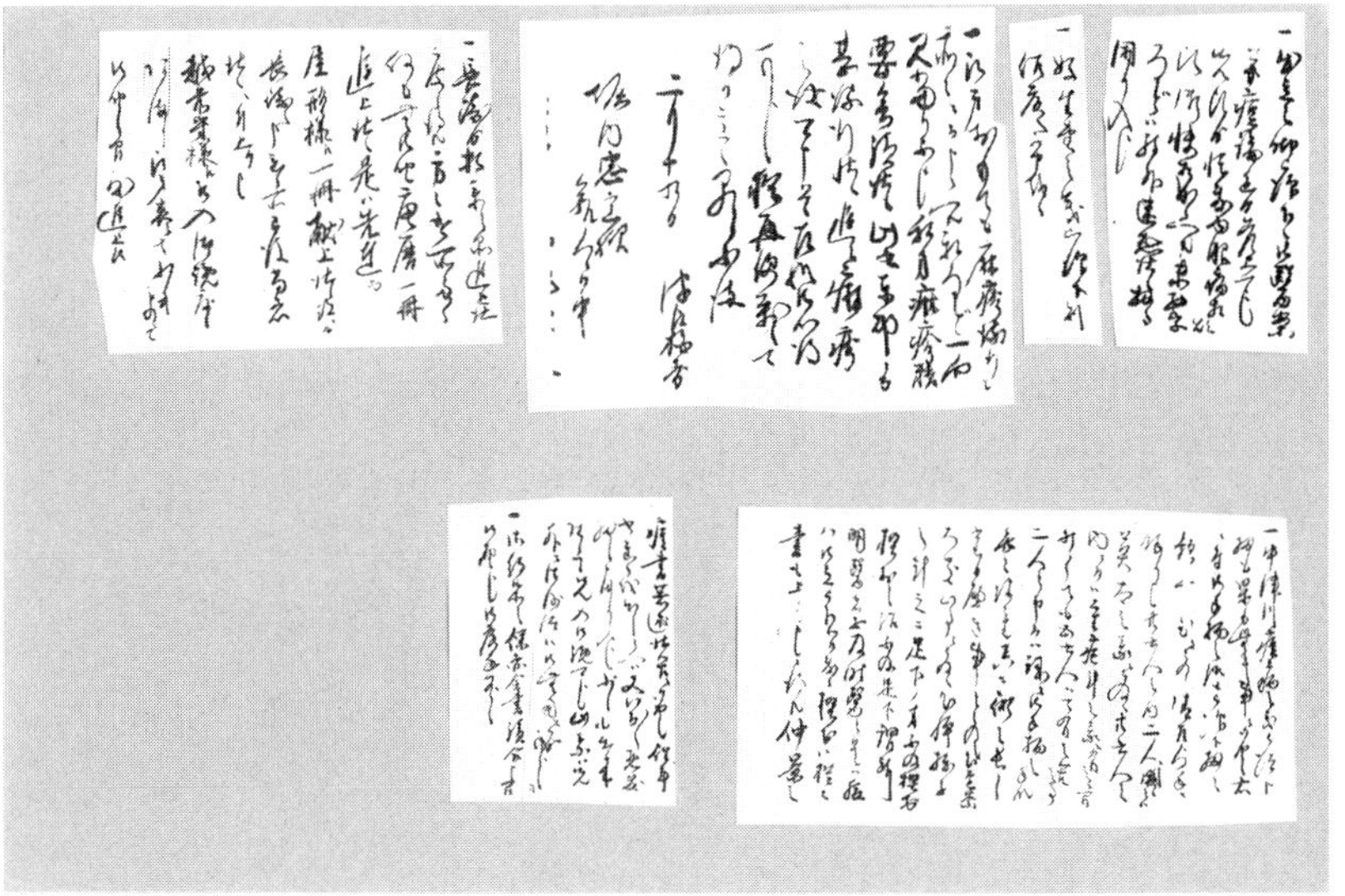

堀内忠意宛　津江栢寿書翰　　（「堀内家文書」米沢市　上杉博物館蔵）

政七年に米沢招聘の際、堀内忠意を仲立ちにして小田切清左衛門と津江栢寿の関係の深まりの見られたことが察せられる。

②　津江栢寿が米沢出立のときに、清左衛門からは「疱瘡之療治致方」の書を頼まれ、堀内忠意からは「医案」と「痘論」を託され、さらに「保赤全書」の探索方を頼まれていたことが判明する。栢寿は依頼されたそれぞれのことについて取り組んでいることを申し送っている。

③　殊に、清左衛門の依頼については、それが小田切清左衛門家の「末代まで伝り申事」であるから「能々改メ遣」す心算である旨を伝えている。この伝本、今日どこかに伝わっていないものであろうか。「医案」と「痘論」については「近日差上」げたいとしている。

④　「保赤全書」の穿鑿については、門弟がようやく「四匁」で調達してきてくれたらしい。「誤字」の多い写本であったらしく、「読み合」わせ、「校

合」を終えてから差し上げる、としている。『保赤全書』は管橓の編輯、呉文炳が較正、龔居中の増補にかかる小児痘疹の漢籍であるが、誤写字の多い写本も出廻っているところをみると、余程、活用されていたものと察せられる。上杉博物館で複写を入手されている早稲田大学図書館本は書き入れが多い、よく使用された写本のようである。

⑤ 門人の左馬之助を米沢藩医上村玄立に託していることが本翰によって判明する。上村玄立は栢寿が米沢に招聘されたとき、栢寿に付き添い、稽古に励んだ藩医の一人であった。

その左馬之助が「首尾克」く勤めているかどうか案じており、堀内忠意にも「御添心」をいただきたいと願っている。このことは飯田忠林にも伝えてあり、よろしく、と頼んでいる。飯田忠林は栢寿が米沢招聘の際「御用懸」をつとめた人であり、幕府の蘭方医である桂川甫周の門に学んだ米沢藩医である。

⑥ 栢寿は米沢出立つに際して、密かに、いろいろ願い事をしていたらしい。それらの事に対し米沢藩は、

・先達て、米十俵を栢寿に支給した。この十俵を、栢寿は「留守中之御扶持」と理解した。

・さらに「御合力米」を頂戴したいなどといったら、「あまり致したる事」と人はいうかもしれない。「毛頭御ねだり申事ではないのであるが、「世間之外聞」もあって、樫村元龍（栢寿から「痘瘡療治方」の「伝授」を受けた藩医）に「申遣」わしておいたところ、今では「ねだり申たる様」に聞えてしまった。「心外千万」のところである。そこで、「足下（＝堀内忠意）」の「御力」で「御ねだり申上」げていることではないことを「御奉行中」へ「御聞達」のうえ「御取成」し願いたい。「樫村」が「いかが之存念」で「竹太夫」まで「御申入」れ下さったのかはしらないが、「近比赤面之次第」である。「御察」し下さい。といっている。

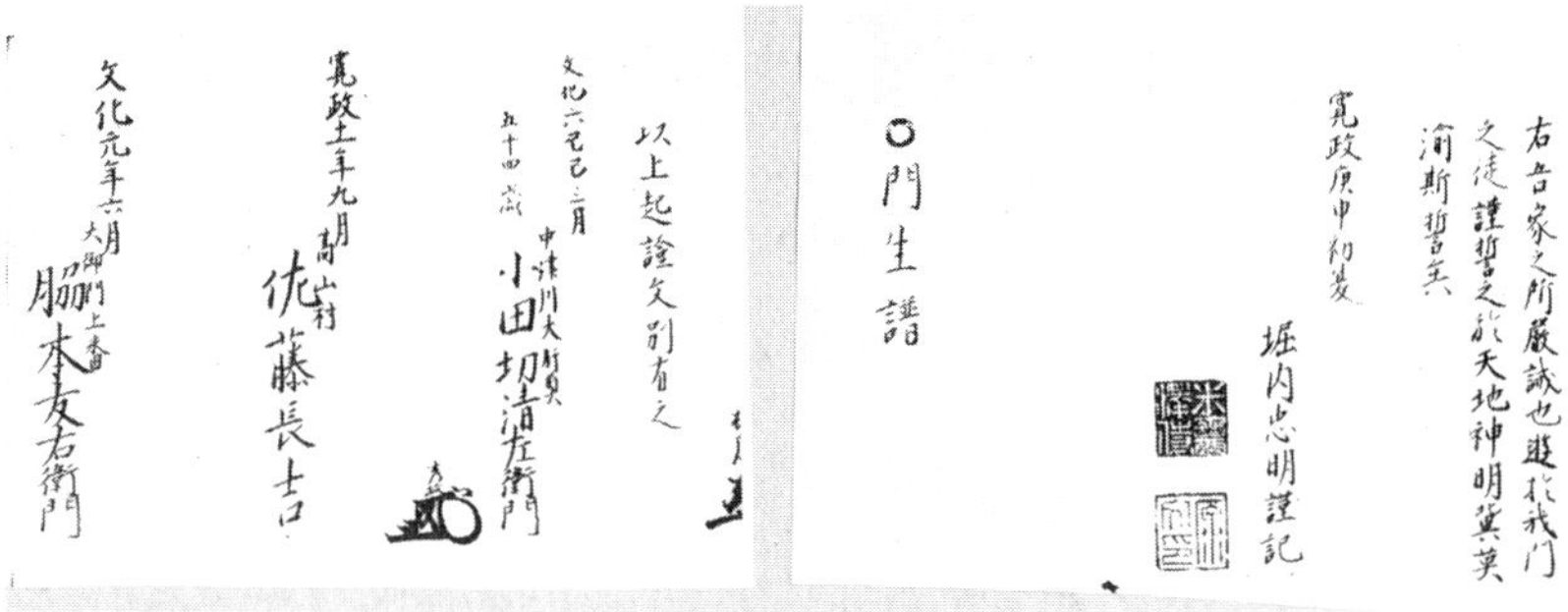
右吾家之所厳誡也遊於我門之徒謹誓之於天地神明冀莫渝斯誓矣
寛政庚申初夏
堀内忠明謹記
門生譜
以上起證文別有之
文化六己巳三月
中津川大町
五十四歳
小田切清左衛門
寛政十年九月
高山村
佐藤長吉
文化元年六月
脇本友右衛門

「門生譜」　　（「堀内家文書」米沢市　上杉博物館蔵）

⑦　好生堂のことをお知らせ下さつたが、このことは「佐藤」へ伝えましよう、といっている。この佐藤は佐藤平三郎であるかもしれない。

⑧　上村は「昨朝出立」いたしました。

3　寛政八年五月二十一日付の書翰

「五月二十一日」付の書翰は、託された「痘論」を一読、その感想を述べている文面から、前の「四月二十日」付書翰に続く寛政八年五月二十一日付の一翰とわかる。

・まず、津江栢寿のもとで、飯田忠林有益と山口立竹の両名が「堅壮」に在塾していると伝えている。

・お預りの「痘論」を一読、「殊の外面白き論」と評している。堀内忠意にこのような痘瘡に関する好著の存在したことの判明は注目に値する。後年、堀内素堂が『幼幼精義』をものする淵源のひとつにもなっていたことか、と察せられるからである。

・中津川清左衛門に頼まれていた一冊については、飯田忠林子まで「返書」しておいたと記している。前便に見えていた依頼書「疱瘡之療治致方」に関する書をさすと思われる。栢寿は、小田切清左衛門家に「末代まで伝」わるだろうと、入念に取り組んでいたものであった。この一書

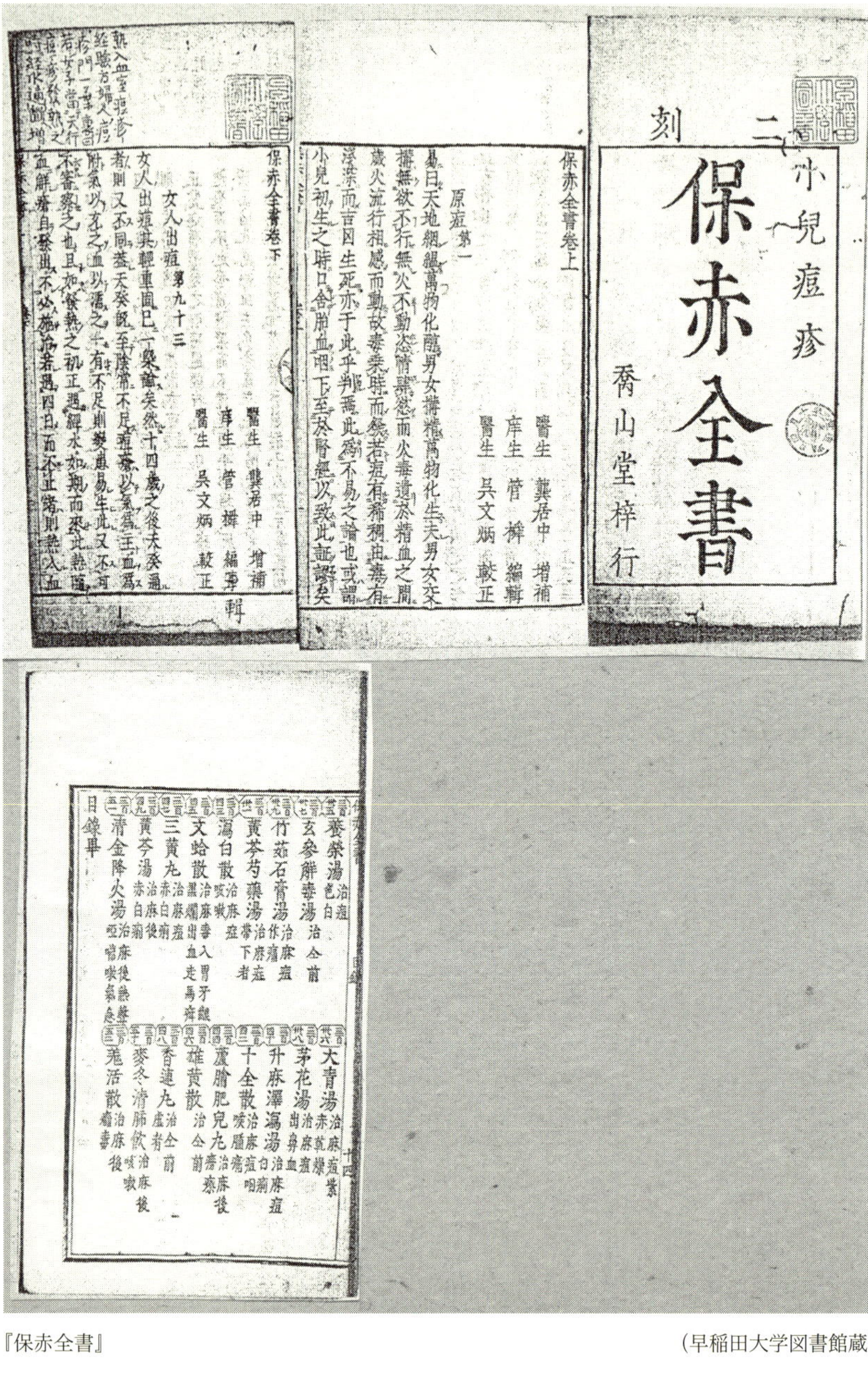

二刻
小兒痘疹
保赤全書
喬山堂梓行

保赤全書卷上
醫生　龔居中　增補
庠生　管　撰　編輯
醫生　吳文炳　較正
原痘第一

保赤全書卷下
醫生　龔居中　增補
庠生　管　撰　編輯
醫生　吳文炳　較正
女人出痘第九十三

目錄畢

『保赤全書』　（早稲田大学図書館蔵）

どこかに伝存していないものであろうか。

・栢寿が飯田有益忠林を同伴して杉田玄白を訪問し、堀内忠意の「噂」話しをしたことを伝えている。津江栢寿が杉田玄白とも泥懇の間柄にあったことが判明する。

・「麻疹之奇方」については、「追々」お知らせする、としている。

・藁科（松伯カ）氏への「約束」は「近便」で差し上げる、としている。

・「尚々」書きで、矢尾板玄長へよろしくと伝言している。

4　寛政八年六月七日付の書翰

「六月七日」付の書翰は、約束の『保赤全書』を読み合せたので届けるという文面などから、前号に続く寛政八年六月七日付の一翰とわかる。

時候の挨拶に続いて六項目から成る長翰である。要点を番号を付してみていこう。

①　堀内忠意から津江栢寿に対して、「中津川痘病」の様子を報じたらしい。それに対する栢寿の返書である。

中津川の痘病流行は「果も無キ」大変の様子である。大胆煎の小田切清左衛門も奮闘しているらしい。しかし「清左衛門」の「手ニ余」った患者「廿六人之内二人闕候」だけで治療できたことは、堀内忠意の働きが「莫太之義」である、としている。

重症患者二十六人中「五六人」は落命する「筈」のところ「二人」だけの死亡で済んだとは「誠ニ御手柄之手段」であった、と、喜び、「真之術之長したるへき事」と称えたのである。なお、北条元一氏は著書『米沢藩医史私撰』96ページにおいて、この業績を清左衛門のこととしているが、書翰文面の読み違いである。前述の通り堀内忠意の業績である。

② 知らされた「興譲館」が「日々隆ニ」あり、「好生堂」の「御再造」を、「学業」が「行レ」て「目出度御事」と喜んでいる。「痘書著述」の予定を伝えている。栢寿のどの書をさすものであろうか。

③ 「御約束」の「保赤全書」の読み合せ点検が終ったらしく、送り「届」けている。

④ 「上村玄栄」が「阿州」から「書状」で「いろ〳〵の事」を報告してきたので「返事」を遣したと、報じている。

⑤ 栢寿が米沢に預けている門人左馬之助の近況を堀内忠意が報告したらしく、「御心配」を下さつていることに対して「御礼」を述べている。

⑥ 「内々之儀」について堀内忠意が尽力しているらしい。第2号の⑥項目の件についてではあるまいか。忠意の「御深切」を謝し、「飯田氏へ御相談」のうえよろしく、と申し送っている。

⑥ 栢寿は「保赤之会」を催していることなど、飯田有益、山口立竹在塾生ともども、忠意の噂などしている近況を報じている。莅戸太夫（善政）、竹太夫へもよろしくと申し添えている。

5　寛政八年七月二十日付の書翰

「七月二十日」付の書翰は、話の続き具合いから、寛政八年七月二十日付の一翰と見做せる。本翰も九項目から成る長翰である。

① 中津川痘病流行の「難症」「治療」に堀内忠意が尽力しているらしく、「御治験拝見」その「御手際」を栢寿は感心している。

②「好生堂」の「繁昌」振りの報に接し、「明医」の出るであろうことを喜んでいる。

③忠意が報じた「奇病之御問答」について、「扨々珍ら敷病人」であるとして、在塾中の門人飯田有益を通じて「桂川家」にも質問に及んでいる様子である。

④堀内忠意が「鯨肉」の「粕漬」について問い合せているらしい。

⑤忠意の作詩の報に接し、「面白キ事」と評言を返している。

⑥上村玄栄が阿州から書状をくれている。米沢に預けている門人の左馬之助についての忠意からの近況報告に対し、「御礼」を述べている。

⑦「二州橋（＝両国橋）」のところにおける「魯智進之働キ」が米沢まで聞えているという。どんなことなのか、当事者同士にしかわからない事のようである。当夏は残暑になって墨田川に浮かべる「泛船」が多いようで、「田沼繁昌之時分」のようで、「船など高直」であると、屋根付きの船が一艘「一貫六〇〇文」であると伝えている。津江栢寿も船宿に頼んで妻女も連れて、時折、船泛べを楽しんでいるらしい。米沢藩の江戸桜田邸にいる伊東救菴、元龍へも連絡、同伴して楽しんでいるらしく、在塾の飯田有益・山口立竹も「眼ヲ驚カシ」ている躰である。

⑧「麻疹病」の「除方」を藁科氏へ遣しておいた、と報じている。第3号便に見える藁科氏に約束した「近便」に相当する事項と思われる。

江戸表は静謐、「細川氏之国（＝熊本）」は洪水、当年の九州は「雨がち」で、「長崎も去年洪水、当年も又々出水」といった状態である、と報じている。

⑨公儀では「当月御出生様」を見る筈であるが、まだ「御沙汰」はない。

追て書きで莅戸氏、竹俣両家へよろしくと伝えている。

6　寛政八年十二月十八日付の書翰

「十二月十八日」付の書翰は、「麻疹之方」、「奇病之症」についての、話の続き具合から、本翰も寛政八年十二月十八日付の一翰と考えられる。

堀内忠意からの来翰に対する四ケ条から成る返翰である。

①「麻疹之方」は「追々差上」げるとしている。先便来「麻疹之奇方」について「追々」お知らせするとしていたから、これを引き継いでいるものかもしれない。6号では、「麻疹論」の「除方」を藁科氏へ遣した、といっていた。これとの関連はどうであろうか。

②烈風下、「神田辺出火」で、家内が大騒ぎをして、堀内忠意からの来翰を仕舞い損ってわからなくなってしまった。そのため返書のできなくなってしまったことの許しを乞うている。

③忠意が送り届けた「名産」の「熊肉」を謝し、返礼に「干貝」と「五嶋」の「鯣（するめ）」を送っている。先般来、米沢に預けている門人左馬之助に対する厚い「御世話」に感謝している。かつ、この左馬之助が、「貧窮」の「職人」の子供であることが本翰によって判明する。

④米沢藩医の草刈道庵良偃によろしくと申し送っている。

7　寛政九年十月二十三日付の書翰

「十月二十三日」付の書翰は、贈答品の交換に伴う、変哲もない一翰である。「蝪室不レ残壮健」とか、「唯之足袋」よりは「格別暖」な都会製らしい「紋羽足袋壱束」を送っているところなどからして、栢寿が帰府後のものらしく、おそらくは翌年あたりの書翰らしく、江戸でも「又々」の「疱瘡流行」もようやく「少々凌無シ」となった模様である。したがって、ひとまず、栢寿帰府の翌寛政九年（一七九七）十月二十三日付の一翰としておく。

8　寛政十年（一七九八）九月二十五日付書翰

「九月二十五日」付の書翰は、米沢藩第十代藩主上杉治広公が比叡山延暦寺修復御手伝の命を幕府から受けたことが見えており、寛政十年（一七九七）九月二十五日付の一翰と判明する。

文面のニュアンスからすると、米沢藩医の矢尾板玄長が「眼科出精」の様子と報じられている。「累年御世話」になっている津江栢寿の門人左馬助を「来陽ハ帰国」させよう、といっている。すると、津江栢寿は門人を「累年」米沢に預けていたことになる。

文中に見える「忠林」は飯田忠林である。やがて津江栢寿が寛政七年（一七九五）米沢に招聘された際に栢寿の「御用懸」を務める医師である。こんな、以前の段階から泥懇の間柄であったことが判明し、注目される。

尚々書に見える「莅戸氏」は莅戸善政（太華）である。竹俣当綱らとともに上杉鷹山の大倹令をおしすすめたが、竹俣処分（隠居謹慎）の責任を感じ、天明三年隠居していた。のち五十七歳のとき中老職となり、米沢藩の政権を委任され、藩の改革政事に当たった人である。『三重年表』の著者でもある。

9　文化元年（一八〇四）九月二十二日付の書翰

「九月二十二日」付書翰は、津江栢寿が米沢に招かれ疱瘡治療に当たったとき入門した米沢藩医の山口彭寿（吉信）が「京学」に参るということで、江戸の栢寿を訪れた際、「川越大助」への「書状」を添えてやったところ「入門」できた由で、さらに長崎来航、評判の高い唐人医師胡兆新に入門をすすめている。胡兆新は享和三年（一八〇三）十二月来日、文化二年（一八〇五）帰国というから、本翰は文化元年九月二十二日付の一翰と考えられる。

① 「八月念七日」付で出した堀内忠意からの書翰を「九月節句」に米沢藩の桜田邸へ「当直」で行った際に「草刈道安」から受け取った、という。これによって判明したことが二つ。一つは、米沢から帰府した津江栢寿が、米沢藩上屋敷桜田邸に「当直」勤務していること。二つめは、米沢藩医の草刈道安が、この時点で、米沢藩の江戸桜田藩邸に居るということ。

② 土岐紅甫という産物家が米沢へ行った由である。栢寿は紅甫を知らないので、悴に聞いてみる、といっている。すると、栢寿が帰府した後、栢寿の悴が米沢に行っているということが判明する。

③ 米沢藩の山口彭寿が京へ遊学、栢寿の紹介状で川越大助に入門できた。門人の牧村矢仲が川越大助塾で学頭をしているので、これにも知らせ、「念比（＝懇ろ）」に世話してもらっている。山口彭寿の父で在米沢の山口立元玄吉へもよろしくと云っている。

④ 唐人医師の胡兆新は許されて毎月二・七の日に長崎の聖福寺と崇福寺で広く患者の治療に当たり、評判がよく、諸侯方の藩医が続々と長崎へ行き入門している。そこで、栢寿は、山口彭寿が京都まで遊学していることだから、むしろ、長崎に遊学して、胡兆新に師事した方がよい、として、すすめている。

ところが、彭寿は病身でもあり、その気がないようである。旅費・滞在費を心配しているようでもある。しかし、長崎には親類もあるので「気遣」いはなく、長崎の方が京より物入りは少ない。暮に、懇意の長崎町年寄後藤惣三郎が年頭拝礼のたの出府してくるので「頼」むこともできる。知り合いの唐通事が唐人と親しんでもいるので随分便宜がある、としている。

⑤ 長崎からの「唐暦一冊」を進上する。江戸には無いものであるから「越前守（＝鷹山）」へ「御覧」に入れて欲しい、としている。

⑥ 忰の心配をしてもらっていることを謝し、去年西国肥後へ遣わし、時習館の儒者に頼み、二、三年は彼地に逗留させようと思っている。二男剛蔵当時十一歳を米沢へお願いしたいと思っているのでよろしく、としている。

10　文化元年十二月二十五日付の書翰

「十二月二十五日」付の書翰は、長崎の唐人医師胡兆新から「珍敷医書一冊」とともに「書翰」の来たことを述べ、前述の「彭寿西遊」のことをすすめている。前10号書翰と読み合せてみると、栢寿には長崎に「親類」があり、「唐通事共」や「町年寄」に知己があって、彭寿の長崎滞在の便宜についても心配ないと申し送っている。したがって、本翰も文化元年（一八〇四）十二月二十五日付の一翰と考えられる。

胡兆新の送ってきた医書とは、嘉慶六年（一八〇一）にできた本で「種々之名方」のみえる珍書であるとしている。書名は何というのであろうか。

平田道宜の西遊許可があった由と報じ、自分が来年松島辺見物の予定であるとも報じている。

11　文化三年（一八〇六）六月八日付書翰

「六月八日」付の書翰は、喜平次（八代藩主上杉重定の孫で、十代藩主上杉治広の養子となったのち十一代藩主上杉斉定）や公子が、当春中「御痘病御仕舞遊ばされ誠に恐祝至極」であるといっているから、文化三年（一八〇六）六月八日付の一翰とわかる。喜平次は三月七日、疱瘡と診断され、治広の長女でのち喜平次の正室となる三姫は三月九日に疱瘡に罹った。幸いに二人とも軽くすみ、喜平次は四月十九日、三姫は四月二十一日全快し床を離れた（この項、上杉博物館の教示による）。

12　文化四年二月十九日付の書翰

「二月十九日」付の書翰は、「松前おもて十三年ぶりニ疱瘡流行」のことが報じられている。簡潔な記述から確定の手懸りを得ることは困難である。しかし、「松前おもて」と「十三年ぶり」の表現にこだわって疱瘡流行年を諸種の資料によって調べ、考証して下さった札幌市在住の江本嘉敞氏の推定にしたがって、ひとまず「文化四年（一八〇七）」の二月十九日付の一翰としておきたい。

・忰敬寿の迎えに左馬之助を松前表に遣れそうと思っていること。
・松前表、十三年振りに「疱瘡流行」、江戸でも「麻疹流行」していること。
・栢寿のところで「麻疹精要」の会読を行っていること。

などを報じている。『麻疹精要』は上月専庵の著書であると、『近世漢学者著述目録大成』を引いて『国書總目録』は伝えている。

13　十二月二十五日付の書翰

「十二月二十五日」付の書翰には、年度の特定が可能な記事のみられない一翰である。

以上、多岐にわたり、詳細に過ぎた紹介であったかもしれない。まとめをしておくことにしたい。

・寛政七年（一七九五）、米沢地方の天然痘大流行に際し、江戸萱場町に住む疱瘡専門医津江栢寿が米沢に招聘された。
・津江栢寿は、米沢で痘瘡の診療に努め、よく指導に当たったようである。当時の俗謡に「柏（マヽ）寿様のやうな御医者がほしい、痘面（ジャカ）になるとも死にやしまい」と、口ずさまれ、その信頼の名は遠近に伝わった。
・しかし、「その業績あるいは著書などが後世に残ったような人ではない」と伝えられてきた。
・米沢に招聘された津江栢寿が、米沢で『疱瘡心得書』を編集して板行・頒布した、として、昭和十九年版の『米澤市史』には、

疱蒼（マヽ）心得書　一冊　寛政七年刊
津江伯（マヽ）寿述

と見えている。かつ、「伯（マヽ）寿の米沢に来るや、疱瘡療治単方及び禁忌食物を撰定し、之を板行して領内に頒

布す。」とも記されている。

・現在の市立米沢図書館には刊本「疱瘡心得書」一冊は所蔵されていない。

・しかし、旧米沢市史編纂委員が次の二資料を書写していた。「米沢市史々料」に見ることができる。

疱瘡療治単方

疱瘡中食物禁忌

内容はきわめて簡便なものである。これで思うに、この二書を合わせて「疱瘡心得書」の書名で頒布したのではなかろうか。

・このような現状において、次の二資料は注目に値しよう。

・『栢寿鑑定・痘瘡餘薬并除洗方』写本一冊、（杏雨書屋所蔵）

・米沢藩医堀内忠意宛津江栢寿書翰　十三通

・『栢寿鑑定・痘瘡餘薬并除洗方』の内容は、長年にわたって「衆人」によって伝えられた「功能」の「妙薬・奇方」に、津江栢寿の「伝」えた「妙薬・奇方」が挿入されて成ったものと判明した。

・したがって、津江栢寿の痘瘡治療はジェンナーの牛痘種痘法発見以前の段階における、実地の水準をよく伝えていると思われる。

・米沢藩医堀内忠意に宛てた津江栢寿の書翰十三通は、従来知られていなかった新事実を実に沢山伝えてくれるものであった。

注目に値する判明点の目星しいものを列挙しておきたい。

・内中津川の大肝煎小田切清左衛門に対して「疱瘡之療治致方」の書を著作して与え、治療に当たらせた。
・堀内忠意の「医薬」を見てあげている。『保赤全書』を探し求めて、送ってあげている。
・堀内忠意の著「痘論」を見てあげている。「殊の外面白き論」と評価した。
・「保赤全書」の会を催し、『麻疹精要』の会読を行うなど、研究に励んでいる。
・「麻疹論」の「除方」を藁科（松伯）氏に教示している。堀内忠意にも「麻疹之方」を教示するといっている。

・津江栢寿が米沢に滞在した間に、直接、教導を受けた米沢藩医と、その教えの受け方は次の通りであった。

平田道宣（御用懸として）
藁科松伯（御用懸として）
飯田忠林（御用懸として）
樫村元龍（伝授を受けた）
伊東升廸（入門）
山口彭寿（門弟入）
上村玄立（附添稽古）

右の七名は米沢の「勤書」に明記してある藩医たちである。これ以外にも、直接・間接に津江栢寿から教示を受けた藩医は多かった、と察せられる。堀内忠意宛書翰に見えている右七人以外の藩医として堀内忠意・内中津川の小田切清左衛門、藩医の草刈道庵らの名を、ただちにあげることができる。

・津江栢寿は長崎に親戚があり、通詞や通事、長崎町年寄らの間に知己を持ち、唐人医胡兆新らとも親しい間柄であった。このことから、山口彭寿の長崎遊学を熱心にすすめている。

・栢寿は自分の門弟の左馬之助を米沢藩医にして「附添稽古」で教えた上村玄立に預けている。十一歳になる二男の剛蔵も米沢に預けようと考えていた。

・栢寿の子供として、書翰には長男敬寿と二男剛蔵の名が見えている。長男を米沢に預けたことがあるらしく、二男は熊本の時習館に学ばせている。

・栢寿は江戸に帰ってからも、米沢藩医の飯田有益や山口立竹を在塾させて指導し、杉田玄白のもとにも連れていっている。

・栢寿自身、米沢藩江戸上屋敷桜田邸に「当直」を勤めている。

このようにみてくると、津江栢寿の疱瘡治療はジェンナーの牛痘種痘以前の段階とはいえ、米沢藩の医療に貢献した点のきわめて大きかったことが判明する。影響すこぶる多大なるものがあったと評価できる。

四　堀内素堂の『幼幼精義』

1　堀内忠意に「痘論」の存在

米沢藩に招聘された痘瘡医の津江栢寿が寛政八年（一七九六）の正月末頃江戸に帰る際、堀内忠意は著作した「医案」と「痘論」を栢寿に託し、痘瘡に関する漢籍『保赤全書』の探索方を依頼した。翌年、忠意の「痘論」を一読した栢寿は「殊之外面白き論」との評を手紙で贈っている。忠意は師の大槻玄沢にも「痘疹説」について問い合せを行っている（第四四号文書）。しかし、玄沢は「一向解了仕かね」ると「恥入」り、「蘭説も未訳」であると返書に認めている。

忠意の「痘論」にはジェンナー Edward Jenner の牛痘種痘法が発明（一七九六年）される以前の段階における、痘瘡治療に関する日本の水準が示されていたことと察せられるが、もとより書翰からだけではその内容を知ることはできない。

しかし、堀内忠意に「痘論」「痘疹説」の存在したことなど、いままで知られていなかったことである。次の代の堀内素堂が、やがてフーフェランドの痘瘡書に目を向けて、サクセの蘭訳本の訳出に努めるようになった淵源がはやく忠意の「痘論」や「痘疹説」にあったのであろう、と気付かされる。米沢藩医堀内家において「痘論」「痘疹説」のことがすっかり家学になっていたと理解できるのである。

享和元年（一八〇一）米沢に生れ、父は米沢藩医堀内忠意、母は志賀氏。名を忠寛、字は君栗、忠龍、忠亮、素堂と号した。文政三年（一八二〇）江戸に遊学。漢学を古賀穀堂に、蘭方医学を杉田立卿、青地林宗に学ぶ。文政五年帰国、その二月十六日、藩主上杉斉定の侍医を命ぜられ、大殿上杉鷹山の要望もあつかった。医学館好生堂の再興、蘭方医学の採用に尽した。代表訳業は『幼幼精義』。嘉永七年（一八五四）三月十八日病没、享年五十四歳。

2　『幼幼精義』の原書追及

堀内素堂の代表作『幼幼精義』は、ベルリン大学教授フーフェランドのドイツ語原書をサクセが蘭語訳したものからの重訳でわが国において最初に刊行された西洋小児科翻訳書として知られている（『洋学史事典』）。従来、ドイツ語原書、サクセの蘭語訳本について、素堂の重訳『幼幼精義』の刊行年をめぐって、その紹介のされ方に区々としている点がみられる。

そこで、まず、ドイツ語原書とオランダ語訳本の追及、確認からはじめてみる。

これまで、どんな紹介のされかたがされてきたか。代表として、古い順に、次の三書を取り上げてみる。

A　富士川游『日本医学史』昭和一六年（一九四一）刊。

B　内山孝一『明治前日本生理学史』一九五五年刊。

C　深瀬泰旦「幼幼精義」（『洋学史事典』昭和五九年一九八四年の項目）

ABC三書の紹介文を見てみよう。

A「堀内素堂ノ幼幼精義（中略）ハ扶歇蘭度（フヘランド）ノ書（一千七百九十八年）ヲ取テ之ヲ飜訳セシモノ」

B「本書の原本はC.W. Hufeland Enchiridion Medicum（oder Anleitung zur Medicinishen Praxis）であって、（中略）終りに近いところに記載せられているところの**“Kinderkrankheiten”**の部分の抄訳である。」と述べ、かつ、「素堂

の用いたものはサクセの蘭訳本（一八〇二年刊、文化元年）によったものである」と述べている。

C　「フーフェランドの Bemerkung uber die natürlichen und inoculierten Blattern, verschiedene Kinderkrankheiten, 1798. をサクセが蘭語訳として出版し（一八〇二）、これを米沢藩医堀内素堂が重訳したもの」

Aの記述だと、フーフェランドの一七九八年刊ドイツ語版から直接訳出したことになる。Bの記述だと、フーフェランドのインヒリディオン、メディクムのキンデルクランクヘイテンの章をサクセが蘭訳（一八〇二年刊）した本を訳出したことになる。Cの記述だと、フーフェランドの一七九八年刊ドイツ語本をサクセが蘭訳（一八〇二年刊）した本を重訳したことになる。このように区々としている。

右のうち、Bの記述は物理的に成立しない。すなわち、インヒリディオン・メディクムの刊行は一八三六年である。これをサクセが蘭訳し一八〇二年に刊行できるわけがない。Bの紹介は対象外である。残るはAとCである。Aだとドイツ語本から、Cだとオランダ語訳本から、ということになる。『幼幼精義』の「凡例」で「和蘭薩窟（サクセ）説」の「翻訳」「一千八百二年」の刊行と明記しているから、Aは当たらない。Cを検討対象にしなければならない。なお、ここまでに、肝腎の、「サクセ」のフルネーム表記も、蘭訳本の書名も紹介されることはなかった。はたして、蘭訳本を実際に見て紹介されたことがあったものか、どうか、はなはだ疑問とせざるを得ない。

3　サクセの蘭訳本の追究

あらためて、『幼幼精義』の原書を追究、確認してみよう。

弘化乙巳晩秋稟准開雕

素堂堀内先生譯

幼幼精義

初篇

米澤日渉園藏　青藜閣發兌

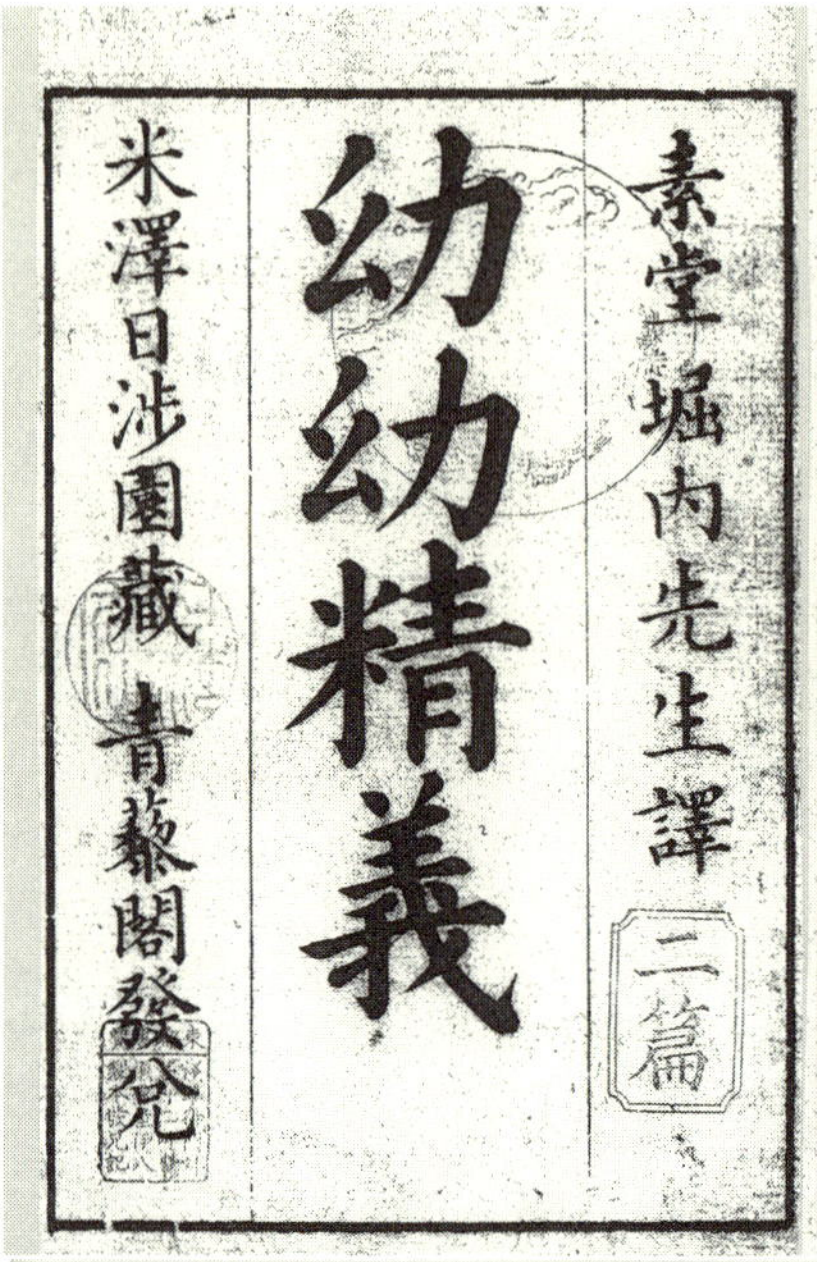

素堂堀内先生譯

幼幼精義

二篇

米澤日渉園藏　青藜閣發兌

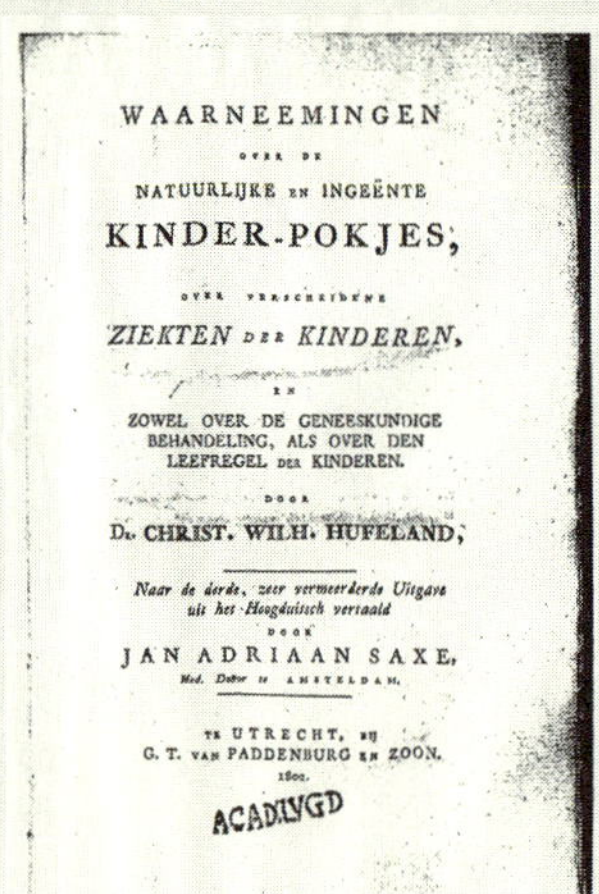

WAARNEEMINGEN

OVER DE

NATUURLIJKE EN INGEËNTE

KINDER-POKJES,

OVER VERSCHEIDENE

ZIEKTEN DER KINDEREN,

EN

ZOWEL OVER DE GENEESKUNDIGE BEHANDELING, ALS OVER DEN LEEFREGEL DER KINDEREN.

DOOR

Dr. CHRIST. WILH. HUFELAND,

Naar de derde, zeer vermeerderde Uitgave uit het Hoogduitsch vertaald

DOOR

JAN ADRIAAN SAXE,

Med. Doctor te AMSTELDAM.

TE UTRECHT, BIJ

G. T. VAN PADDENBURG EN ZOON.

1802.

ACAD.LVGD

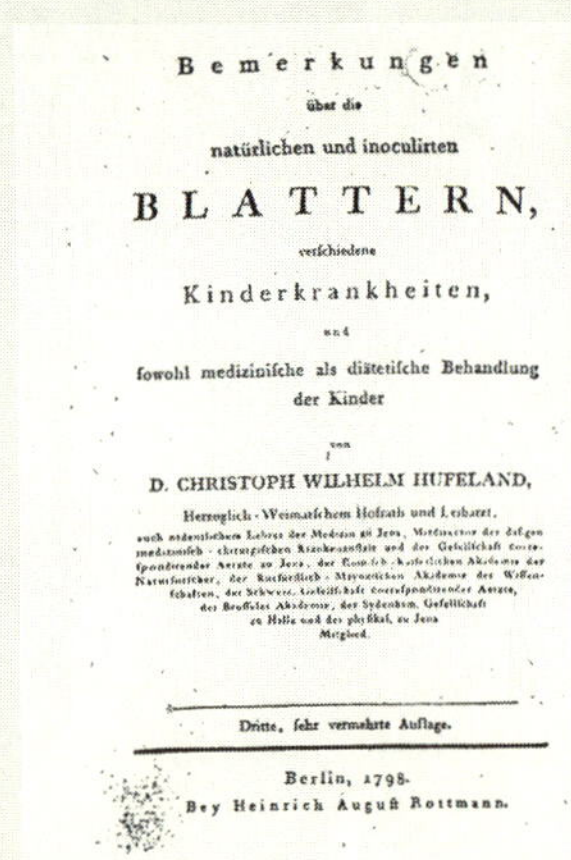

Bemerkungen

über die

natürlichen und inoculirten

BLATTERN,

verschiedene

Kinderkrankheiten,

und

sowohl medizinische als diätetische Behandlung der Kinder

von

D. CHRISTOPH WILHELM HUFELAND,

Herzoglich-Weimarschem Hofrath und Leibarzt,

Dritte, sehr vermehrte Auflage.

Berlin, 1798.

Bey Heinrich August Rottmann.

上右『幼幼精義』初編　（堀内淳一氏蔵本よりの複写、片桐一男蔵）

上左『幼幼精義』二編　（〃　〃）

下右　フーフェランドのドイツ語版タイトルページ　（米沢市　上杉博物館蔵）

下左　サクセ蘭訳本タイトルページ　（ライデン大学図書館蔵、上杉博物館の複写本より）

『幼幼精義』の「凡例」によって、フーフェランドのドイツ語版、一七九八年刊三版と、オランダのサクセ蘭訳版、一八〇二年刊の本によっていることがわかる。

従来、単に「薩窟説」「サクセ」としか紹介されてこなかった蘭訳者のフルネームは次の通りである。

JAN ADRIAAN SAXE

ヤン・アドリアーン・サクセ

アムステルダムのメディカル・ドクターである。

一八〇二年刊の蘭訳本の書名は次の通りである。

Waarneemingen over de Natuurlijk en Ingeënte KINDER-POKJES, over verscheidene ZIEKTEN der KINDEREN, in zowel over de geneeskundige behandeling, als over den leefregel der kinderen. door Dr. CHRIST. WILH. HUFELAND. UTRECHT, 1802.

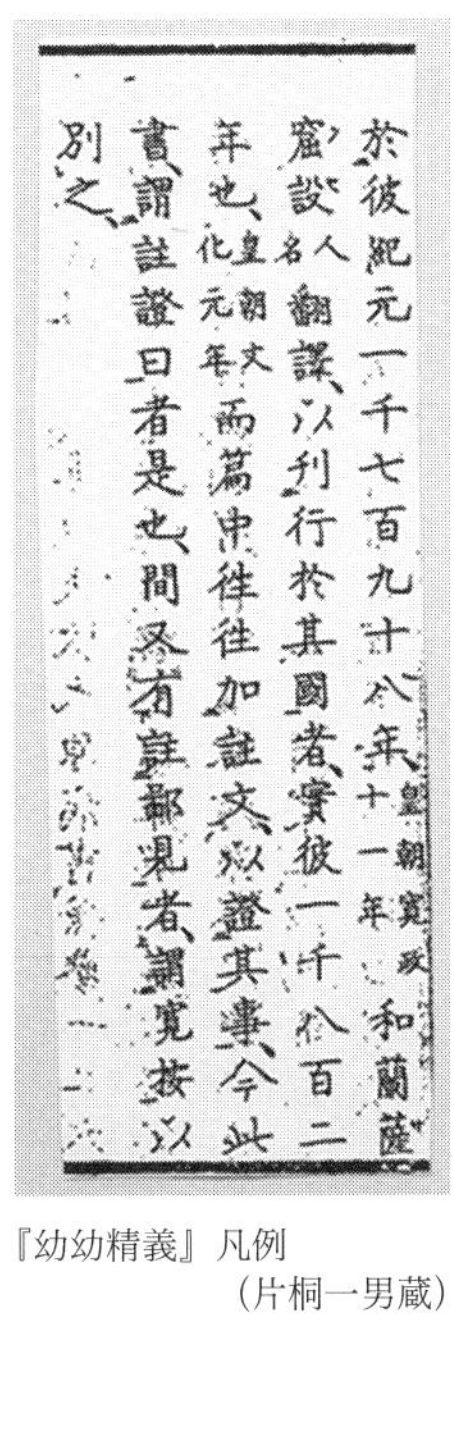
於彼紀元一千七百九十八年、皇朝寛政十一年和蘭薩窟設名人翻譯、以刊行於其國者、實彼一千八百二年也、皇朝文化元年而篇中往往加註文、以證其事、今此書謂註證曰者是也、間亦有難解者、謂寛按以別之、

『幼幼精義』凡例
（片桐一男蔵）

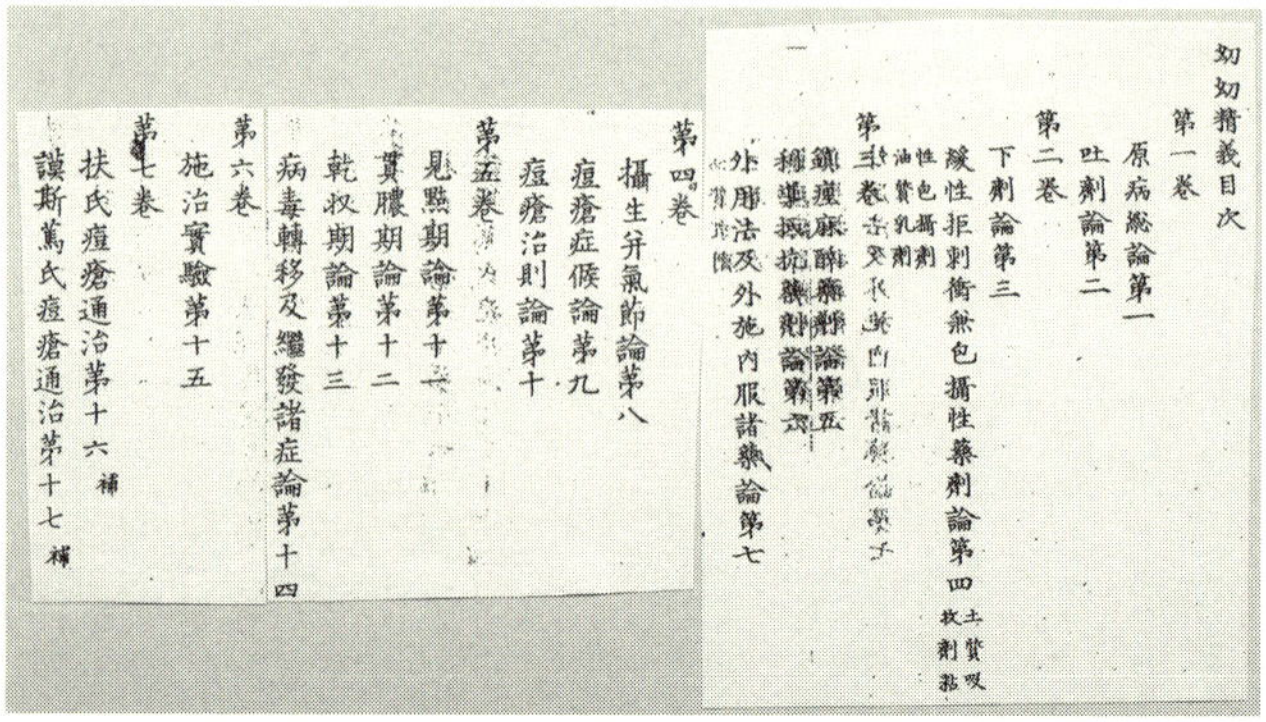
幼幼精義目次
第一巻
原病総論第一
吐剤論第二
第二巻
下剤論第三
緩性拒刺衝無包攝性薬剤論第四
第三巻
鎮痙麻酔薬剤論第五
外用法及外施内服諸薬論第七
第四巻
攝生弁氣節論第八
痘瘡症候論第九
痘瘡治則論第十
第五巻
見點期論第十一
貫膿期論第十二
乾収期論第十三
病毒轉移及繼發諸症論第十四
第六巻
施治實驗第十五
第七巻
扶氏痘瘡通治第十六 補
謨斯篤氏痘瘡通治第十七 補

『幼幼精義』目次　　（片桐一男蔵）

サクセの蘭訳本の内容構成と、『幼幼精義』の内容構成とを比較・点検してみれば、堀内素堂がサクセ蘭訳本のどの部分を、どのような順序で重訳して刊行したか判明するはずである。詳細な比較・点検は『米沢藩医　堀内家文書』に譲って、ここでは結果のみ示してみよう。

まず、『幼幼精義』の構成を示す。

初篇
幼幼精義序
凡例
第一巻
原病総論第一
吐剤論第二
第二巻
下剤論第三
緩性拒刺衝兼包攝性薬剤論第四
第三巻
鎮痙麻酔薬剤論第五

利導抵抗薬剤論第六

外用法及外施内服諸薬論第七

名稱義略　附録

跋

二篇

幼幼精義第二輯序

凡例

第四巻

攝生并氣節論第八

痘瘡症候論第九

痘瘡治則論第十

第五巻

見點期論第十一

貫膿期論第十二

乾収期論第十三

病毒轉移及継発諸症論等第十四

第六巻

施治実験第十五

第七巻

扶氏痘瘡通治第十六　補

謨斯萬氏痘瘡通治第十七　補

幼幼精義第二輯跋

これをみると、序・跋・凡例・名称義略を除くと、初篇二篇合わせて、全七巻十七章から構成されていることがわかる。このうち、第六巻第十五章は痘瘡一一例の症例検討、第七巻は他の文献による補足である。したがって、第一―五巻計十四章が重訳の部分であろうと判断される。

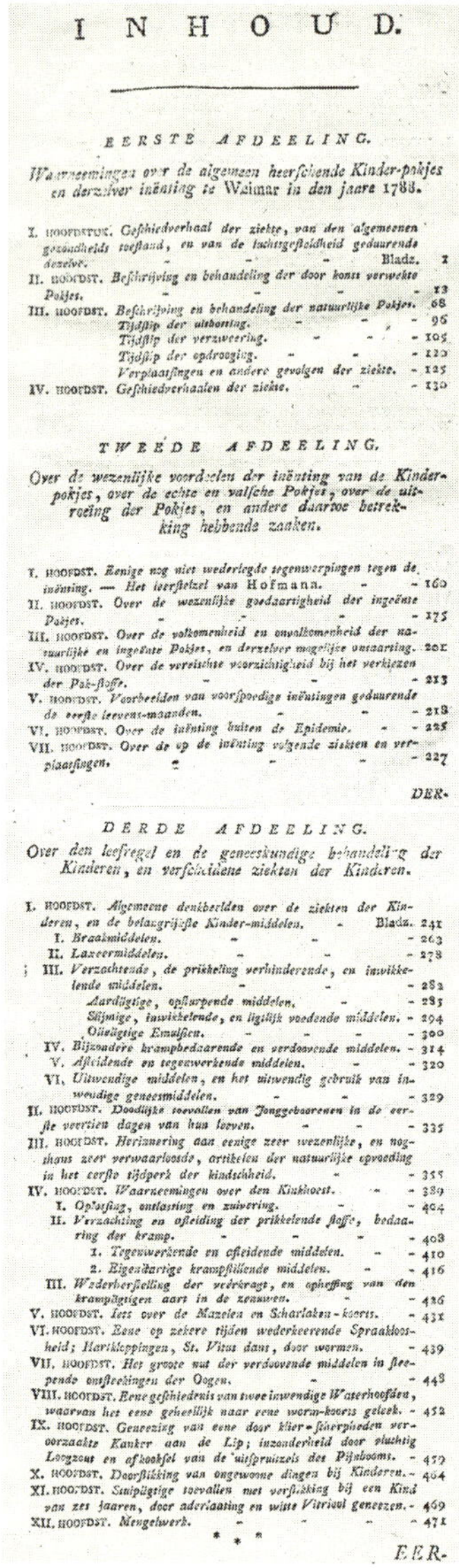

I N H O U D.

EERSTE AFDEELING.

Waarneemingen over de algemeen heerschende Kinder-pokjes en derzelver inënting te Weimar in den jaare 1788.

I. HOOFDSTUK. *Geschiedverhaal der ziekte, van den algemeenen gezondheids toestand, en van de luchtgesteldheid geduurende dezelve.* - - - Bladz. 1
II. HOOFDST. *Beschrijving en behandeling der door konst verwekte Pokjes.* - - - - 13
III. HOOFDST. *Beschrijving en behandeling der natuurlijke Pokjes.* 68
Tijdstip der uitbotting. - - - 96
Tijdstip der verzweering. - - - 105
Tijdstip der opdrooging. - - - 120
Verplaatsingen en andere gevolgen der ziekte. - 125
IV. HOOFDST. *Geschiedverhaalen der ziekte.* - - 130

TWEEDE AFDEELING.

Over de wezenlijke voordeelen der inënting van de Kinderpokjes, over de echte en valsche Pokjes, over de uitroeïng der Pokjes, en andere daartoe betrekking hebbende zaaken.

I. HOOFDST. *Eenige nog niet wederlegde tegenwerpingen tegen de inënting. — Het leerstelzel van* Hofmann. - - 160
II. HOOFDST. *Over de wezenlijke goedaartigheid der ingeënte Pokjes.* - - - - 175
III. HOOFDST. *Over de volkomenheid en onvolkomenheid der natuurlijke en ingeënte Pokjes, en derzelver mogelijke ontaarting.* 201
IV. HOOFDST. *Over de vereischte voorzichtigheid bij het verkiezen der Pok-stoffe.* - - - 213
V. HOOFDST. *Voorbeelden van voorspoedige inëntingen geduurende de eerste leevens-maanden.* - - - 218
VI. HOOFDST. *Over de inënting buiten de Epidemie.* - - 225
VII. HOOFDST. *Over de op de inënting volgende ziekten en verplaatsingen.* - - - - 227

DER-

DERDE AFDEELING.

Over den leefregel en de geneeskundige behandeling der Kinderen, en verscheidene ziektan der Kinderen.

I. HOOFDST. *Algemeene denkbeelden over de ziekten der Kinderen, en de belangrijkste Kinder-middelen.* - Bladz. 241
I. *Braakmiddelen.* - - - 263
II. *Laxeermiddelen.* - - - 278
III. *Verzachtende, de prikkeling verhinderende, en inwikkelende middelen.* - - - 282
Aardägtige, opslurpende middelen. - - 283
Slijmige, inwikkelende, en ligtlijk voedende middelen. - 294
Olieägtige Emulsien. - - - - 300
IV. *Bijzondere krampbedaarende en verdoovende middelen.* - 314
V. *Afleidende en tegenwerkende middelen.* - - 320
VI. *Uitwendige middelen, en het uitwendig gebruik van inwendige geneesmiddelen.* - - - 329
II. HOOFDST. *Doodlijke toevallen van Jonggeboorenen in de eerste veertien dagen van hun leeven.* - - - 335
III. HOOFDST. *Herinnering aan eenige zeer wezenlijke, en noghans zeer verwaarloosde, artikelen der natuurlijke opvoeding in het eerste tijdperk der kindschheid.* - - 355
IV. HOOFDST. *Waarneemingen over den Kinkhoest.* - - 389
I. *Oplossing, ontlasting en zuivering.* - - 404
II. *Verzachting en afleiding der prikkelende stoffe, bedaaring der kramp.* - - - - 403
1. *Tegenwerkende en afleidende middelen.* - - 410
2. *Eigenäartige krampstillende middelen.* - - 416
III. *Wederherstelling der veêrkragt, en opheffing van den krampägtigen aart in de zenuwen.* - - 426
V. HOOFDST. *Iets over de Mazelen en Scharlaken-koorts.* - 431
VI. HOOFDST. *Eene op zekere tijden wederkeerende Spraakloosheid; Hartkloppingen, St. Vitus dans, door wormen.* - 439
VII. HOOFDST. *Het groote nut der verdoovende middelen in sleepende ontsteekingen der Oogen.* - - 448
VIII. HOOFDST. *Eene geschiedenis van twee inwendige Waterhoofden, waarvan het eene geheellijk naar eene worm-koorts geleek.* - 452
IX. HOOFDST. *Geneezing van eene door klier-scherpheden veroorzaakte Kanker aan de Lip; inzonderheid door vluchtig Loogzout en afkooksel van de uitspruitzels des Pijnbooms.* - 459
X. HOOFDST. *Doorslikking van ongewoone dingen bij Kinderen.* - 464
XI. HOOFDST. *Stuipägtige toevallen met verstikking bij een Kind van zes jaaren, door aderlaating en witte Vitriool geneezen.* - 469
XII. HOOFDST. *Mengelwerk.* - - - - 471

* * *

EER-

サクセ蘭訳本　目次

（米沢　上杉博物館蔵）

次にサクセの蘭訳本の構成を見てみる。本書は次の三部（Afdeeling）から成っている。

Eerste Afdeeling（第一部）

Waarnemingen over de algemeen heerschende Kinder-pokjes en derzelver inënting te Weimar in den jaar 1788.

Tweede Afdeeling（第二部）

Over de wezenlijke voordeelen der inënting van de Kinder-pokjes, over de echte en valsche Pokjes, over de uitroëing der Pokjes, en andere daartoe betrekking hebbende zaaken.

Derde Afdeeling（第三部）

Over den leefregel en de geneeskundige behandeling der Kinderen, en verscheidene ziekten der Kinderen.

第一部（Eerste Afdeeling）は計四章（Hoofdstuk）から成り、第二部は計七章より成り、第三部は計一二章より成っている。次に各部と章を示す。

EERSTE AFDEEWING.

I. HOOFDSTUK. Geschiedverhaal der ziekte, van den algemeenen gezondheids toestand, en van de luchtsgesteldheid geduurende dezelve.

II. HOOFDSTUK. Beschrijving en behandeling der door konst verwekte Pokjes.

III. HOOFDSTUK. Beschrijving en behandeling der natuurlijke Pokjes.

TWEE'DE AFDEELING.

Over de wezenlijke voordeelen der inënting van de Kinder-pokjes, over de echte en valsche Pokjes, over de uitroeing der Pokjes, en andere daartoe betrekking hebbende zaaken.

XII. HOOFDST. Mengelwerk.　471

サクセ蘭訳本の第一部計四章は、拙訳を示せば次の通りである。

第一章　一般健康病論と気候
第二章　痘発生の記述と治療
第三章　天然痘の記述と治療
・発生期
・形成期
・乾燥期
・移転・終結期
第四章　病気史論

という内容構成である。これは、なんと、『幼幼精義』の第二篇を構成している第四巻（第八—十）と第五巻（第十一〜十四）によく対応していることが判明する。

そこで、『幼幼精義』の初篇を構成している第一—三巻（第一—七）がないかと、サクセの蘭訳本を探索してみる。すると、第三部（DERDE AFDEELING）に見い出すことができた。すなわち、第一章（I. HOOFDSTUK）を構成している六節（I〜VI）がよく対応していることが判明した。次に示そう。

外用法及外施内服諸薬論

この比較・点検の結果、なんと、堀内素堂が、サクセのフーフェランド蘭訳本の第三部DERDE AFDEELINGの第一章I HOOFDSTUKを『幼幼精義』初篇の第一―三巻（第一―七）として重訳し、第一部EERSTE AFDEELINGの第一章I HOOFDSTUKから第四章IV HOOFDSTUKまでを『幼幼精義』の第二輯の第四巻と第五巻を構成している第八―一四として重訳していることが判明した。

すると、残るは前述もした『幼幼精義』の第二篇（輯）の第六巻（第十五）と、第七巻（第十六と第十七）のみである。

この第六巻（第十五）は「施治実験」と題して、すべて痘瘡一一例証の記録である。

第七巻を構成する第十六と第十七は「補」で、「扶氏痘瘡通治」と「謨斯蔫氏痘瘡通治」と題する補遺である。すなわち、フーフェランドの他の部分と、モストの痘瘡治療に関する記事による補足であったことがわかる。

幼幼精義			フーフェランドのサクセ蘭訳本
初篇	第一巻	第一	DERDE AFDEELING I. HOOFDSTUK
		第二	I
	第二巻	第三	II
		第四	III
	第三巻	第五	IV
		第六	V
		第七	VI
二輯	第四巻	第八	EERSTE AFDEELING I HOOFDSTUK
		第九	II HOOFDSTUK
		第十	III HOOFDSTUK
	第五巻	第十一	Tij'dstip der uitbotting
		第十二	Tij'dstip der verzweering
		第十三	Tij'dstip der opdrooging
		第十四	Verplaatsingen en andere gevolgen der Ziekte
	第六巻	第十五	
	第七巻	第十六	
		第十七	

ここにおいて、『幼幼精義』と、フーフェランドのサクセ蘭訳本との関係が、ようやく、明確になったわけである。これを前ページのように表示することができる。

4 『幼幼精義』の刊行をめぐって

『幼幼精義』の初篇の「凡例」は、「天保己亥冬月」に、江戸の「桜田邸舎」で、「堀内寛誌」と記されている。堀内素堂が、少なくとも、天保十年（一八三九）の冬の段階で、フーフェランドの蘭訳原書を訳し終えて、「凡例」を作る段階にまで至っていたことを示している。

同初篇には、「天保癸卯秋日」の日付で坪井信道が序文を寄せ、「天保十四年龍集癸卯」の年紀で杉田立卿が跋文を寄せている。天保十四年（一八四三）秋の前に刊行準備を整え、堀内素堂が両師に「序」と「跋」の文を依頼し、手にしていたことがわかる。

板行は、ただちにすすめられ、実現したかと思いきや、事はそう簡単にはすすまなかったようだ。結局は、「弘化乙巳晩秋稟准開雕」と明記されているごとく、弘化二年（一八四五）の「晩秋（九月）」にようやく板行をみた。

では、この間、どんな遅延の事情があったのか。追究してみなければならない。

天保十年から十四年にかけて、といえば、どんな時期であったか。江戸幕府三大改革の一つ、天保の改革が、老中水野忠邦によって行なわれていた、真っ只中の時期であった。

出版手続きに関しても、新たに規定されることとなった。すなわち、天保十二年十二月、商業上の問屋仲間の組合が廃止され、書肆の行事も自然消滅となった。そのため、江戸においては、新たに名主中に書物掛を置き、さきの行事の職務を担当させ、天保十三年六月、七月、九月、十一月等の町触れによって、細かに規定された。(『徳川禁令考』前集第五、第五五集二九二三、天保十二年十二月十三日条)

天保十三寅年六月十日の町触れ「新板書物之義ニ付御触書」によると、「暦書天文阿蘭陀書籍飜訳物ハ勿論、何之著述ニ不限、都て書物板行いたし候節、本屋共より町年寄館市右衛門方江可申出候、同人より奉行所江相達、差図之上及沙汰候」と定められた。(同右、前集第五五集二九五四)

「諸家蔵板之儀も右ニ准し、其以前当人より学問所江草稿差出」し、「差図」を受けるように指示され、「彫刻出来之上、一部ツヽ学問所」へ「相納」めるべきことと規定された。(同右)

学問所における査閲とはいうものの、学問所は、本来、儒学教授の教育機関である。儒官がいかに博学であったとしても、全分野の著述内容を完全に検討することは不可能である。学問所の儒官達は幕府内の関係諸機関にその事務を分掌させ、自己の負担を軽減し、検閲の確実をはかるよう努めた。(市中取締類集八十天保十三年七月、「新板書物」のうち、「去月(六月)中」に「触」れた内、「医書ノ分」を「蔵板」したい輩は、「向後、医学館」へ「草稿」を提出し、その「差図」を受けるように指示された。(『徳川幕府時代書籍考』、森睦彦「天保改革と洋学書の出版―特に医学館との関係について―」(『法政史学』第一八号))。

印刷が成った後、町年寄の再検閲を受け、町奉行所へ提出して、発行が許可される、という仕組みであった。

草稿検閲の結果、出版を許可すべきものには、草稿の表紙に、

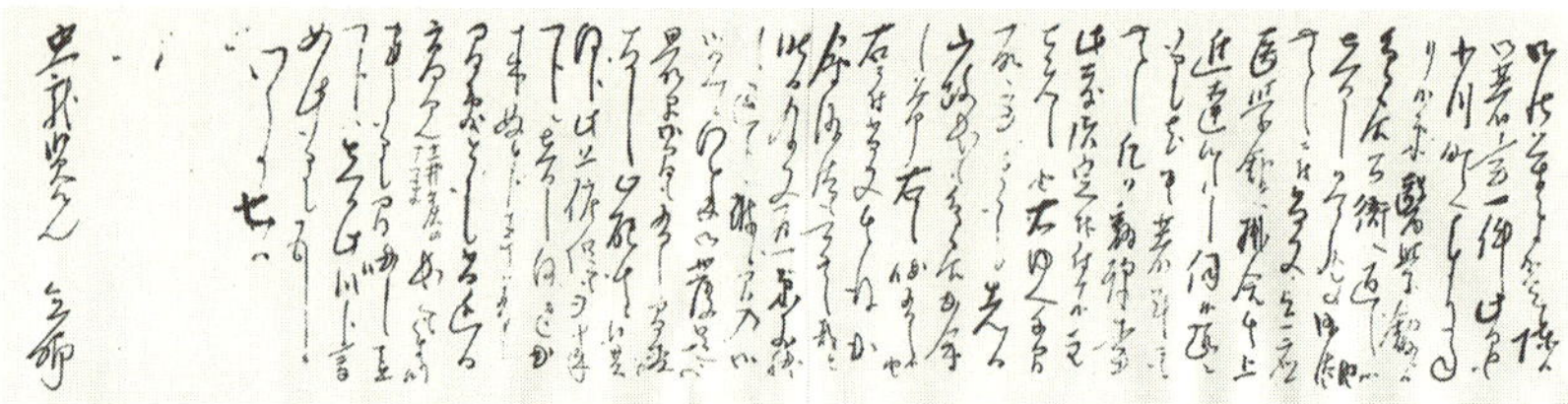
堀内忠龍（素堂）宛　杉田立卿書翰　（「堀内家文書」米沢市　上杉博物館蔵）

学問所改（医学館その他においても同じ）の印を押捺し、

> 出版差許候　刻成之上壱
> 部学問所ェ可相納候

と記した小紙箋を付けて下付する、というものであった。（中村喜代三『近世出版法の研究』一六三頁）

「医学館」の総裁は多紀家の世襲するところで、天下の医家で漢医方を奉ずるものは、皆、多紀家を師宗と仰いだ。したがって、多紀氏は江戸の医権を占め、医学館の出版にも職権を振ったのである。

町奉行所においては、鳥居耀蔵が天保十二年十二月二十八日以来、南町奉行の職にあって蘭学排除に力を注いでいた。

蘭医書開板にも手加減が加えられた。医学館は「近来蘭学盛ニ行レ候ハヽ、漢土之医学逐々廃レ候様ニ罷」りなるとして、「彫刻致」さざる、と、出版の許可を与えなかった。実際、天保十四年、箕作阮甫の『泰西名医彙講』が出願された際、「彫刻不致方可然」と許可されなかった。さすがに、これに対し鳥居甲斐守は「偏倚」ではないかと、再度、懸け合いに及んだが、「右書物医家有用之書ニも無之」

「彫刻不致方」と、かたくなに拒んで許されなかった。（旧幕府引継文書　市中取締類集　七八）。

このようにして、蘭学界・蘭方医学界は冬の時代を迎えたのである。

堀内素堂の『幼幼精義』の出版申請は、まさに、このような時期に遭遇したのである。堀内家文書中の杉田立卿から堀内忠龍（素堂）に宛てられた書翰は、その間の事情をよく反映している。まずは一読してみなければならない。

御壮栄奉賀候、陳ハ御著書一件、此間も小川町へ参り、承り候処、醫学館ゟ(より)鳥居公衙へ返し候也、先日之見分の沙汰も無レ之ニ付、尚又今一応医学館へ掛合、其上進達いたし、伺候趣ニ御座候、尤貴著計ニも無レ之、凡ソ翻譯書此度諸定紙付ケ候主壱人之由、右ゆへ手間取候事も御座候、先日山路氏も鳥居出会候節、右之咄有レ之候由、右ニ付尚又其後出会沙汰も可レ有レ之哉と、昨日及ニ文通一候、原文紙之通申越候間、入ニ御覧一候、何卒御発足前、最早御間も有レ之間敷と存し心配仕候得共、何分此上催促も出来可レ申候、先日之何▒出来ぬと申事ハ有レ之間敷と可レ申候、尚近日鷹見（土井侯の太夫）氏へも参り候事御座候間、咄し置可レ申候、先ハ此段申上度、如レ此御座候、頓首

四月七日　立卿

忠龍賢兄

「御著書一件」とは『幼幼精義』開板申請を指す。「医学館」より「鳥居公衙（役所）へ返し候由」とあるから素堂の草稿が鳥居の事務所に廻された様子がわかる。「見分の沙汰もこれなく」と、全く事務は停滞してい

である。
る様子である。「諸定紙」を「翻譯書」に「付ケ」る掛り官も「壱人」のようで「手間取」ってもいるようで

天文方の山路民へも陳情されていたらしく、山路氏も鳥居に会った機会に「咄」はしてくれていたらしいのであるが、「其後」も「出会」いの機会があることと察し、杉田立卿は手紙を出しておいてくれた様子で、「昨日、文通に及び候」と明記している。「御発足前、最早御間も之れ有る間敷」とは、堀内素堂が主君上杉勝道の参勤を終えて国許に帰る旅に随行する発駕の日を間近かに控えて、気忙しい様子、ジリジリしている気持ち、痛いほど伝わってくる。立卿は「心配」し「此上」とも「催促」を試みる、と申し送っている。さらに加えて、「近日鷹見氏」へも「咄し置」くといつている。ここに見える鷹見氏は古河藩土井利位侯の江戸家老鷹見十郎左衛門のちの泉石を指すことは「土井侯の太夫」と注記されていることによって明白である。土井利位は当時老中で、天保十四年閏九月に老中首座に就く。巷間、「土井の鷹見か、鷹見の土井か」といわれた時期である。大の蘭癖家老であって、杉田立卿とは昵懇の間柄にあったから、その威光に頼った働きかけであったものと察せられる。

このような切迫した状況と情況からして、本書翰は天保十四年（一八四三）の「四月七日」付の一翰と見做すことができる。

堀内素堂の『幼幼精義』公刊にいたるまでには、江戸の蘭方医師たちをはじめとする、天文方や老中付き蘭癖家老たちによる猛運動の存在したことが鮮明にみえてくる。それだけ期待される訳書であった、ということでもある。

猛運動の様子は、ひとまずおいて、その後刊行に至るまでの様子を追ってみよう。

蘭科医書彫刻之儀ニ付伺

医療正始　自十三至十五　三冊

同　　　　自十六至十八　三冊

舎密開宗　六冊

幼々精義　三冊

去卯年中泰西名医彙講開板売弘之義、医学館江及二懸合一候処、右様之蘭書彫刻相成候而者、追々漢土之医学廃レ候様可二相成一間、彫刻不レ致方との挨拶ニ御座候ニ付、其節越前守殿江申上、学問所ニ而改受開板申付候儀御座候、其後前書之書籍開板売弘之儀去五月中ゟ追々願出候ニ付、医学館江改之儀懸合候得共、一切挨拶無レ之、度々及二催促一候処、右書類ニ付同所ゟ申立候次第も御座候哉ニ承及候、一躰西洋之書類ニ弘まり候ハ好ましからづ候得共、元ゟ御制禁ニも無レ之、殊ニ天文暦数医学物産等之類者兼而御採用ニも有レ之、其上近年者彼国之軍法并近来発明之炮術までも憚る処なく専ら行れ候儀、御構も無レ之処、医書ニ付彼是故障御座候向者、世上之人江如何可レ有レ之哉、医学館ニ而教導仕候漢土之医術ニ無レ之、自然功を争ひ候場合より品を附差障候様ニ而ハ、詰リ一己之学ふ所々拘泥仕候狭溢之論ニ陥り、広く芸業御引立之御趣意ニ振れ可レ申、且此後追々願出候節無益之懸合ニ而手数而已懸リ無レ詮事ニ御座候間、前々翻訳書天文方ニ而相改候ニ付、立戻以来天文方又者学問所ニ而相改候様ニ相成候而ハ如何御座候哉、此段奉伺候、以上

辰四月　　　鳥居甲斐守

右は、天保十五年（この年、弘化と改元）四月、鳥居甲斐守耀蔵から老中水野越前守忠邦宛の伺書である。（市中取締類集　七八）

『泰西名医彙講』のあと、検閲を申請したものに『医療正始』（伊東玄朴訳）、『舎密開宗』（川本幸民訳）、『幼幼精義』（堀内素堂訳）があった。医学館は草稿見改について幕閣に申し立てていることがあったようで、それが未決裁であるから、という理由で、草稿には一切手を付けられていないようである。

医学館が何を申し立てたか、幕閣がなぜ回答しないのか、未詳である。鳥居はこの伺書で医学館の偏見を「狭隘之論」に陥っていると批判するとともに「前々翻訳書天文方ニ而相改候ニ付」き、これに戻してはどうか、と提案している。

鳥居の伺書に対して、老中水野越前守からは、同年八月に次のように回答された。

蘭科医書彫刻之儀ニ付被二申立一候趣、一通左ニ相聞候得共、此節一概ニ板行差止候儀者難レ被レ及二御沙汰一候間、得二其意一向後其筋より彫刻之儀、及二掛合一相廻シ候ハヽ、早速相改子細無レ之分ハ、直ニ差戻若又不審廉有レ之候共、遅々不レ致速ニ其趣相答品々寄候ハヽ不審之趣意自分共迄申聞候様ニ相心得、都而公平ニ取扱等閑置候儀無レ之様、篤ト可レ被二申合一候事

右之通医学館掛リ御医部江相達候間、是迄之通同所江相廻シ改受候様可二相心得一候事（同前）

鳥居の提案は受け入れられず、「都而公平ニ取扱等閑置候儀無之様」に医学館に申し渡すに留った。鳥居はこの回答を得て、同月、医学館に再度の検閲を督促したが、医学館からは何の回答も得られなかった。

そうこうするうちに、天保十四年閏九月、水野越前守が辞任、翌弘化元年九月、鳥居甲斐守も罷免されたことはよく知られている。

さらに翌弘化二年二月、林大学頭ら学問所の儒官たちが連名で、若年寄大岡主膳正に宛てて書物改方の改正を出願した。

去々寅年以来新規開板書籍学問所におゐて相改候儀被㆓仰渡㆒候、尤医書ハ医学館ニ而相改、仏書は其宗旨本山ニ而相改候儀其筋々江被㆓仰渡㆒候、然ル処天文暦算蘭書翻訳世界絵図等之書、私共不案内ニて相改候者、自然不行届之儀も可㆑有㆑之哉ニ付、開板願人ゟ其筋江問合候様申聞候得共、右ニ而者相対之様ニ心得、兎角届兼候儀有㆑之候間、以後右等之書、学問所之改ニ不㆑及、直に其筋役所ニ而相改候様、被㆓仰渡㆒候方、取調も綿密に相成、後々之差支も無㆑之、可㆑然と奉㆑存候、依㆑之此段申上候、以上

巳二月

林　大学頭
林　式部
古賀小太郎
杉原平助
佐藤捨蔵
杉崎満太郎

草稿検閲において、「天文暦算蘭書翻訳世界絵図等」の部門は儒官の専門外であるから、医学や宗教書のように関係の専門機関に事務を移管して欲しいというものであった（市中取締類集　八四）。

弘化二年七月廿八日、老中阿部伊勢守正弘から「翻訳書之類天文方之差図可受旨御書付」が発令された（徳川禁令考、前集　第三）。

翻訳書之類天文方之差図可レ受旨御書付

伊勢守仰渡

大目付江

新板書物之儀ニ付、去ル寅年相触候内、天文暦算蘭書翻訳世界絵図蘭方医書之類蔵板ニいたし度存候類ハ、向後天文暦算世界絵図等ハ天文方之内江草稿差出、蘭書翻訳蘭方医書之分ハ天文方山路弥左衛門方江草稿差出、任二差図一、彫刻出来之上壱部つゝ同所江相納候様、向々江相触可レ被レ置候

七月

蘭方医書は蘭書翻訳と同じ扱いで、天文方山路弥左衛門方の担当と規定された。学問所の案を受けて、その前の町奉行鳥居甲斐守の提案である天文方での見改案が採用されたことになるが、「天文暦算世界絵図等」は「天文方内」で扱い、「蘭書翻訳蘭方医書」は特に「天文方山路弥左衛門方」で扱うことにするという。扱い分けの指示は、より前進した判断と評価すべきであろう。

山路弥左衛門扱いの名が新たに実現した背景には、杉田立卿から堀内忠龍（素堂）宛の書翰にみえていた「山路氏も鳥居出会候節、右之咄有之」とか「尚又其後出会沙汰も可有之」などという文言が想起される。町

奉行と天文方山路氏との協議が繰り返し行われたこと、さらには、その背後に、江戸の蘭方医たちの強い働きかけの存在した様子が読み取れるわけである。

ここにおいて、医学館に留め置かれた草稿類は、さっそく天文方山路弥左衛門方に回送され、検閲を受ける運びになったものと察せられる。

同弘化二年九月に認められた山路弥左衛門の次のような報告を見ることができる（市中取締類集　八四）。

御書面医療正始并舎密開宗、幼々精義、医方研幾致二一覧一候処、何も差障り之筋相見江不レ申候間、写誤之分相改、彫刻売弘ニ相成候而も差支之儀有レ之間敷奉レ存候、依レ之右草稿五部返却、此段及二御挨拶一候

巳九月　　山路弥左衛門

五部の草稿には全部出板の許可が与えられた。『幼幼精義』の「初篇」に明示されている「弘化乙巳晩秋稟准開雕」の十文字が、ひときわ感慨をもってみられる。

『幼幼精義』の「二篇」は、素堂の「凡例」が「弘化丁未夏月」すなわち弘化四年（一八四七）の夏月の日付で記されている。箕作阮甫の序文は「嘉永紀元蒲月」すなわち嘉永元年（一八四八）五月、伊東玄朴の跋文は同じく「嘉永紀元夏蒲月上浣」と記されている。ただし、初篇のような刊行年月は示されていない。開板経過はどんなものであったであろうか。医学館の手を経ずに開板に至るようになったのは、ペリー来航を契機とした後のことである。ことによったら二篇の開板も、まだまだ難産であったかもしれない。

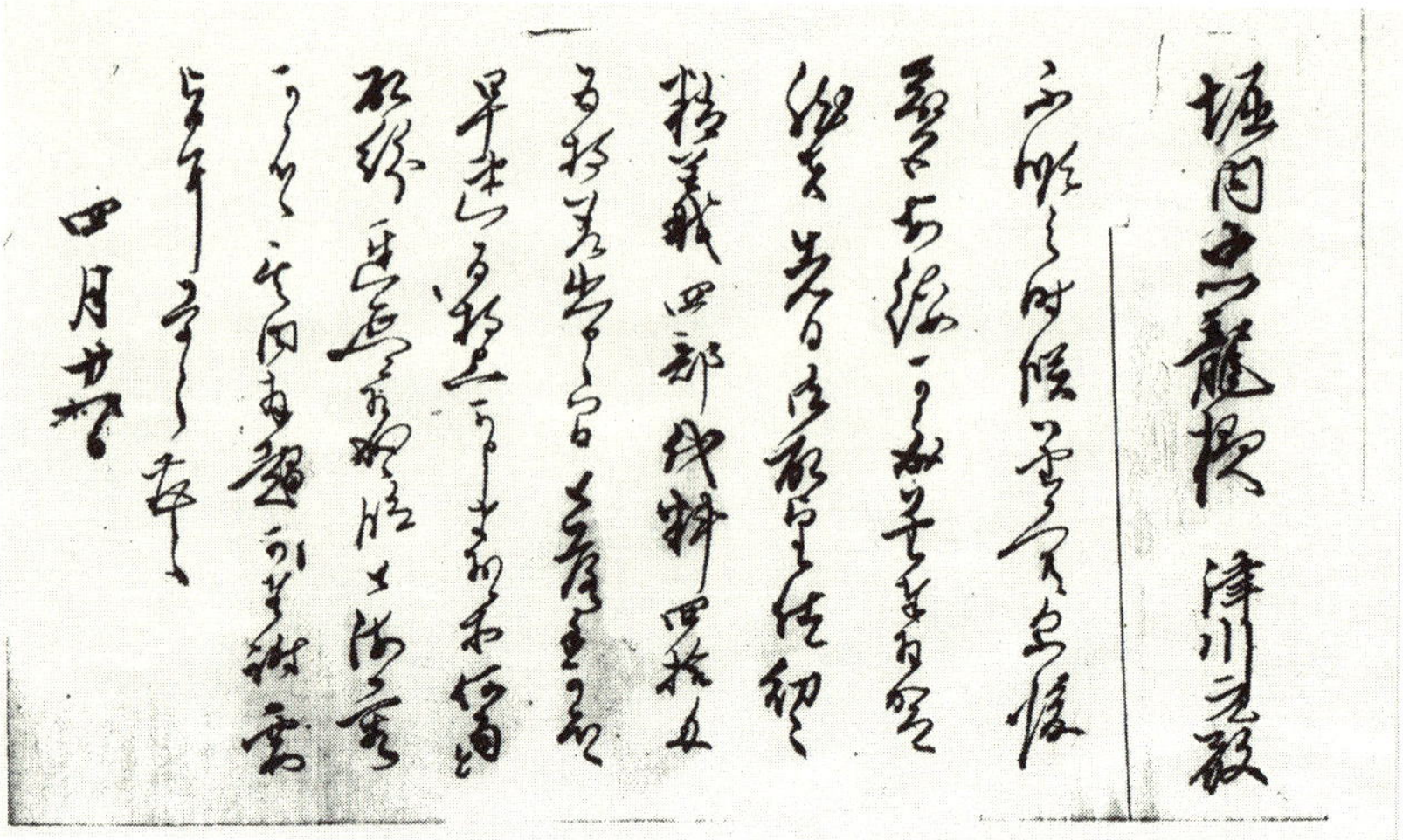

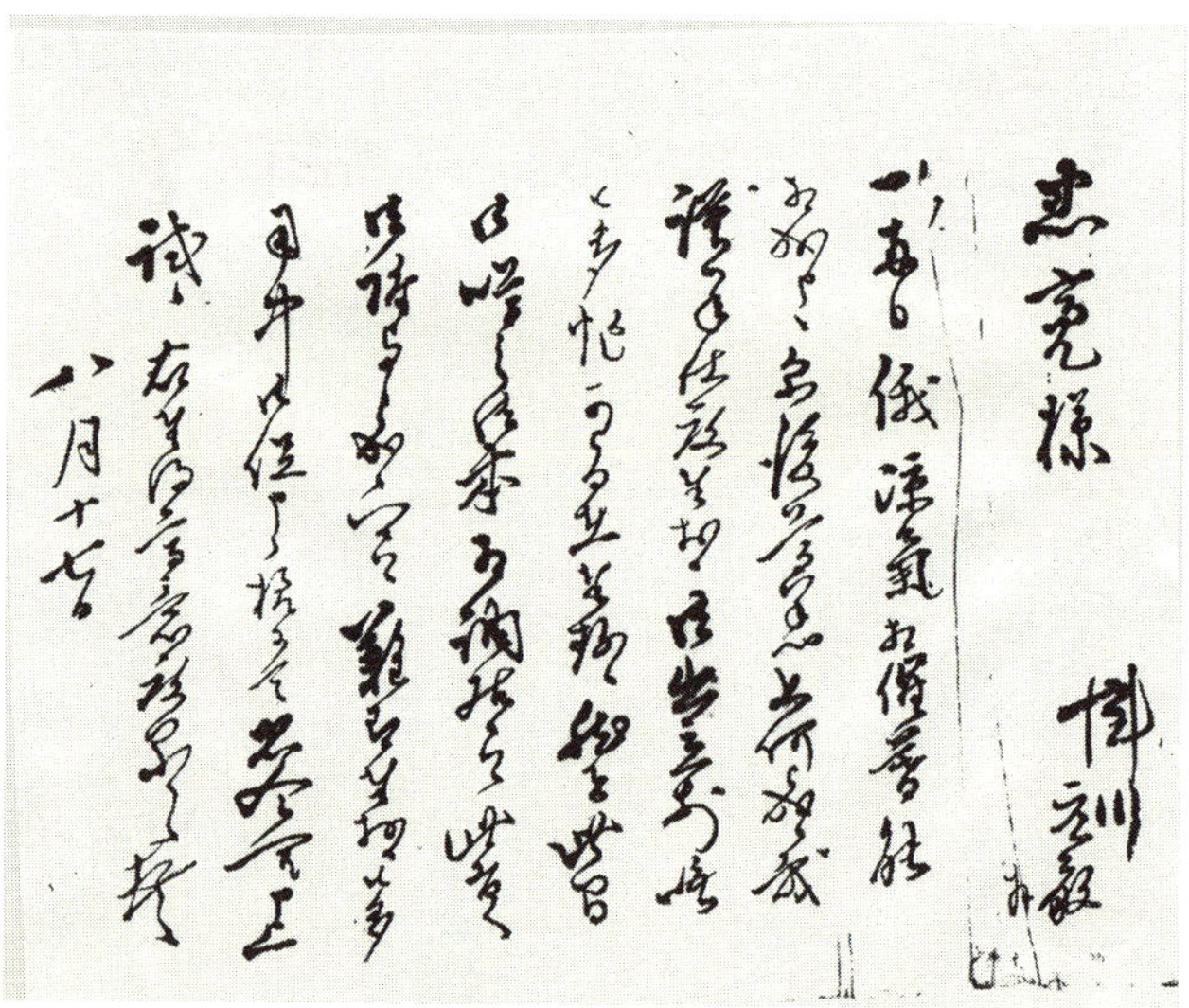

上下　堀内忠龍（素堂）宛　津川元敬書翰　　　　　　（「堀内家文書」米沢市　上杉博物館蔵）

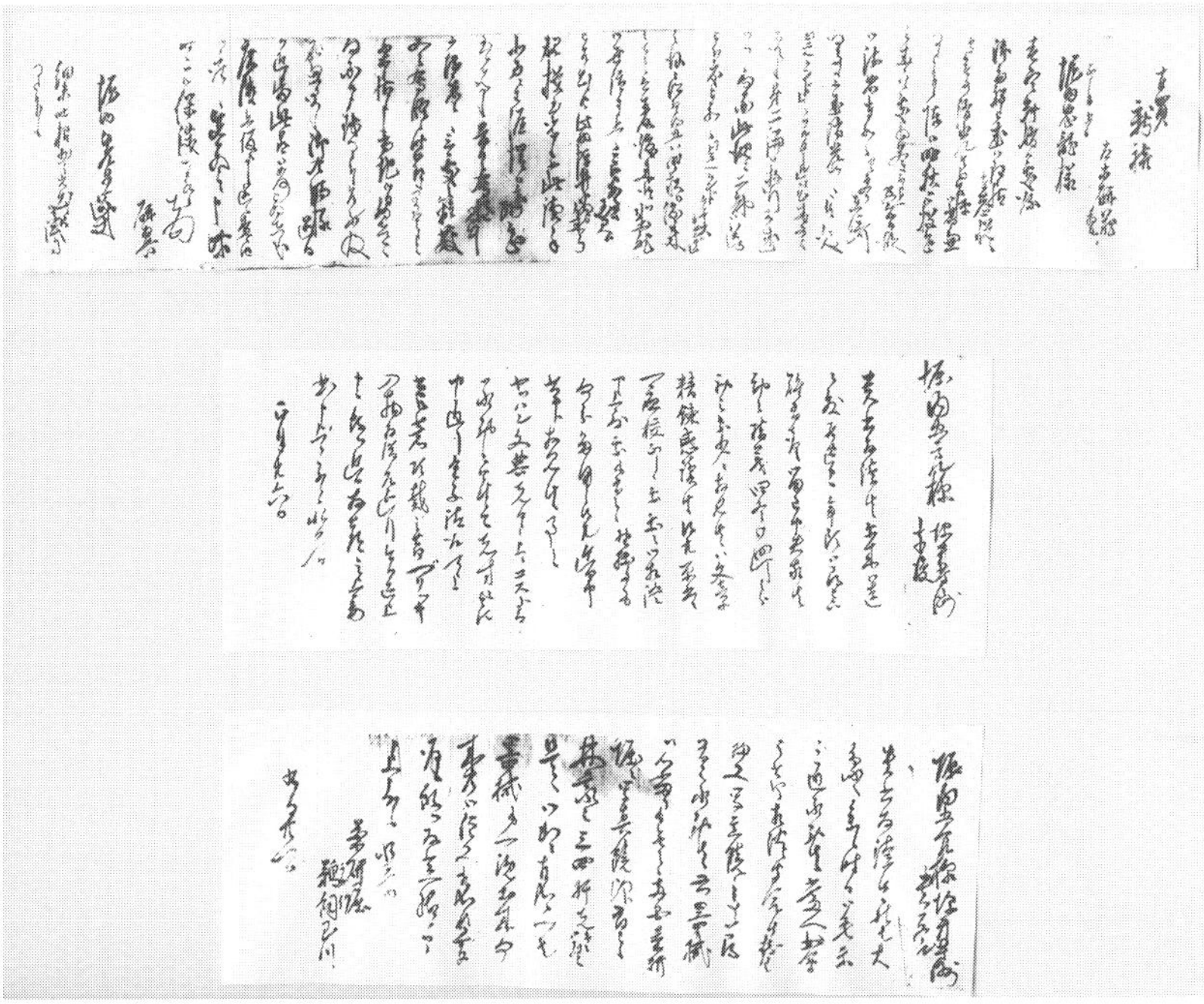

堀内素堂宛　青木研蔵書翰（上）、坪井芳洲書翰（中・下）（「堀内家文書」米沢市　上杉博物館蔵）

5 『幼幼精義』公刊の評判

『幼幼精義』初篇の刊行は、弘化二年（一八四五）の晩秋（九月）と明記されている。本書刊行の評判を堀内家文書の来翰に探ってみよう。

津川元敬から堀内忠亮（素堂）に宛てた書翰（一一八号）に、「御噂之御本」が「調」っていたならば、この者へ「御附与」なし下されたく、といっている。

出版が「九月」で、この書翰が「八月十七日」付であるから刊行直前の時期である。江戸の蘭方医や蘭学者の間で『幼幼精義』の出版が「噂」になっていたことが読み取れる。「調（ととの）」っているならば、という言い方から察するに、製本が出来、素堂のもとに納品されているとしたならば、この者に持たせて欲しい、といっているわけである。

素堂が主君に扈従して国許米沢へ出立する直前のことであったようだ。素堂にとっては気忙しいなかに加えて、心嬉しく高揚した気持ちのときであったにちがいない。

津川元敬が忠龍（素堂）に宛てた書翰がもう一通ある。（新一一七号）

「先日御所望仕候幼幼精義」と見えている。津川元敬が「懇望」していた『幼幼精義』を入手したことがわかる。かつ「四部代料四拾匁」とみえる。一部一〇匁であったことが判明する。一〇匁は現今の二万円に相当する。友人や門弟たちも懇望していて、津川元敬がそれらをとりまとめて注文したということかもしれない。

青木研蔵から堀内素堂宛の正月五日付の書翰がある。（一二四号）

「ヒュヘランド之フルタール（＝翻訳）」も「出来候筈」と見えている。「第二篇御板行」であったならば「今便ニ二部」送ってもらえるよう願っている。

長崎遊学中の青木研蔵に堀内素堂は「ヒュヘランド」の「ケネースキュンデ（＝医学）」の本の入手方を依頼していた様子であるが、昨秋入津した船では持ち渡られていなかったらしい。「今夏渡来」の蘭船が持ち渡ったら、「是非御世話申し上げる」といっている。

素堂が、更にすすんでヒューヘランドの他の著書の入手に努め、訳出意欲を持っていたことが読み取れる。

坪井芳洲が堀内忠亮（素堂）に宛てた書翰がある。（一〇七号）

「幼幼精義旧冬御廻し之分」、「初」めの部分を「少々拝見」、「御文章精錬」で「感読」したことを申し送っている。続いて「原書」と「校正」してみたところ、「処々御相談」申し上げたいところもあるので、「近日中、篤ト拝見」したい、と申し送っている。

坪井芳洲は、もと米沢藩士であった。素堂の門に入り、さらに坪井信道の門に転じ、信道の三女イクを妻とした人で、坪井為春と称し、芳洲と号した。坪井家と堀内家は親交の深い間柄であって、勉学に励んだ芳洲が『幼幼精義』を原書と読み合わせ、検討している様子がわかる。

杉田成卿から堀内忠亮（素堂）宛の書翰（二一一号）には、素堂がヒューヘランドのキンデルプードル（Kinder poeder 小児の散薬）について問い合せていたらしく、成卿がその「薬」について回答した一文で、内容が具体的に示されている。釈文のみ示しておこう。

（端裏）
「堀内忠亮様　　杉田成卿」
昨日は途中拝顔大慶奉」存候、其節鳥渡御話申上候、ヒュヘランドキンデルプードル方左之通りニ御座候

No.256.
保嬰　散
Kinder　poeder.
マクネシ　入置
R　Magnes. carbon.　Une.　j.
大黄　二戔
Rad. Rabarb.　Drachm. ij.
[illegible]竹　五　分
—　Valerian.　Drachm.　Jemis.

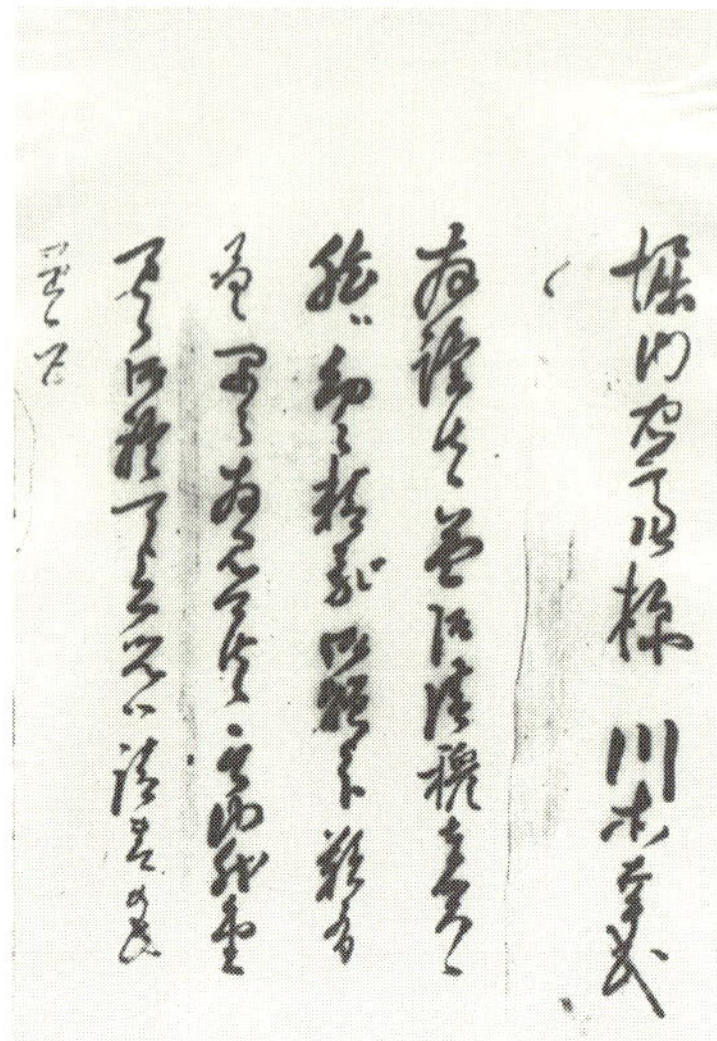
堀内忠龍（素堂）宛　川本幸民書翰
（「堀内家文書」米沢市　上杉博物館蔵）

角石　四　戔
Elaeosacch.　Foenicūl. Unc　Jemis.
M.f. Pulv. J.1-2 messer =
spitzen vol.

寒暖計之儀も今日序御座候付、問合遣申候、出来次第為レ持差上可レ申候、以上

六月十三日

川本幸民から堀内忠亮（素堂）宛ての書翰（一二九号）

素堂が幸民に何か願いごとをしたらしく、「幼幼精義御願下され、有がたく存じ奉り候」といっているから、幸民の静修堂塾の門生に『幼幼精義』紹介のためのことであったかもしれない。川本幸民も堀内素堂も坪井信道に学んだ、同門の親しい間柄であったから、気安く紹介も頼めたはずである。

川本幸民からもう一通ある。（一三〇号）文中、「然はヒュヘラント五巻目御覧相済み候はゝ、少々の内、御返却」下さい、といっている。川本幸民が素堂にヒュヘラントの著書のどれかを貸し出していたことが判明する。素堂は、あくまでもヒュヘラントの著書にこだわって、読み続けている様子である。

林洞海が堀内忠龍（素堂）に宛てた書翰がある（一三一号）。

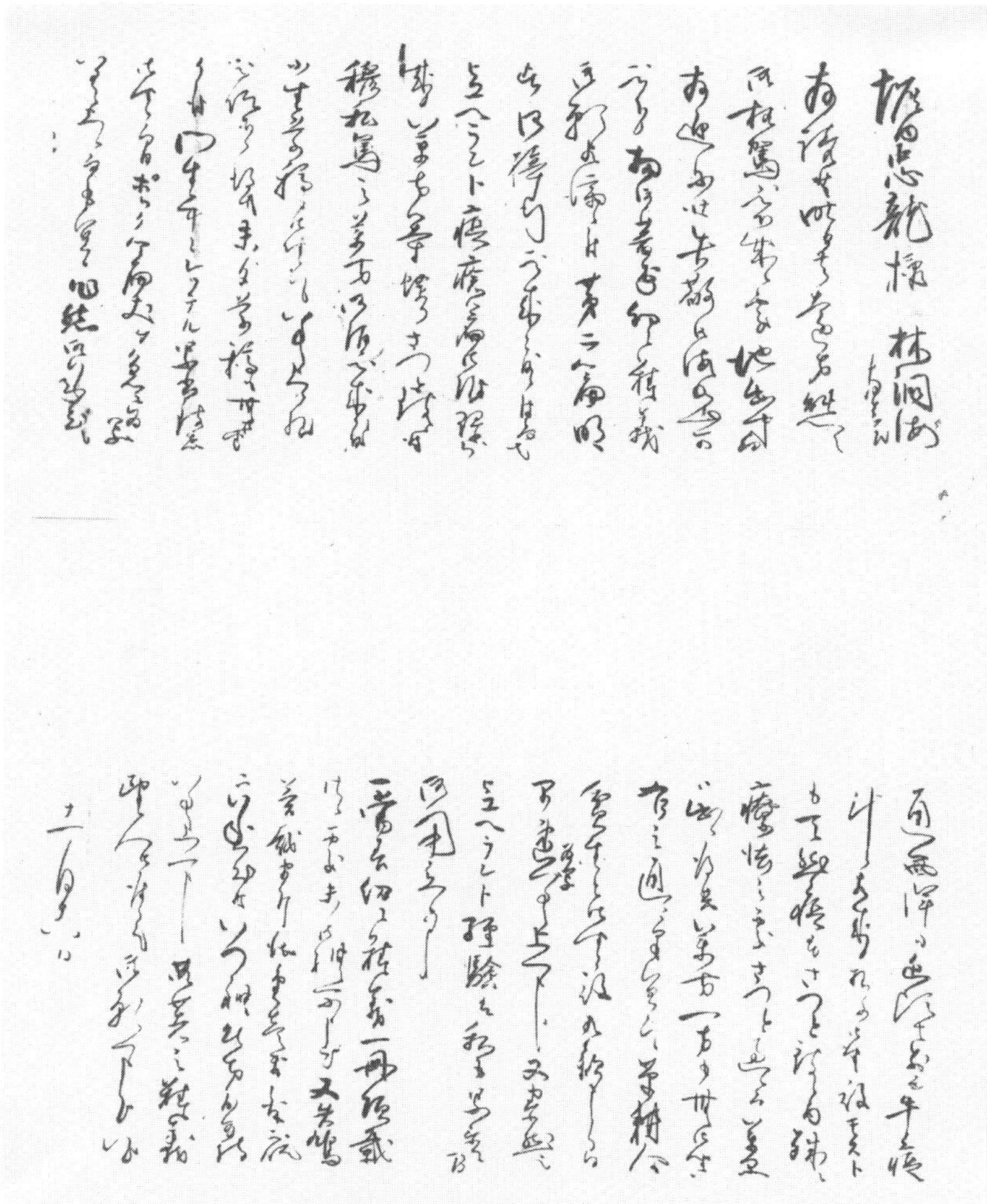

堀内忠龍（素堂）宛　林洞海書翰　　（「堀内家文書」米沢市　上杉博物館蔵）

「当春幼々精義一冊頂戴仕候処、未御礼申し上げず候」といっているから弘化二年十一月十八日付の一翰とわかる。その本翰において、「扨御著述幼々精義御願相済候ニ付、第二篇明春御梓行なされたき云々」といっている。『幼幼精義』の「二篇」が、すでに検閲済みとなって、「明春」すなわち、弘化三年（一八四九）の春に刊行される予定であることが判明する。この記述は、刊本『幼幼精義』二篇の奥付に刊行年月日の明記を欠いているだけに、極めて重視すべき記述といわなければならない。

堀内素堂は、この「二篇」において、モストの「薬方」を収載したい、と思っているようである。その理由は、ヒュヘランドの痘瘡篇では、「薬方」が「余りさっと（＝余りあっさり）」しか扱われていないので、モストの薬方を収載したいと考えたのであると。

そこで、素堂は林洞海に「穆私篤之薬方」に関する「草稿」があったら提供してもらいたいと希望し、問い合せを行ったらしい。

これに対し、洞海は「未タ草稿」はなく、今後、門生中で、モストの著書から「レッテル（＝文字）」を「写書」している者がいて、「ポツク篇（＝痘瘡篇）」だけ「急」いで写させ、差し上げることも宜しく候、と回答している。後日、刊行された「二篇」をみると、その第七巻に、「扶氏痘瘡通治第十六 補」とともに「謨斯篤氏痘瘡通治第十七 補」が収載されている。林洞海の協力があって、堀内素堂の希望が叶えられたことがわかる。

洞海の書翰は、続けて、ヨーロッパにおける医界の現状を伝えて、「西洋の近頃は、別して〈牛痘〉ばかりになっている様子である」といっている。ジェンナーの牛痘種痘法が発明されたのが一七九六年で、以降、急速に普及をみたヨーロッパの様子を適確に伝えている。

続けて、「モストも天然痘はさっと致し候て、殊に療法の処、さっと過し候て、薬品は出候えども、薬方一方も御座なく候」といっている。日本の蘭方医学界では、あくまでも天然痘治療に関する「薬方」を求める空気の強かったことが読み取れる。

さらに続けて、洞海は「右の通り」でもよかったら筆耕人に、早速、写させて差し上げる、としている。

竹内玄同が堀内中良（忠淳、適斎）に宛てた書翰（第一八二号）は「キナ塩」を使用した処方に関して、そのいろいろな商店での代価を調べて知らせている。そのなかで、「ヒューヘラント之ヒホコンデリー幷ニヘイステリー」に言及している。いうところのヒホコンデリーはhypochondrie心気症で、ヘイステリーはhysterieヒステリーである。ヒューヘランドの名がすっかり薬物の名称にもなっていることがわかる。幕末の長崎で三星堂が出している腹痛薬の引札に「ヒュヘランド」というのがある。これらにも関係があるのだろうか。後考を待ちたい。

松井省順なる者から堀内忠良（素堂）に宛てられた書翰（第一六一号）には、

> 幼幼精義続篇、近々御出来之段、欣躍之到、実ニ海内之大幸と存じ奉り候、小生急度草々拝見仕り度く、頻ニ相待ち罷り在り候

と、「海内之大幸」と期待している。

若林麟が呈した詩（第二八二号）には、

為君栗兄寿、大孺人七十初度
君著幼々精義刻成故句及

幼々精義不朽寿

と題した漢詩の一節に、

といっている。

以上、みてきたように、堀内素堂の『幼幼精義』は、江戸の医学界に絶賛をもって迎えられていたのである。

6　フーフェランドの普及

「ヒユヘランド」と題した引札がある。オランダのライデン民族学博物館と早稲田大学図書館の洋学文庫に勝俣銓吉郎旧蔵のものがある。前者をライデン本、後者を早大本と呼ぶことにする。31×40㎝色刷の一枚物である。

ライデン本は筆者が青山学院大学の在外研究でオランダのライデンに滞在した際、ファン・フーリックWillem Van Gulik氏から紙焼きの複写とスライドをいただいたものである。ファン・フーリック氏は著書Nederlanders in Nagasaki-Japanse prenten uit de 19de eeuwに掲載しておられる。紙面が一箇所破損していて、数

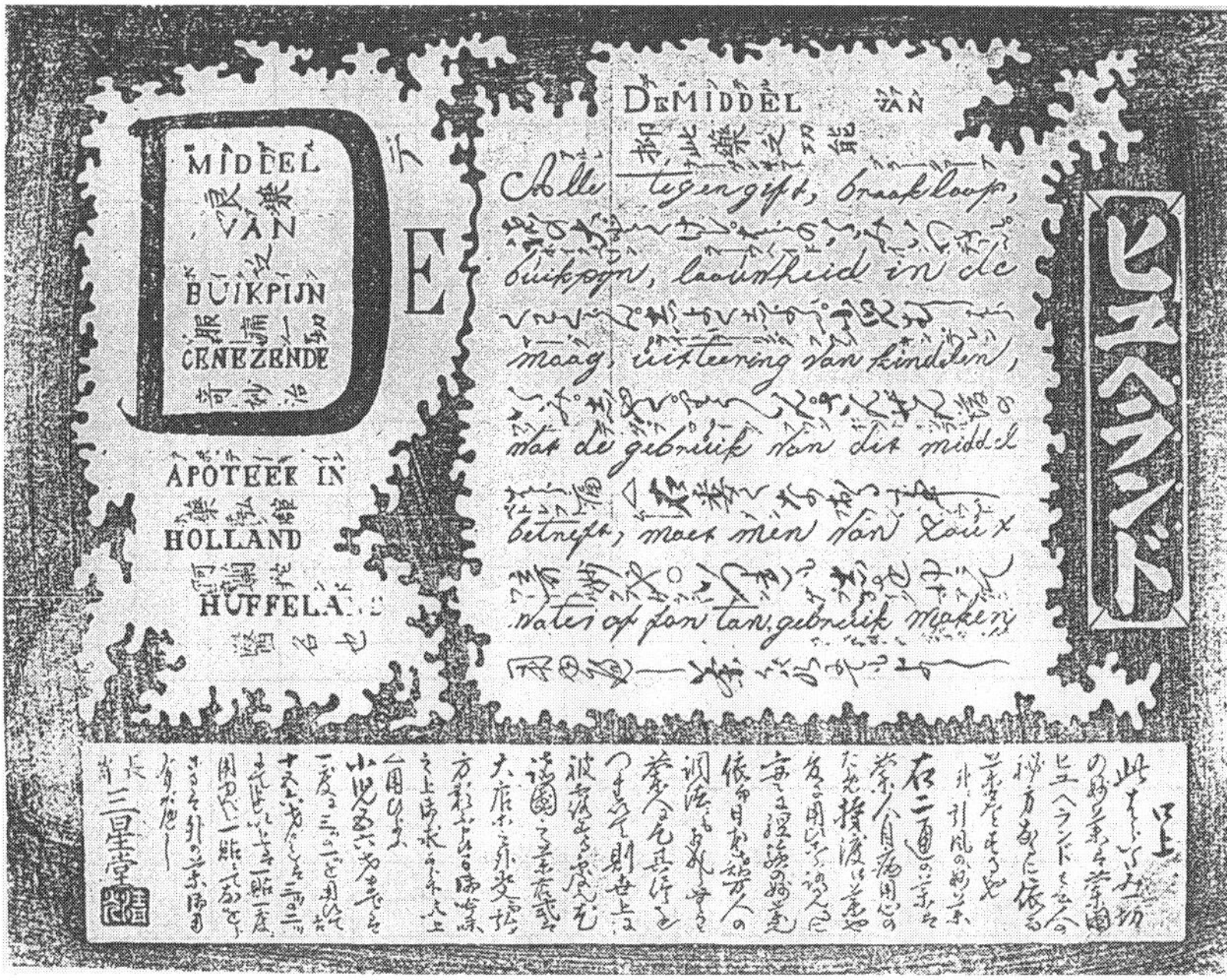

「ヒュヘランド」　（早稲田大学図書館蔵）

文字読むことができない。

早大本は損傷がなく全文判読できる。杉本つとむ氏が著書『江戸、蘭方医からのメッセージ』に挿図として掲載、「口上」部分を判読のうえ紹介しておられる。

ここでは、折角の機会に、同書を挿図として掲げ、オランダ語部分も含め、全文の解読文を掲げ、小察を加えてみる。

一紙の右端に枠付で「ヒユヘランド」と表題を示している。

紙面の上部を大きく使用して、オランダ語文と和文（変体仮名書き）で、薬の「功能」を示している。

紙面の下部には、長崎の「三星堂」が「口上」を掲げている。

上部功能書の左部分に、この薬のキャッチ・フレーズと思える蘭・和両語の文句が図案化されて掲出してある。まず、これか

ら判読してみよう。オランダ語部分とそれに付けられた朱字カタカナ表記の読み仮名は次の通り、

デ ミツデル ファン ボイクペイン ゲ子ーゼンデ アポテイキ イン ホルランド ヒュヘランド
DE MIDDEL VAN BUIKPIJN GENEZENDE APOTEEK IN HOLLAND HUFFELAND

これに次のような和文が付けられている。

良薬　之　服痛一切　奇妙治　薬弘館
阿蘭陀　医名也

まず表記で気付くことは、APOTEEKは現今ならばAPOTHEEK（薬局）となるべきところである。HUFFELANDはHUFELANDとなるべき誤記である。MIDDEL（薬剤）を「良薬」としている。BUIKPIJN（腹痛）を「服痛一切」としている。APOT（H）EEK（薬局）を「薬弘舘」と訳している。HUFFELAND（フーフェランドという人名）に「医名也」と説明を付けている。

紙面上部中央の功能書の部分は次の通り、

デ ミツテル ファン
DE MIDDEL VAN

アルレ テーゲンギフト ブラークロープ ボイクペイン ラーウヘイド イン デ マーグ ウイトテーリング ファン キンデレン ワツト デ ゲブロイク ファン デツト ミツテル
Alle tagengift, braakloop, buikpijn, laauwheid in de maag, witteering van Kindelen, wat de gebruik van dit middel
ベトレフト ムート メン ファン ゾウト ワートル ヲフ ファン タン ゲブロイク マアケン
betreft, moet men van Zout water of fan tan, gebruik maken

まず、スペリングの誤記を訂正しておかなければならない。Kindelen は Kinderen、r と l の間違いは日本人の

誤りやすい点である。文末にピリオド「・」が落ちている。

このオランダ語文功能書に次のような変態仮名で和文功能書を付けている。

抑此薬之功能
諸の大とくけし。はらのいたみいっさい。くわくらん。しよくしよふ。小児むしはらいたみ。しやく。りうぃん。さんぜん後のはら痛　△右悉くなおる事奇妙也。○いつれもしをゆ二て用ゆへし　茶か水にてもよし

この和文が、先のオランダ文の意の通りに訳出しているか、どうか。比較のために拙訳を次に示す。

すべての解毒、吐、腹痛、胃のゆるみ、子供の衰弱にきく薬、その使用方法は、それを塩水か fan tan（お茶の意味らしいがオランダ語でない。未詳としておく）で飲まなければならない。

fan tan ファン、タンがお茶を指しているらしいのであるが、オランダ語ではない。後考を待つことにしたい。薬名の訳しかたがこれでよいか、どうか、薬学・医学の専門家に検討していただきたい。和訳の仕方自体はまずまずこれでよい。

紙面下段の「口上」は次の通りである。

口上　此はらいたみ一切の妙薬は蘭国ヒユヘランドと云人の秘方なるに依而蘭名とする也　外ニ引風の妙
薬　右二通の薬は蘭人自病用心のため持渡候薬也　爰に用ひこゝろ見ルに実に経験の妙薬也　依而日本諸
万人の調法ニも相成らむかと蘭人に乞其儘をつたいて則世上に被露(披)する処也　尤諸国之薬店或は大店等之
外　決而弘メ方頼不申候間　御吟味之上御求可被下候　以上
△用ひよふ
小児五六才までは一度に三ッか一ッを用ひて吉
十五六才迄は三ッか二ッにてよし
以上は一貼一度ニ用ゆべし　一貼にてなをらざるは外の薬御用有べし
長崎　　三星堂　印(清光)

以上であるが、あえて細部にこだわって、小察を試みてみたい。

「ヒユヘランド」をオランダの医師の名として、薬名にしている。蘭船で蘭人によってもたらされた常備薬であったところからこのように受け留め、通用の薬名として引札に刷り立てたものと考えられる。

オランダ文、その表記、その発音の読み仮名の付け方、和訳の仕方、いずれも、まずまずの出来である。rとlと誤り、ピリオドの落ち、大文字小文字の使い分け、などの特徴をもちながら、この程度のオランダ語の作文ができ、和訳文を付けることができた人を長崎でさがすとなれば、阿蘭陀通詞を措いてほかに該当者は得られないであろう。阿蘭陀通詞は通弁・翻訳を職業にした人であったが、出島のオランダ商館員、なかんずく商館付き医師と最も接触の機会に恵まれ、余技、副職として蘭方医師を兼ねる人の多かったことを思うとき、長崎の薬商三星堂の主人の依頼を受けて阿蘭陀通詞の手になる引札ということになろう。鎖国下の日本社会に定着した証といえよう。東北の薬店でも売られたら堀内家の人にも使用されていたかもしれない。

それにしても、ドイツ人の名医フーヘランドの盛名が、鎖国日本の長崎の地を発信地として、オランダの名医の名から妙薬の名として普及していった様子を知ることができる。オランダと日本、双方に一枚ずつ確認できたことも、いかにも納得のいくところである。

（この項を草するに当たり、フーリック氏、イサベル・ファン・ダーレン氏の教示に謝意を申し上げる。検索の労をもって助けて下さった小野沢由美さんにもお礼を申し上げる）

五　「代薬」の開発

1　杉田玄白の指摘

江戸時代の蘭方医にとって、オランダ船でもたらされる輸入のオランダ薬を用いて蘭方治療ができれば、それにこしたことはない。身につけた蘭方医術を実践して患者を救う喜びが得られるからである。

しかし、輸入薬は品薄で高価である。思うようにはいかない。そこで求められるのが、国産の「代薬」である。「新薬」の「開発」といってもいいだろう。今日まで続いている問題である。

杉田玄白が『蘭学事始』のなかで、「代薬がちにてぞありける」と明言している。

米沢藩ではこの問題、どうしていたであろうか。具体例を堀内家文書に探ってみよう。

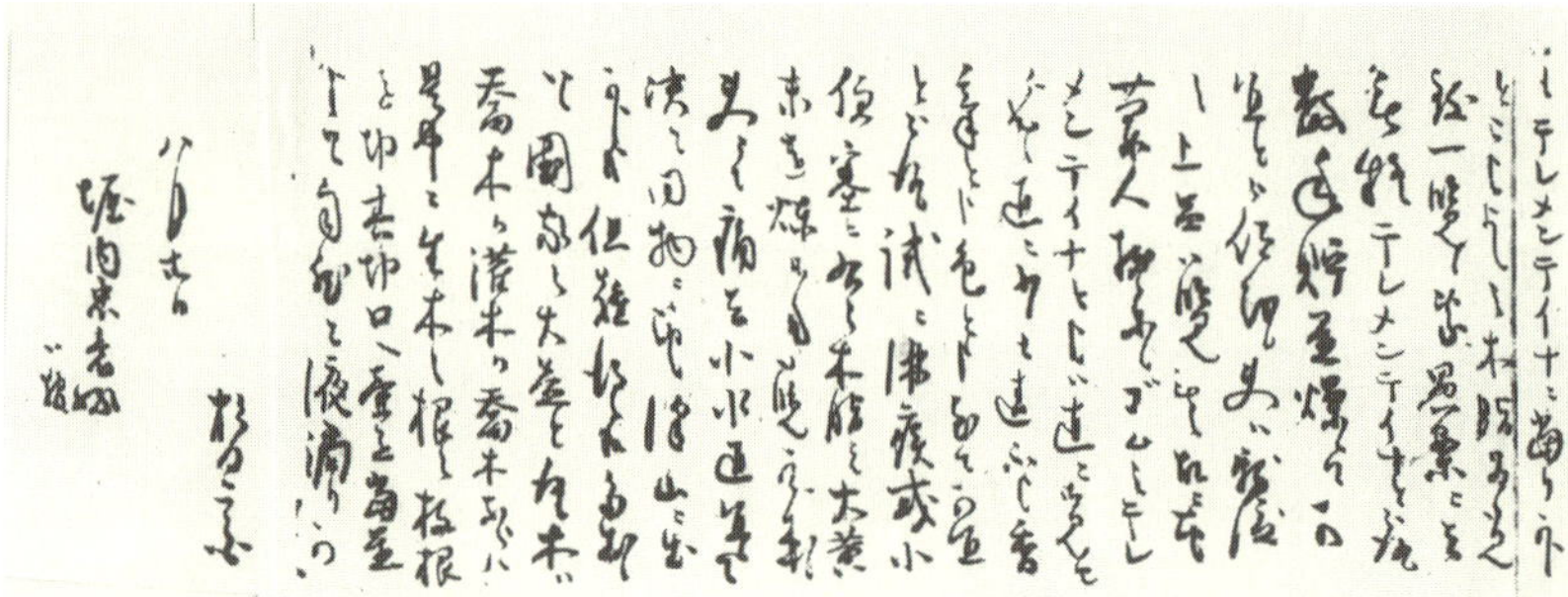

堀内忠意宛　杉田玄白書翰　（「堀内家文書」米沢市　上杉博物館蔵）

2 「ツガ」「トド」「テレメンテーナ」

杉田玄白が堀内忠意に宛てた書翰で、先達て会津表に採薬のために出かけた土岐俊甫なる人物が貴邦すなわち米沢へも行くだろう、と予告している。（第三三号）他の書翰でも、土岐俊甫が秋田表より来春には米沢へ罷り越す予定である、と予告している（第一九号）

杉田玄白によれば、この土岐俊甫は紅甫ともいい、「奇人」で、「日本国中、過半は経歴、蝦夷地まで採薬」に出かけた「大異物」の男であるという。官家の御用も仰せつかり、「伊豆樟脳御用」にも従事しているようである。寛政十一年渋江長伯に随行して蝦夷に採薬をした（白井光太郎『博物学年表』）と伝えられている。

蝦夷地で「トド」、米沢あたりでは「ツガ」と呼ばれる杜松に似た植物の樹脂が、「テレメンテーナ」の代用となることができ、その利尿作用について述べている。

テレメンテーナは諸種の松属め植物の樹幹の皮部を切傷して得た精油樹脂で、Terebinthina の名で利尿薬として広く使われた蘭方薬である。その輸入品が品薄であるところから、その代替品が国産植物に求められたのである。

堀内忠明は、テレメンテーナは喬木(高木)で、深山に多生しており、いくらでも採取可能であると述べている。(第一九号)杉田玄白は「多出候ハヾ国家之大益」と述べている。忠意は「紅甫に考えさせる」といっているから、米沢で国産品として、何か計画していたと思われる。

また、堀内忠意が杉田玄白に報告したところによれば(第二一五号)朝鮮人参を「米沢」で「製」してみたところ、いたって「宜敷」く、「日光産」にも劣らないという。

中林なる人物や、髙橋玄勝の堀内忠意に宛てた書翰にみえる「金剛刺」なる薬物は、「和名サルトリイバラ」といって、「米沢山中」に「沢山」あるといっている。土茯苓＝サンキライは、サンキライの根茎で、特にこれを乾燥した生薬で、悪瘡、梅毒、瘰癧などの薬として用いられ、サルトリイバラで代用される。

このように、杉田玄白が伝えているところや、堀内家文書にみえる米沢藩における「代薬」を求め、考証を加えている事実を考え合わせると、蘭方医において、「代薬」の探索、使用法の検討は、極めて大きな業務内容であったことに気付かされる。今日の業界における新薬開発に共通する大問題であったことがわかる。「国家の大益」、まさに国益に直結する重要課題であったのである。

六　備荒食物のすすめ

天明の大飢饉は筆舌に尽し難い。天候不順による冷害、大凶作にみまわれた。殊に東北地方の被害はひどい

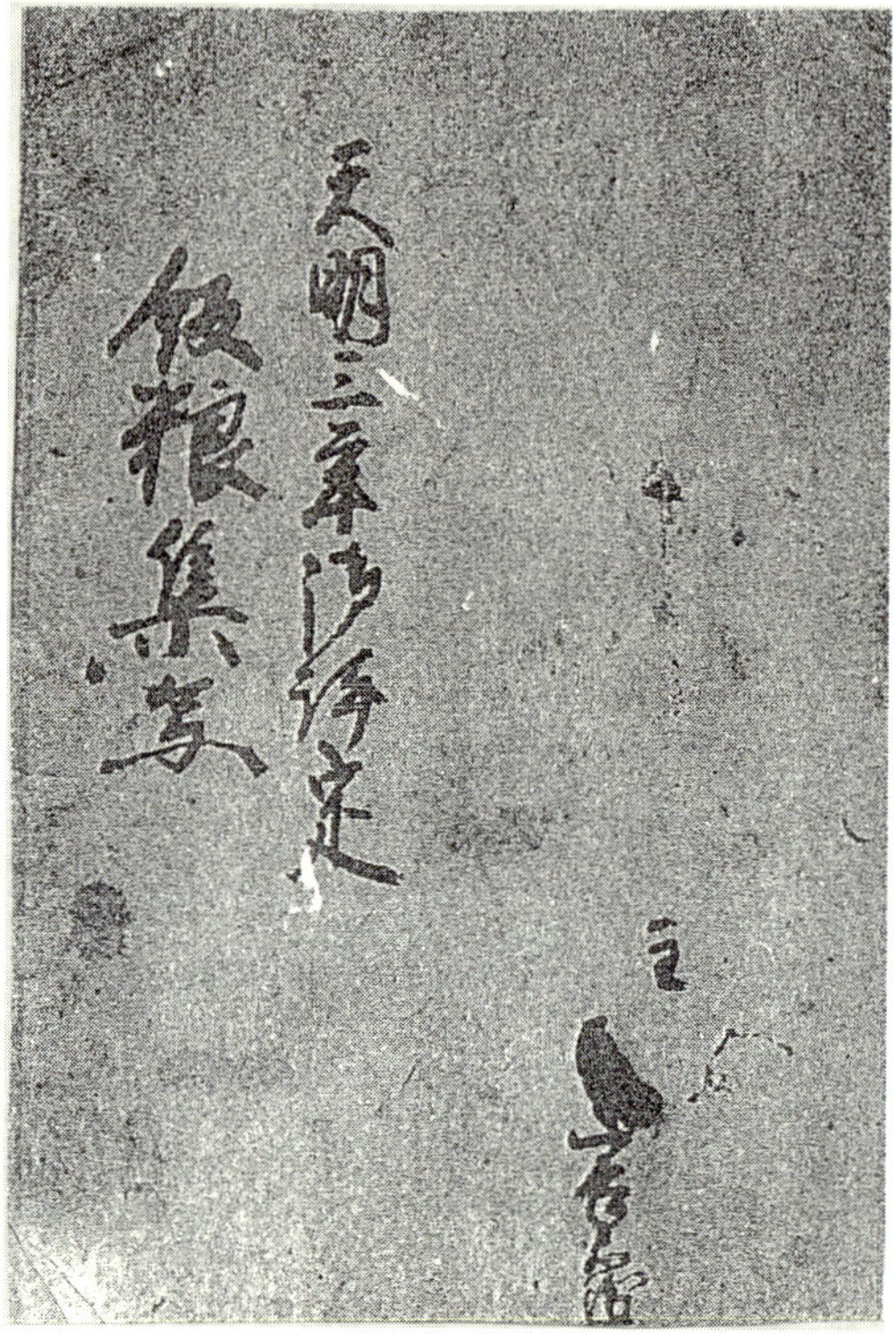

「飯粮集写」表紙　（米沢市立図書館蔵）

ものであった。飢えに加えて伝染病の蔓延。死者は全国で無慮数十万にのぼるかと推定されている。食糧の尽きた難民の間では死者の肉まで食べ、果てはまだ生きている者を殺して食べるものさえいたという。

こんな惨状のなか、米沢藩では一人の餓死者も出さなかった、と語り伝えられている。

米沢藩の若き藩主上杉治憲が襲封以来とってきた大倹約策、救農策、備荒備蓄策の効があらわれたことであるといえる。

上杉治憲が領民を導いた施策の一環に、大飢饉に際して編纂させた備荒食物の手引き書として、天明三年（一七八三）の「飯粮集」と享和二年（一八〇二）の『かてもの』を米沢の人びとはよくしっている。殊に、時の奉行（他藩でいう国家老）莅戸善政等の手によって上梓された『かてもの』は、その一五七五部が領民に頒布された。藩政時代の凶歳時に役立てられただけでなく、近代にいたり、昭和九年の大凶作や戦中・戦後の食糧難時代にも活用されたのである。

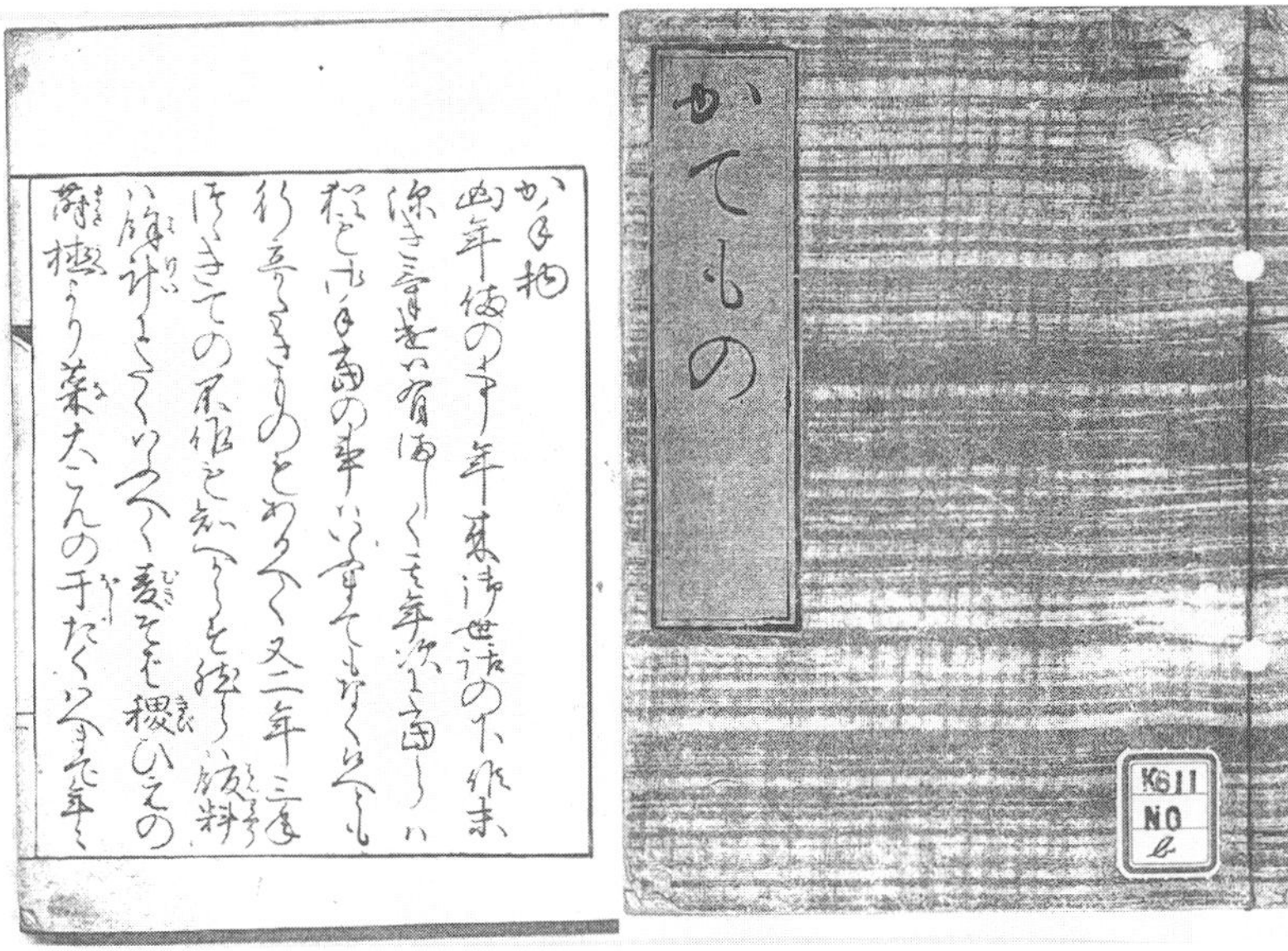

『かてもの』表紙と本文冒頭　　（米沢市立図書館蔵）

「飯粮集」と『かてもの』の両書について二・三の解説はあるが、食物学の見地から詳述された米沢女子短期大学の高垣順子氏の『米沢藩刊行の救荒書『かてもの』をたずねる――「かて物」・「か手物」そして「かてもの」――』（二〇〇九年）の右に出るものはない。写真と見紛うばかりの精緻な植物図を入れて「飯粮集」と『かてもの』に収載されている植物を解説された石栗正人氏の『飯粮集かてもの――現代植物学考――』（平成七年一九九五）は出色・稀有の力篇である。この両著によって、どれほど理解し、活用しやすくなったことであろうか。

1　『飯粮集』

『飯粮集』は、藩主上杉治憲の命により藩医達が編纂した救荒書、その写本が市立米沢図書館の林泉文庫に含まれている。

表紙には、

「　　　　　　　　　主□□吉右衛門
　天明三年御評定
　　飯粮集写　　　　　　　　」

と記されている。三十三丁一綴。

末尾には、

「天明三年十一月　中條　春亮
　　　　　　　　矢尾板安丈
　　　　　　　　藁科　杢玄
　　　　　　　　仙仁　元通
　　　　　　　　樫村　元龍
　　　　　　　　草刈　道格
　　　　　　　　富澤　玄育
　　　　　　　　藁科　立長
　　　　　　　　平田　龍伯
　　　　　　　　猪俣　松英
　　　　　　　　内村　玄登
　　　　　　　　桑嶋　松貞

山崎　玄益
飯田　忠林」

と、年月の記載および十四名の医師の名がみえる。
奉行莅戸善政が、上杉治憲の意を請けて、天明三年十月の初旬、救荒食の手引きになるものを書いて提出するよう医師たちに命じたところ。

「御側医ヨリ一冊、外様医ヨリ一冊、十一月中旬上ル」

と医師たちからの報告に接することができた（莅戸善政『三重年表』）

『飯粮集』の内容が、

（前篇）　救荒食用と思われる動植物の説明記事
（後篇）「馘帚論」と題する報告記事

の二部分から成っていることに対応している。
前篇の救荒食用動植物を説明した記事にみえる植物の種類は四十八科百二十五種、有毒種二種である（石栗正人『飯粮集かてもの現代植物学考』一六頁）。詳細は、高垣・石栗両氏の著書を参看願いたい。
後篇記事の末尾には、

右之通、同列尽評判、馘帚之愚意書記差上申候、飯粮之儀ハ民間備荒録に書記候品悉宜敷奉存候、此度書記候品、上品には無御座候得共、右備荒録もれ候品、且先年御当領にて不得止事相用候品、聊書記差上申

候、以上

と記されている。下問を受けた医師たちが、「評判」を尽して意見をまとめ答申していることがわかる。「飯粮」については、杉田玄白が信頼をおいた、あの建部清庵の著した『民間備荒録』に記されている品が「悉く「宜敷」いと、医師たちの総意を、わざわざ記している。本文記述のなかでも重要参考文献としている。

2『かてもの』

木板本、二十八丁、一冊。末尾に、

享和二年三月　中條 莅戸

とある。二人の奉行名(中條莅戸)で頒布された、藩の刊行物と察せられる。一五七五冊が版行され、享和二年十一月十一日「カテ物の冊子ヲ農商へ賜ル」と莅戸が『三重年表』に明記している。領内の農商に広く「賜」った物であることがわかる(頒布先や復刻本などに関する詳細は髙垣氏の前掲書に譲る)。

序文を読んでみよう。

(序文)

か手物

凶年備の事、年来御世話の下候末深き氣遣ハ有ましく、其年次に当らハ、猶も御手当の事ハいふまでもなく候へとも、行立かたきものもあるへく、又二年三年つゝきての不作も知へからす、然らハ飯料ハ餘計にたくハふへく、麦そば稷ひえの蒔植より、菜大こんの干たくハへまで、年々の心遣ハいふまてなく、其外もろ〳〵のかて物をハ、其相応にまじへて食ふへき事ニ候、然とも其品其製法を知らすして生をあやまる事の御心元なく、広く御医者衆におほせて、かて物になるへき品々其製法までを撰ハせられ候間、民々戸々豊なるけふより万々一の日の心かけいたすへく候

特に「広く御医者衆におほせて、かて物になるへき品々其製法まで撰ハせられ候」とあるから、医師たちが編纂に携わったことがわかる。杉原謙の加手物についての一文によれば、寛政十二年の秋、赤湯へ入浴に赴いたとき原稿を書き、帰宅後、御側医の矢尾板栄雪、江口元沢、水野道益、堀内忠意、高橋玄勝等を招んで、参考にさせ、且つその品々を配分して実際に口に入れて味をたしかめさせ、衆医の評定を経た後、板行して、町や在へ頒布することを申し立てたという。これを藩がとりあげ、前記の部数板行して頒布したものと察せられる。

『飯粮集』の改訂、増補版ともいうべき『かてもの』は、このようにして出来上ったものとわかる。

『かてもの』は、領内の「農商」に頒け与えられるとともに、酒田の本間家、越後の岩船郡や粟島、さらには江戸屋敷へも配布された。

天保四年の東国大飢饉の際、救済に役立ち、維新後、北海辺土の屯田兵の生業にも役立てられたという。再版、復刻も行われ、影印本や活字本も刊行されつづけている。詳細については高垣、石栗両氏の著書を参

照いただきたい。

「飯粮集」と「かてもの」の関係、石粟氏の写生解説において、どのように備荒植物がとりあげられているであろうか。比較し一覧できるような試みはされているか、どうか。そこで、本稿では、比較一覧表の作成を試みてみる。

作表に当たっては、「飯粮集」の前篇の成書と、後篇の成書と、『かてもの』と、石粟氏本と、四段にした比較表にしてみる。

ここでは四書に掲げられている項目（植物名）のみを取りあげる（石粟氏は記述されている本文中の植物名も取りあげているが、本書では深入りしない）。

表では、「飯粮集」の前篇を一段目に列記。二段目に前篇にみえない植物名を追加列記。三段目に重復しない『かてもの』にみえる植物名を追加列記。四段目に、石粟氏が写生解説された植物名のうち重復しない植物名を追記。

3　収載品名

「飯粮集」前篇収載品名

1　わらひ
2　わらひもち
3　せんまい
4　すいかづら
5　うるい
6　くわんさう

7　と丶き
8　ききやう
9　あさみ
10　たひらこ
11　ふき
12　くじな
13　はたけな
14　かぶら
15　たいこん
16　しやせんさう
17　あつきのは
18　まめのは
19　さ丶けのは
20　なすのは
21　やまごほう
22　くつのは
23　からすふりのは
24　がばのつの
25　よしのつの
26　ちかやのめ
27　つはな
28　よめな
29　いたとり
30　おミなめし
31　うはのち
32　ふじのは
33　あめふりはな
34　せきしやう
35　なるこゆり
36　あまと丶ろ
37　きし〱
38　おけら
39　はひやう
40　すへりひゆ
41　ふとうのは
42　すきな

43 つくし
44 はす
45 とてろ
46 はこべ
47 ほと
48 よもき
49 とりあし
50 かわほね
51 またゝひ
52 あかざ
53 かたゝこ
54 ちさ
55 ゆり
56 はらな
57 かわらしちこ
58 すいくわ
59 まくわ
60 ゆふかほ

61 かもふり
62 ぼうふら
63 しろふり
64 きふり
65 へちま
66 かんひやう
67 やまいも
68 さといも
69 おなしくはくさ
70 つくいも
71 むかこ
72 ねき
73 あさつき
74 のゝひる
75 にら
76 うしひる
77 ミちしは
78 まこものわかね

79 ねなしかつら
80 かわらさいこ
81 なつな
82 にんじん
83 はゝきゝ
84 うと
85 ぬすひとのあし
86 ぬか
87 こぬか
88 そはから
89 とうふのから
90 ふのから
91 むくげ
92 とち
93 したみ
94 たら
95 うるし
96 くわ

97 さいかち
98 きり
99 かうす
100 まゆみ
101 うつき
102 くこ
103 うこき
104 はしばミ
105 くるみ
106 かやのミ
107 このミ
108 くり
109 かき
110 ねむのき
111 まつかわもち
112 たにし
113 かたかい
114 いわたら

115　あひこ
116　ミつな
117　さわくきたち
118　やちふき
119　へびあさ
120　かやな
121　かわらな
122　ゑこな
123　いとな
124　からすのや
125　さるなめし
126　とほらな
127　うこきのね
128　くろまめ
129　あさミ
130　あつき
131　まめ
132　まめもやし

「飯粮集」後篇、「斂帚論」収載品名

飯粮　草之部

1　とりあし
2　と丶き
3　うるい
4　あオな
5　ミツな
6　岩たら
7　とほな
8　のこぎりは
9　へびあさ
10　ハとな
11　からすのや
12　あひこ

13　こゝミ
14　しちこ
15　かわらちや
16　仏のさ
17　沢くたろ
18　谷地ふき
19　ゑこな
20　しほて
21　野きく
22　めどはき
23　小豆の葉
24　まめの葉
25　川骨（こうほね）
26　ぶどうの葉
27　つたの葉

飯粮　木ノ部

28　ぶな木ノ葉
29　山うつきの葉
30　さるなめしのは
31　楮の葉
32　ゑんしゅのは
33　まゆミのは
34　青木ば葉

このあと「食忌」の品名がみえるが省く。

食忌

一　かぶれぶす
一　谷こさす
一　大薊の根
一　豆
一　米粃
一　同製法

保養

「かて物」収載品名

1　いたどり
2　いちび
3　はすの葉
4　はうきゞ
5　はたけしちこ
6　はびやう
7　はしばミ
8　ほど
9　へびあさ
10　ところ
11　とうごぼう
12　どほな
13　どろぶ
14　とちの実
15　ぢたぐり
16　をけら
17　をゝづちは
18　わらび

19 わらびの粉
20 からすうり
21 からすうりの根
22 かたゝご
23 かやのミ
24 がば
25 からすのや
26 かハらちや
27 かわほね
28 かハらしちこ
29 かやな
30 がつき
31 よしびこ
32 よもきの葉
33 たびらこ
34 つゆくさ
35 うばのち
36 うるゐ
37 うしひる
38 うしひたい
39 のにんじん
40 のゝひる
41 のこぎりは
42 のぎく
43 ぐじな
44 くハんそう
45 くぞの葉
46 くずの根
47 やちふき
48 やまごぼう
49 やまうつぎの葉
50 またゝびの葉
51 まめ
52 まゆミの葉
53 ふき
54 ぶなの木の葉

55 ふじの葉
56 ごんがらび
57 こうくわ
58 こうずの葉
59 こくさぎ
60 あかざ
61 あさづき
62 あづきの葉
63 あざミ
64 あめふりばな
65 あさしらげ
66 あいこ
67 さゝぎの葉
68 さわあざミ
69 さいかちの葉

石栗本収載品名

1 すぎな
2 つくし

70 さるなめしの葉
71 ぎし〴〵
72 ゆり
73 めなもミ
74 みつはせり
75 しやぜんそう
76 しだみ
77 ゑごな
78 ゑんじゅの葉
79 ぜんまい
80 すぎな
81 すめりひやう
82 すひかづら

3 ぜんまい
4 わらび

5 こごみ
6 かやのみ
7 くるみ
8 はしばみ
9 どろぶ
10 ぶな
11 しだみ
12 ぢだぐり
13 くり
14 くわ
15 かうす
16 あいこ
17 みずな
18 いたどり
19 ぎしぎし
20 そば
21 うしひたい
22 あかざ
23 ははきき
24 はびゃう
25 とうごぼう
26 すべりひゆ
27 はこべ
28 はす
29 かわほね
30 なつな
31 はたけな
32 かぶら
33 ちさ
34 たんこん
35 とりあし
36 うつぎ
37 つたの葉
38 かわらさいこ
39 いわだち
40 のこぎりは

41 えんじゅのは
42 ふじのは
43 ほど
44 さいかち
45 ねむの木
46 めどはぎ
47 かわらちゃ
48 くずのは
49 あつきのは
50 ささげのは
51 まめのは
52 こくさぎ
53 うるし
54 まゆみ
55 むくけ
56 いちび
57 とちのき
58 ぶどうのは

59 またたび
60 うど
61 たら
62 うこき
63 にんじん
64 のにんじん
65 みつばぜり
66 あおきば
67 さるなめし
68 かき
69 ごんがらび
70 あめふりばな
71 ねなしかづら
72 うはのち
73 なすのは
74 くこ
75 きり
76 しゃせんそう

77 すいかずら
78 山うつぎ
79 おみなめし
80 ををづちは
81 からすうりのは
82 ゆうがほ
83 すいか
84 まくわ
85 へちま
86 かんひやう
87 かもふり
88 ぼうぶら
89 しろふり
90 きうり
91 ととき
92 ききょう
93 あまな
94 やまごぼう

95 あざみ
96 かわらな
97 たびらこ
98 からすのや
99 ふき
100 くじな
101 よめな
102 へびあさ
103 おけら
104 どほらな
105 よもぎ
106 かわらしちこ
107 かやな
108 さわくきたち
109 やちぶき
110 のぎく
111 しちこ
112 こうくわ

113 めなもみ
114 はとな
115 ごぼう
116 くわひ
117 がばのつの
118 かつぎ
119 よしのつの
120 ちがやのめ
121 みちしば
122 はらな
123 せきしょう
124 さといも
125 ゑごな
126 つゆくさ
127 くわんぞう

128 うるい
129 なるこゆり
130 あまところ
131 かたたこ
132 あさつき
133 ののひる
134 うしひる
135 ゆり
136 しほで
137 にら
138 ねぎ
139 ところ
140 やまいも
141 つくいも
142 ぬすびとのあし

4　比較一覧表の作成

作表に当たって、

一段目、通し番号。

二段目、備荒食物名。

三段目、「飯粮集」前篇收載食物名の番号。

四段目、「飯粮集」後篇で追加の食物名の番号。

五段目、『かてもの』で追加の食物名の番号。

六段目、石栗本、の食物名の番号。

七段目、備考欄、表記の異同を※、※※で示す。

（筆者は米沢地方の方言表記に不案内である。したがって、植物名表記の比較同定に失考している点があることをおそれている。ご寛恕を乞う）。

	備荒食物名	飯粮集 前端	飯粮集 後端	かてもの	石栗本	備考
1	わらひ	1		18	4	
2	わらひもち	2		19※		※わらびの粉
3	せんまい	3		79	3	
4	すいかづら	4		82	77	
5	うるい	5	3	36	128	
6	くわんさう	6		44	127※	※くわんぞう

7	とゝき	7	2		91	
8	ききやう	8			92	
9	あさみ	9		63	95※	※あざみ
10	たひらこ	10		33	97	
11	ふき	11		53	99	
12	くじな	12		43※	100	※ぐじな
13	はたけな	13			31	
14	かぶら	14			32	
15	たいこん	15			34※	※たんこん
16	しやせんさう	16		75	76	
17	あつきのは	17	23	62※	49	※あづきの葉
18	まめのは	18	24	51※	51	※まめ
19	さゝけのは	19		67※	50	※さぎの葉
20	なすのは	20			73	
21	やまごほう	21		48	94	
22	くつのは	22		45※	48	※くずの葉
23	からすふりのは	23		20※		※からすうり
24	がばのつめ	24		24※	117	※がば
25	よしのつの	25			119	
26	ちかやのつめ	26			120※	※ちがやのつめ
27	つはな	27				
28	よめな	28			101	
29	いたとり	29		1	18	
30	おミなめし	30			79	

31	うはのち	31		35※	72	※うばのち
32	ふじのは	32		55	42	
33	あめふりはな	33		64	70	
34	せきしやう	34			123	
35	なるこゆう	35			129※	※なるこゆり
36	あまとゝろ	36			130	
37	きし〱	37		71※	19	※ぎし〱
38	おけら	38		16	103	
39	はひやう	39		6	24	
40	すへりひゆ	40			26	
41	ふとうのは	41	26		58	
42	すきな	42		80※	1	※すぎな
43	つくし	43			2	
44	はす	44		3※	28	※はすのは
45	とてろ	45		10※	139※※	※ところ　※※ところ
46	はこべ	46			27	
47	ほと	47		8	43※	※ほど
48	よもき	48		32※	105	※よもきの葉
49	とりあし	49	1		35	
50	かわほね	50	25	27	29	
51	またゝひ	51		50※	59	※またゝびの葉
52	あかざ	52		60	22	
53	かたゝこ	53		22※	131	※かたたご
54	ちさ	54			33	

55	ゆり	55		72	135	
56	はらな	56			122	
57	かわらしちこ	57	15※	28	106	※かわらしちや
58	すいくわ	58			83※	※すいか
59	まくわ	59			84	
60	ゆふかほ	60			82	
61	かもふり	61			87	
62	ぼうふら	62			88	
63	しろふり	63			89	
64	きふり	64			90※	※きうり
65	へちま	65			85	
66	かんひやう	66			86	
67	やまいも	67			140	
68	さといも	68			124	
69	おなしくはくさ	69				
70	つくいも	70			141	
71	むかこ	71				
72	ねき	72			138※	※ねぎ
73	あさつき	73		61※	132	※あさづき
74	のゝひる	74		40	133	
75	にら	75			137	
76	うしひる	76		37	134	
77	ミちしは	77			121	
78	まこものわかね	78				

79	ねなしかつら	79			71	
80	かわらさいこ	80			38	
81	なつな	81			30	
82	にんじん	82			63	
83	はゝきゝ	83			23	
84	うと	84			60※	※うど
85	ぬすひとのあし	85			142	
86	ぬか	86				
87	こぬか	87				
88	そはから	88				
89	とうふのから	89				
90	ふのから	90				
91	むくげ	91			55	
92	とちのき	92			57	
93	したみ	93		76※	11	※しだみ
94	たら	94			61	
95	うるし	95			53	
96	くわ	96			14	
97	さいかち	97		69※	44	※さいかちの葉
98	きり	98			75	
99	かうす	99			15	
100	まゆみ	100	33※	52※※	54	※まゆミのは　※※まゆミの葉
101	うつき	101			36	
102	くこ	102			74	

103	うこぎ	103			62	
104	はしばミ	104		7	8	
105	くるみ	105			7	
106	かやのミ	106			6	
107	このミ	107				
108	くり	108			13	
109	かき	109			68	
110	ねむのき	110			45	
111	まつかわもち	111				
112	たにし	112				
113	かたかい	113				
114	いわたら	114			39	
115	あひこ	115	12	66※	16	※あいこ
116	ミつな	116	5		17	
117	さわくきたち	117	17※		108	※沢くたろ
118	やちふき	118	18	47	109※	※やちぶき
119	へびあさ	119	9	9	102	
120	かやな	120				
121	かわらな	121			96	
122	ゑこな	122	19			
123	いとな	123			114※	※はとな
124	からすのや	124	11	25	98	
125	さる（の）なめし	125	30※		67	※さるなめしのは
126	とほらな	126	7※		104※※	※と不な　※※どほらな

127	うこき（のね）	127				
128	くろまめ	128				
129	あさミ					
130	あつき		23※			※小豆の葉
131	まめ		24※			※まめの葉
132	まめもやし					
133	あオな					
134	岩たら					
135	のこぎいのは			41※	40	※のこぎりは
136	ハとな					
137	こゝミ				5	
138	しちこ				111	
139	仏のさ					
140	しほて				136※	※しほで
141	野きく					
142	めどはき				46	
143	つたの葉					
144	ぶな木ノ葉			54	10※	※ぶな
145	山うつきの葉			49	78※	※山うつぎ
146	楮の葉					
147	ゑんしゆのは			78	41※	※ゑんじゅの葉
148	青木ば葉				66※	※あおきば
149	いちび			2	56	
150	はうきゞ			4		

151	はたけしちこ（はゝこぐさ）			5		
152	とうごぼう			11	25	
153	どほな			12		
154	どろぶ			13	9	
155	とちの実			14		
156	ぢだぐり			15	12	
157	をゝづちは			17	80	
158	からすうりの根			21	81 ※	※からすうりのは
159	かやのミ			23		
160	かハらちや			26		
161	かやな			29		
162	がつき			30	118 ※	※かつぎ
163	よしびこあし（つの）			31		
164	つゆくさ			34	126	
165	うしひたい			38	21	
166	のにんじん			39	64	
167	のぎぐ			42	110	
168	くずの根			46		
169	ごんがらび			56	69	
170	こうくわ			57	112	
171	こうずの葉			58		
172	こくさぎ			59	52	
173	あさしらげ			65		
174	さわあざミ			68		

175	さるなめしの葉			70	67※	※さるなめし
176	めなもミ			73	113	
177	みつはせり			74	65	
178	ゑごな			77	125	
179	すめりひやう			81		
180	そば				20	
181	はたけな				31	
182	かぶら				32	
183	つたの葉				37	
184	あまな				93	
185	くわひ				116	
186	かつぎ				118	
187	よしのつの				119	
188	さといも				124	

作表してみたことによって気付く点を列挙してみよう。

1　のべ一八八種の備荒食物を掲出することになった。今後、これらの植物・動物を備荒食物として活用する場合には「飯粮集」『かてもの』石栗本に加えて高垣本によってその製法など参考にして、活用することができよう。街おこしのイベントなどに活用することも可能である。

2　『かてもの』が「飯粮集」を全品引き継いでいるわけでないことが明瞭となった。

3　『かてもの』が「飯粮集」を引き継がないもの三五品。

4　『かてもの』が追加したもの三五品。(135―179)

5　石粟本は「飯粮集」『かてもの』にみえる植物名をよく写生解説に取り上げている、といえる。

6　さらに石粟本は九品を追加している(180―188)。

7　右の考察の上に立って、更に考えられる点がある。

佐藤平三郎招聘によって一〇〇〇種の植物が伝授されたという。薬園で裁培されたともいう。したがって、受講した米沢の医師たちが、その獲得した知識を生かして、「飯粮集」や『かてもの』に反映させている、と推測される。しかし、伝授植物名一〇〇〇種の植物名が未詳であるため具体的に指摘することはできない。佐藤平三郎招聘の意義と成果を明確にするためにも、「飯粮集」や『かてもの』の意義を明確にし、評価するためにも、伝授された植物名一〇〇〇種の解明を期さなければならない。米沢をはじめとする後進に与えられている課題である。

Ⅲ　堀内家文書を読み込む

一　鷹山の膝痛、治広の足痛

1　痛みの訴え

文化五年（一八〇八）の六月、米沢藩の老公鷹山（五十八歳）が膝頭の痛みを訴えられた。折しも、十代藩主治広公も足痛を訴えながら出府された。在国しておられた鷹山は、自身の膝痛に苦しみながら、治広の足痛を案ずること頻りの様子であった。

ここにおいて、米沢藩の医師団としては、両公に仕える側近としても、慌しい事態と向き会わなければならなくなった。

2　藩の医師団の対応

米沢藩医師団が、両公の痛みの訴えにどのように対処したか、鷹山の侍医を勤めた藩医堀内家の文書に関係する書翰が数通見付かって、日時の順序を確かめて、読みなおしてみると、判明した点がいろいろある。従来、あまり伝えられることのなかった事柄なので、あえて整理してみた次第である。

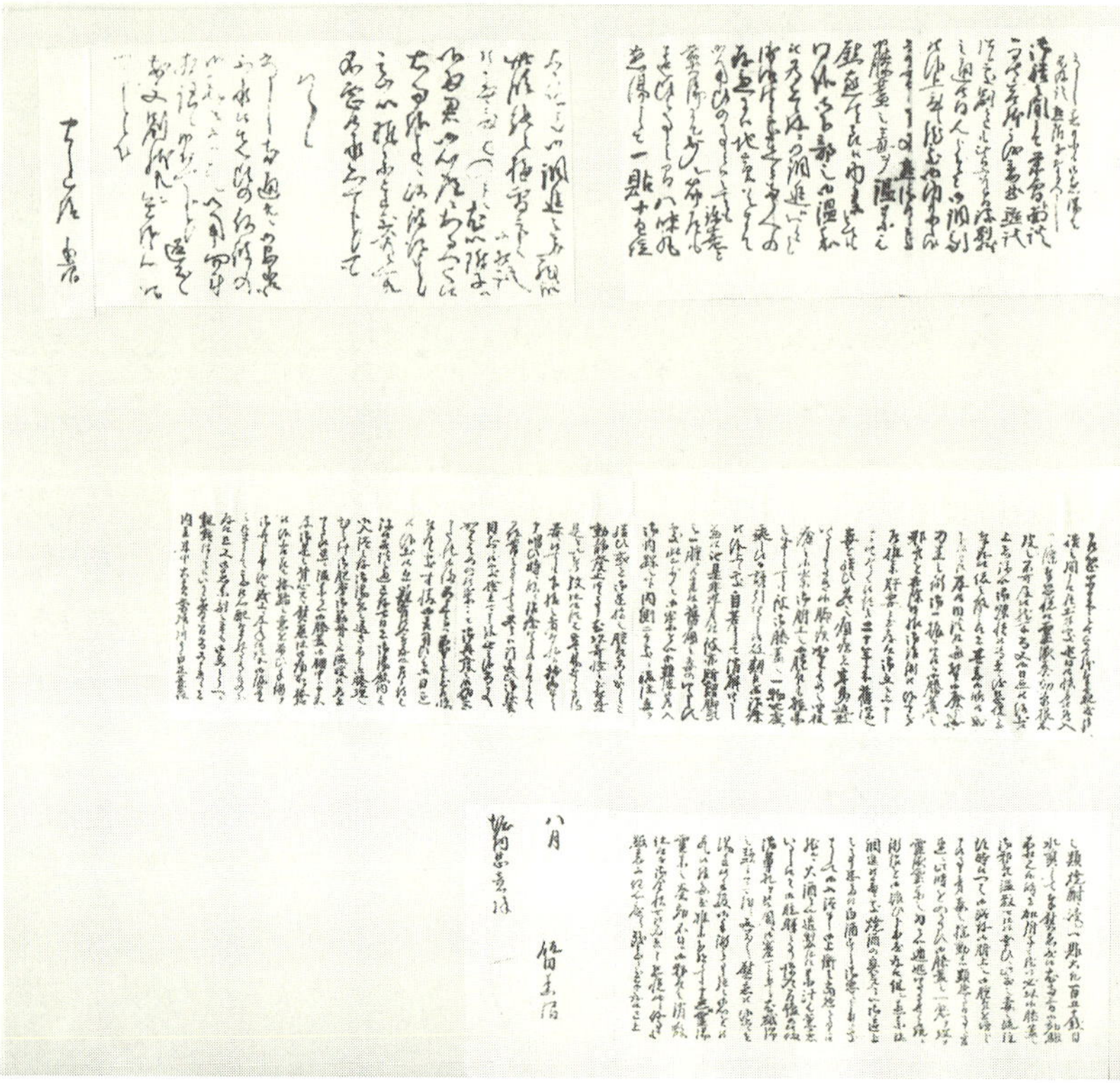

堀内忠意宛　飯田幽澗書翰　　（「堀内家文書」米沢市　上杉博物館蔵）

文化五年六月、藩医で好生堂総裁でもある、飯田幽澗が、上杉治憲公（鷹山）の御膝痛、容躰伺いとなり、御側医の相談役を命ぜられた。

早速、幽澗は藩医の詰めている「御詰之間」まで出向いて、藩医達の見解も聴取のうえ、公の容躰を判断して、それに対する診療方針について、御側医の堀内忠意に書面で知らせている。幽澗からの書翰は二通ある。

鷹山の容躰に対する診察と治療方針の様子を両翰から読み取り、その次第を箇条書きにしてみる。

・「御詰之間」で藩医の矢尾板栄雪に面談、御容躰を詳しく熟談した。
・「膝蓋之毒」を「温薬」で「熨蒸」。「膝蓋」とは膝関節、俗にいう「お皿」すなわち膝蓋骨。「温薬」で「熨蒸」とは温湿布のようにして温めてする治療法。
・「内薬」でも「御下部之御温和」になるよう調進。
・「地黄」を「八味丸煎湯」にして、「一貼十包位太服」にて調進。ここに登場した「地黄」はコマノハグサ科の多年草で中国原産の薬用植物。根茎が著名な生薬で、補血、強壮、また血糖降下作用がある、とされる。「八味丸」はいまでも「八味地黄丸」として使用され、下肢痛、腰痛、しびれ、老人のかすみ目、かゆみ、排尿困難、頻尿、むくみなどに効能があるとされている。
・「附子」は両君心得の通り、といっているから、矢尾板をはじめとする藩医たちがよく心得ていることなのであろう。
・「御膝蓋之邪気」を除く「治術」としての「推薬」を「仰上」げられるように。
・公は「二十年来旧染之毒」を「結」んでおられる。
・「坐板瘡之御崇御附上之御腫気」も「軽易之事」ではあるが、「膝蓋之一物」が「誘引」したものか、と思われる。ここに出てくる「坐板瘡」とは、長時間、座り仕事をするような人がかかる皮膚病の一種で、臀部および大腿皮膚の毛嚢炎である。局所感染症。長時間座ることがきっかけとなり、ブドウ球菌の感染を伴うことが多いという。
・「脚気之一腫」かと思われる。

・「御内踝之下内側二ヶ所へ流注、毒を結」んでいる。
・「御足指之腫気」は「ここかしこ」と「動静発止」している。
・「已後七日」は「御湯殿内」で「御入浴之後」、「温薬」で「御膝蓋御膕中」「御足之背心」ともに「熨蒸」、「按撫」をすすめ「手術」を「尽」されるように。
・「御煎薬剤」のことは「肉豆甘艸大黄当帰川弓白芷薏苡之類」「焼酎ニ浸シ」「一貼大凡百五銭目」「水煎」にして「熨蒸」したい。
・「両三日御効験」なき場合は「加附子」。
・「蒸薬御調進」の際、「焼酒の臭気」で「御逆上」されては恐れ多い事である。
・「白酒」すら「御悪ミ」の公であるから、「火酒」「薬汁」で「薫蒸」いたし「御眩暈」の事があっては「憚入」るので、「予め御備御鼻孔ヲ堅固ニ御基」きなされるべきであろう。

医師団の責任者としての診断と、容躰に対する治療の基本方針を指示した、というところであろうか。

3　杉田玄白の診断

堀内忠意が一日ちがいの日付で二通の書翰を書いている。「八月十五日」付で江戸の杉田玄白に、翌「八月十六日」付で、江戸にいる御小姓役の山岸弥四郎宛にである。医者でない山岸に宛てた方が簡明でわかりやすい。先に読んでみよう。

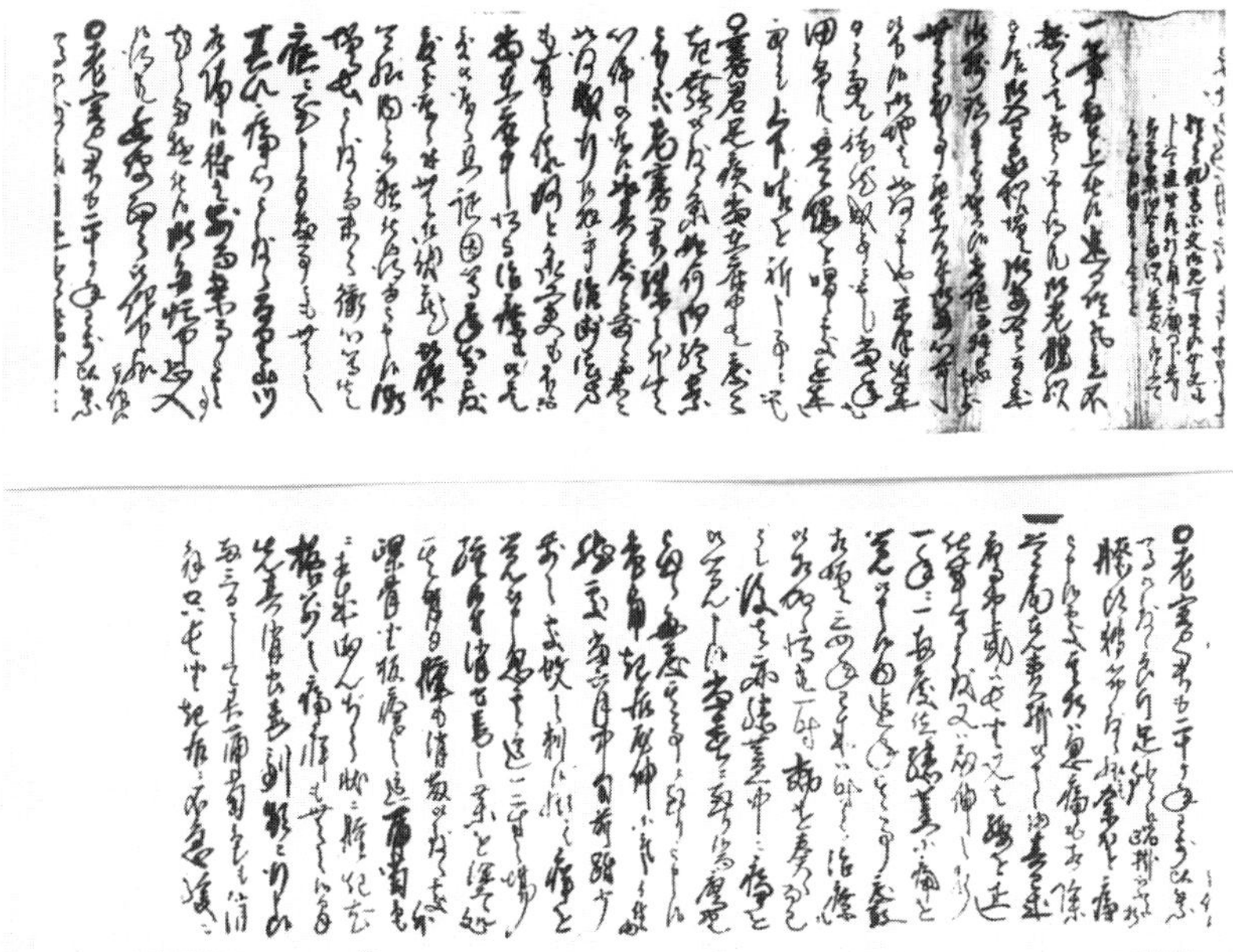

山岸弥四郎宛書翰の堀内忠意下書　（「堀内家文書」米沢市　上杉博物館蔵）

末尾が欠損していて、「文化五年八月十六日、山岸弥四郎書に遣す下書」とあって、来翰に対する返書の下書とわかる。内容は、治広公の「足痛」がたびたび「起発」していて鷹山が心配している様子。治広の今回の在府中にどんな診療を受けているのか、足痛の「証因」がなんであるか。小姓役の山岸弥四郎に「内々」聞くよう堀内忠意に鷹山が指示したのである。

そこで、堀内忠意が、鷹山の二十年来の「膝頭痛」の経過を参考に添えて、山岸に「細々」知らせてくれるよう、依頼の下書きを認めた、という次第。

これによって、鷹山の膝の痛みの様子とその病歴が判明する。箇条書きにしてみる。

・二十年以前（となると、天明八年、鷹山三十八歳頃に当たる）、乗馬の際、足を鐙（あぶみ）に踏み掛け、登ろうとされたとき「膝頭」を「転筋」され、「余ほと痛」いと感じられた。

・しかし、そのときは「痛」みもたちまちなくなって、首尾よく、乗馬を「責め掛け」ておられた。

・その事以来、「鷹野」「長坐」「腰を正した仕事」「屈伸」の折、「一年に一両度」くらい「膝蓋に痛」みを覚えられていた。

・それが、「追年」、その事の「度数」が増えるようになった。

・「三四年已来」は「時々治療」も「加」えられていた。「一時」的に「効を奏」したようにみえて、「後」はまた「膝蓋中ニ痛」みを覚えられる、という状態であった。

・「当春」になって「鷹野」に出かけられるたびごとに痛みを覚えられ、「兎角、起居屈伸」に「気」をつかわれる、という状態になった。

・「当六月中旬」、「前跗」の少し前のところに「蚊」に「刺」されたような「痒」みを覚えられ、たちまち、そのあたり「一二寸」のところが「腫」れた。

・「消毒虫之薬」を「塗」ったところ、明日には「腫」も「消散」した。

・しかし、「外踝骨（そとくるぶしほね）」の「坐板瘡」のあたりが「蒲萄色」になり、「まんぢう状」に「腫」れが「起」きた。

・しかし、「格別」の「痛痒」も感じられなかった。

・そこで、「消虫毒剤」を「頻」りに塗ったところ、「両三日」して、その「蒲萄色」も「消解」した。

・ただ「長坐起居」に「急」がず、「緩」りとされた。

（以下、欠損）

というものであった。

八月十五日付杉田玄白宛ての一翰は冒頭が欠損している。しかし、残存の長翰には、鷹山の「膝頭痛」の容躰について、医師としての説明報告がなされ、これまで施された加療の経過が詳細、具体的に認められている。そのうえで、杉田玄白の診断と治療方針について教示を仰いでいる。山岸に宛てた下書き末尾の欠損部分もこれで補える。

（前欠）

・「腫」が「増」し、足の全体躪（くつ）に至るまで「腫」れている。

・「礬石樟脳湯」で「頻ニ慰」したが「効応」がない。礬石（ばんせき）は明礬（みょうばん）、樟脳はクスノキ科樟の幹根からとった精油（Campher カンファー。Cinnamomum Camphora, Sieb. クスノキ科クスノキから採取した精油）。礬石と樟脳の伝統的用方からみて、煎液を内服するのではなく、外用（熨法（いほう）。温湿布のようにして温める、古来の治療法）したものと考えられる。（礬石、樟脳は、南蛮、紅毛医学の薬物）。

・「薏苡甘艸之類」で「主として水煎」で「熨」し。

・そのうえ「カンフラ辰砂」を入れてみたが効応なし。薏苡仁（よくいにん）はハトムギ。（関節などの腫に用いる）、甘草（かんぞう）（豆科のカンゾウの根）の二種を入れて煎じて、それで熨法を行ったものと思われる（代表的漢薬）。

カンフラ辰砂のカンフラはCampherカンファー、樟脳。辰砂は水銀と硫黄の化合物。文面からすると、薏苡仁、甘草に樟脳と辰砂を加えて煎じ、熨法を施したと思われる。

・そこで、薬力をはなれ、古粕を煎じ、大桶に盛って膝上より足を浸し、温補してみたが、しるしはなかった。

・そこで、先年、乗馬の折、膝蓋中に蓄えた「悪液」が原因かと考えてみる。悪液は漢方でいう瘀血（おけつ）や膿血（ちうみ）を指す。

・それが「虫毒」のために「発動」を「誘引」したのではなかろうか、と考えてみる。

・腫の状態は「気か水かという状」である。漢方医学でいういい方をしている。「気」すなわち「風邪（ふうじゃ）」による関節の腫脹、あるいは「水」すなわち「水邪」による浮腫（むくみ）を思わせる程度の腫れ方であったという意味で、要するにひどい腫れ方ではない、という意味に理解される。

・「皮色」は変りない。

・「閏月下旬より」また「坐板瘡下」に硬い「結腫」が見えた。

・「温熱の力」によらなければと思い、「ヱンフラストハチリコム」を「木綿」にして「日ニ二三度」「貼かへ」「四辺」へ「カンフラテリアーカ」を塗った。

　エンフラストハチリコム enplast basilicon（emslastrum basilicum）ロージン硬膏。松脂硬膏。癰疽（ようそ）（悪性おでき）、白禿などに用いた松脂の入った外用薬。（蘭方の薬）。

　カンフラテリアーカは、Kanfer theriaca樟脳、的里亜加（底野迦、万能解毒薬とされた洋薬）混ぜて患部に塗った。

・前条のようにしたところ、「前跗」に「痒」を覚えられ、追い〱「結腫和らき」、七月八日九日頃には快方におもむく、と申された。

・「七月十四日、廟参諸寺院」へ参詣され、「礼拝」の度数が「凡百」を数えた。

・「十五日夜、脚腕内外踝骨」少し「痛」を覚えられた。「膝蓋より腓中」へ物の通る様に感じられ、以来、又々「腫」が「相増」した。腓は腓肉（こむら）の肉。

・「七月十七日」朝「五指上大ニ腫」れていた。

・全く「三十年来」の「旧染の邪毒」と思われる。

・「近来」は「肩膊を痛」と申され、「五十肩」の如くである由。

・「同役」が協議し、このうえは、「草根木皮之力」を借らず、「温泉」に浴せられれば「一躰の補養」にもなるかと、「赤湯村」へ「七月二十日」に入湯された。

・浴中の内治として「録験之続命湯」を用い、日に「五度ツヽ入浴」、おいおい快方に向う。

「録験之続命湯」は、唐代の甄権（しんけん）が西暦八九一年に著した『古今録験方』にある「続命湯（ぞくめいとう）」という処方。わが国で広く用いられた漢方処方のひとつ。「古今録験続命湯方」は、杏仁40、麻黄、桂皮、当帰、人参各3.0、乾姜、甘草、川芎、各20、石膏6.0（数字の単位はg、これが一日の量）、忠意の文章から人参は竹節人参を使用していることがわかる。脳血管障害後遺症などの麻痺や運動障害に適用される。

・七月二十四日夜、三里へ鍼（指頭までひびく、跗上、大なる豆状の物が出た）。

鍼で「ひびく」とは、得気（とっき）ともいい、ツボに鍼が打たれたとき、その末梢に「ずーん」と感じる重痛い感覚がする。これがおこると、的確な治療である証とされている。

・毒が減じるにしたがったが、食欲が進まなくなった。そこで「六君子湯」をすすめ、七月二十三・四日頃には「一時の着座」が苦にならなくなった。

「六君子湯は、人参、白朮、茯苓、半夏4.0、陳皮、大棗2.0、甘草1.0、乾生姜0.5（明代末の『万病回春』）。胃腸機能増進に用いる。

・七月二十六・七日頃より、浴後、カンフルブラントウェキンを用いた。カンフラブラントウェキンは、Kanfer brandewijn 樟脳精（アルコール溶液）、樟脳チンキ（樟脳をアルコールで溶いた溶液）皮膚に直接外用した（蘭方）。

・八朔の頃より格別に快となる。

・八月四日帰湯。此の節は「八味丸」を煎湯にして用いる。

八味丸は、地黄5、山茱萸3、山薬3、沢瀉3、茯苓3、牡丹皮3、桂皮1、附子1、から成る漢方薬。主として下腹から下肢に対する疾患（むくみ、神経痛、関節痛、排尿障害など）に用いられる。

・八月十五日、左右の足が斉しきくらいになり、膝蓋の邪毒が解消した。

医師が医師に報告する患者の容躰と治療経過についてだけに、医学専門用語頻出で筆者にとっては閉口である。表記・表現は書翰の原文によって「　」を付けて引用しておいた。

堀内忠意の杉田玄白に対する教示願いとしては、次の二点であった。

・治療方法

・いかなる邪毒か

六月よりの艱難の様子としては、公は、平常箕座、手木枕して仮寝されていた。小ふとんの上に円坐または小枕を膝下へ当てたり、足跗へ当てたりして、凌いでこられた、という。

これからは、「仙液之気」を「除」き、少しでも「邪気」が残るようであれば、「砂盆樟脳カルキスの類」を用いる予定であると報告し、万事よろしくお差図を下さるよう、と願っている。

次に、江戸の杉田玄白から米沢の堀内忠意に宛た書翰を読んでみる。治広の足痛と鷹山の膝頭痛の加療について回答した診療案である。

一読のまえに確認しておきたいことがある。治広の足痛については、患者を実際に診察した加療案であること、鷹山の膝頭痛については患者を実際に診察したのではなく、忠意の報告した容躰書に基づく加療案であるということである。

治広の足痛について

〈診察〉

・御大指之本（母趾の根元）に微腫（多少の腫れ）がある。青黒く腫れた状態で、御刺痛をおぼえられている。

・御腹部も御不和（脾胃の病＝胃腸病）の気味である。

・右のため、流行している御血液が熱せられたのかと思われる。

・気候の寒暖、久坐、御歩行で、「御動付」となったところへ、常々の御癖で「微少之物」が出来て、その所へ「順行・血液」が「御微滞」となったと見受けられる。

・血液微滞の所へ、後より順行の血液が近付き、先へ流行しがたくなって、「聚」り、自然に「御腫」となり、「皮色」も「紫」になったものとみえる。
・これはオランダで云う「神経の少し浸入」して「御刺痛」を感じておられる事と思われる。

〈治療方針〉
・「御微血和シ」「御順行」されるようになれば、「御腫も消」え、「御痛」みも退かれると思われる。
・「御癖付」になっているところがお直りになるよう、「御血液」の「御微滞」がなされることのないよう「御手当」をされるのがよろしいと思われる。

老侯（鷹山）の膝頭痛について

〈診断〉
・堀内忠意からの「御容躰密細」の「高案」にもとづいて。
・高案の通り「御膝蓋」の痛と思われる。
・「膝蓋」の直下に「脂」の入った「膜嚢」が沢山あり、その嚢内へ悪水が貯まると、「鶴膝之状」となる。これを「鶴膝風」という。鶴膝風とは脚の肉が落ちて痩せ細り、鶴の脚のようになる病。
・老侯も、もともと、沢山の「脂嚢」の内に、一二常状と違うところがあり、「年」を「経」るうち、一・二が「四ツ五ツ」となり、数が増えて、当年、「毒虫」に「咬」まれて「動」じ、「腫」が常になく発したと思われる。
・老人というものは、十人のうち七・八人が「下行」の「気」が「薄」き者である。下行の「気」を「膝蓋・脂嚢が妨げるので「水液」の「流行」が悪くなり、「腫」れが出たのかと思わいる。
・「水」は「血」と違い、その質が「薄」いものであり、「聚り易」く、「消シ易」いものであるから、「御腫」の「出没」していることかと「察」せられる。
・それは「カンフルブラントヱンバシリコン類」の「熱薬」で「下行」の「火気」を「延及」したからで、「一端」は「快」くなっても、その後、また「動作」が強く「再発」されたのだと思われる。
・これは結局「根元」の「膝下」のところが「常状」に「復」していないことからと思われる。
・「温泉」へ浴し、「桂附」の入った「服薬」で、現在は「全快」されて恐悦至極である。

〈治療方針〉
・が、万一、今後「再発」された場合、どんな「手当」をすべきか、についてのお尋ねですが、老拙（玄白）の「案」では、老齢であるから、「老人ハ下行之気薄」き者という点を「目当」にして、「温メ」るのがよく、「蒸薬」などがよいであろう。
・「カルクワーテル」に「加石鹸」などという類がよいと思われる。カルクワーテル Kalkwater 石灰水。加石鹸はカリ石鹸。

と、右のように回答したあと、玄白が次のように書き送っている点は注目に値する。

「去りながら、十思一見のたとえの通り、直接拝診しなければ、実の所は分らないのである。ことに御容躰書だけではなおさらのことである」。

医師として心得るべき態度、感嘆に値する。

「御尋」ねにあずかり、「拙案」を「申し述べないのもいかが」と思われるので、「御懇意に任せ」申し入れる、としている。

なお、加えて、「君侯」の「御容躰」、「老侯」の「御病状」について、「常々主張している和蘭医薬」であるから、御同役中には「耳馴」れない事のみ多い事と思うので、よろしくお取り計い下さい、としている。

師の玄白からの回答教示を得て、堀内忠意は、「カルクワーテル、砂盆、カンフラ（別してカンフル分量加減して）蒸し、大に速効」を得ていると報告、礼状を出している。

結局、上杉鷹山の膝の痛みは、膝関節ちかくの局所性の化膿巣の痛みで、過去の外傷あるいは虫刺症によって発症したもので治癒に至らず、だらだらと存続したもののようである。おそらく、受傷時に土壌菌などのあまり毒性の強くない細菌などが感染巣を形成したもので、症状が進行性でないので、化膿性膝関節炎とまでは至っていない、と考えられる。

堀内忠意としては、何分にも原因が不明なので、当時の蘭方医学ではどうにもならなかったようである。腫れに対しては、対症的な蘭方の外用薬を使用し、内服には漢方薬を用いているようである。漢方薬の適用、使用方はおおむね妥当のようである。動きが強いと刺激を受けて再発をくりかえしていたものと見受けられる。現在であれば、手術で化膿巣を摘出することを考えるのではないだろうか。

治広公の足痛については、母趾の根元に微腫があり、刺痛をおぼえ、繰り返すことからして、現代でいう「高尿酸血症」による典型的な「痛風」と見受けられる。

本節の稿を草するに当たり、殊に、堀内忠意と杉田玄白の応答には医学上の専門用語が頻出して、医を専門としない筆者には誠に閉口のひとことに盡きるものであった。医療法人社団伝統医学研究会、あきば病院院長の秋葉哲生氏の懇切なる教示がなければ成稿しなかったことである。洋学史研究会で辱知の秋葉院長には何回にもわたる門外漢の質問に繁忙の時間を削いてご回答、ご教示をいただけた。衷心より感謝申し上げる。本稿では、書翰中に表記・表現されているところを「　」付きで、そのまま伝えるように心がけ、特殊な専門用語には、その箇所ごとに解説を追加しておいた。文責は一切筆者にある。

お蔭で、従来、触れられることなく、公表されることのなかった上杉鷹山と治広に関する病歴を、侍医とその師である堀内忠意と杉田玄白の往復書翰から読み取ることができたことを喜びたい。繰り返しの断りであるが、筆者は医に門外漢である。文責は筆者にあるというものの、ぜひ、専門医からの検討をおねがいしたい。それには、まず、『米沢藩医堀内家文書』に収載してある当該書翰の原文を読んで、ご検討を願いたいと思う。

二　赤湯温泉と鷹山・忠意・素堂、そして

1　赤湯村の上杉家「国主御殿」

上杉鷹山が膝頭の痛みを訴えられた文化五年（一八〇八）、側近くに侍して診療に当たった堀内忠意は、好生堂總裁にして、この年六月、にわかに上杉治憲公（鷹山）の御膝痛容躰伺いに任命された飯田幽澗の監督、指示のもと、専心、治療に心を砕いた。同僚の藩医とも協議を重ね、江戸に居る恩師の杉田玄白に鷹山公の詳しい容躰書を送り、診断について、治療方針について教示を仰いだりもした。この始終については、すでに詳述した通りである。

鷹山公の膝頭痛治療の一環として、同僚とも協議、玄白のすすめもあって、赤湯温泉への入湯をおすすめした。入浴をすすめるとともに、内服薬を調進もして、診察に当たっている。したがって、鷹山に近侍して堀内忠意も赤湯へ同行しているのである。

赤湯村には、上杉家の御殿が在った。上杉文書の一八六一号に「赤湯村御殿之図」というものがあり、詳細を知ることができる。現在は、赤湯温泉で、石岡要蔵社長が「国主御殿」を継承している湯であるとして、その名も「御殿守」といって、立派に営業しておられる。筆者も、自然に囲まれ、清潔でゆったりした露天風呂を愛(め)でて、たびたび、家族で訪れている。

「御殿守」では、上杉謙信、景勝、定勝、綱憲、鷹山の資料に、細井平洲等の資料も加えた展示室「時の倉」を設けるやら、「上杉家御年譜」から抜粋して「上杉鷹山公　赤湯御殿御来駕の記録」を一覧表にしてパネル

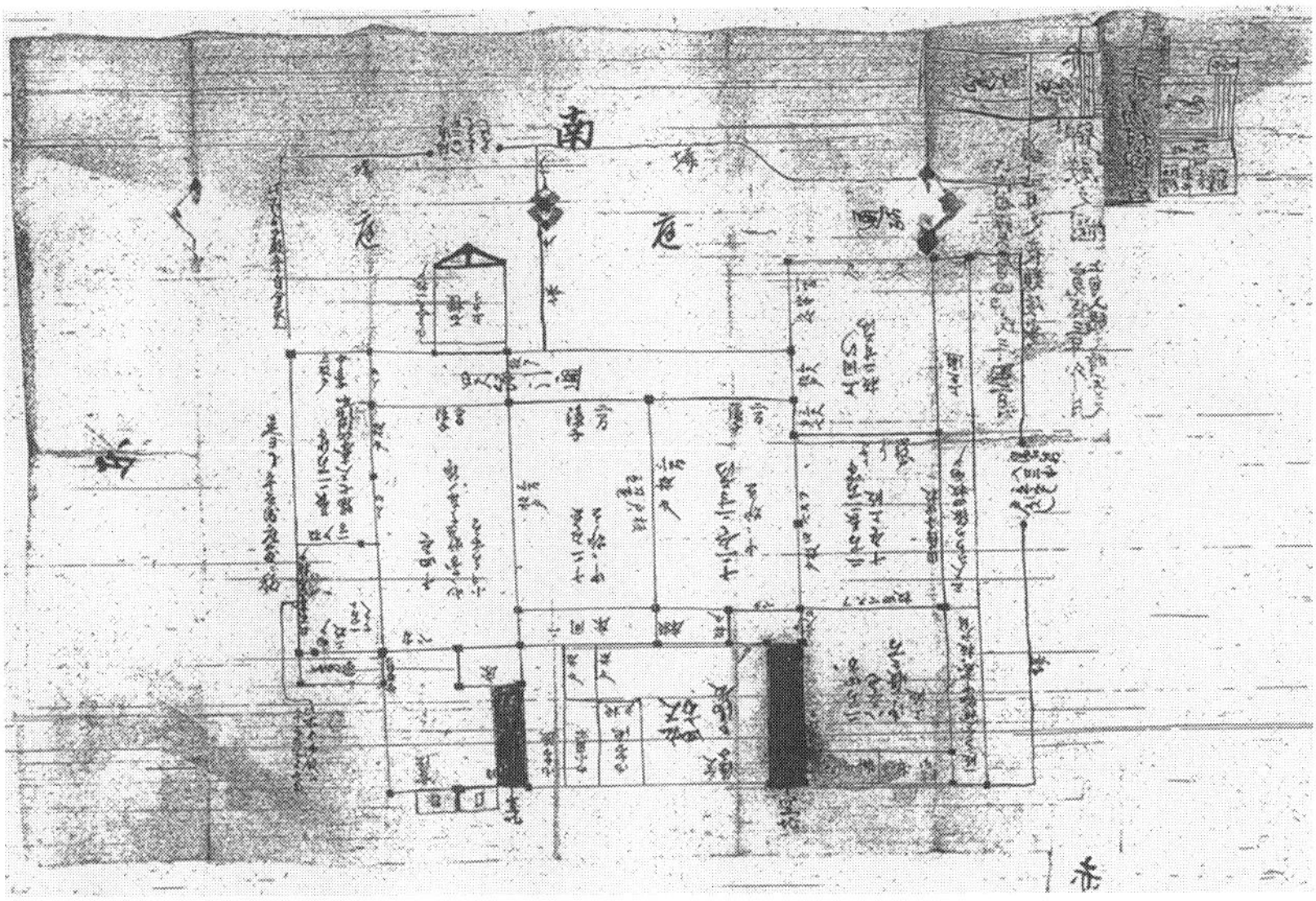

「赤湯村御殿之図」　（「上杉文書」米沢市　上杉博物館蔵）

展示をするなど、熱の入れようである。

2　「御殿之図」を読む

「赤湯村御殿之図」をみると、藩主がお泊りの御殿には「九尺四方」の「御湯殿」がある。玄関を入って、「長二間半、幅七尺」の「奉行詰所」があり、その奥に「十四疊」の間があり、「二間床」の付いた「十二疊」の間が二つ続き、更にその奥に、「二間長二間半十五疊」の板の間と疊「上段」の間があり、その奥に「二間四方」「八疊」の「御寝之間上段」がある。周りは廊下（道路）で囲まれている。外湯として「御湯」「留湯」「大湯」という別の湯が見えているところをみると、前述の「九尺四方」の「御湯殿」は「御寝之間」と隣り合った内湯であったとわかる。

右とは別に、もっと大きな御殿の図がある。上杉文書一八六二号の「赤湯村御殿旧

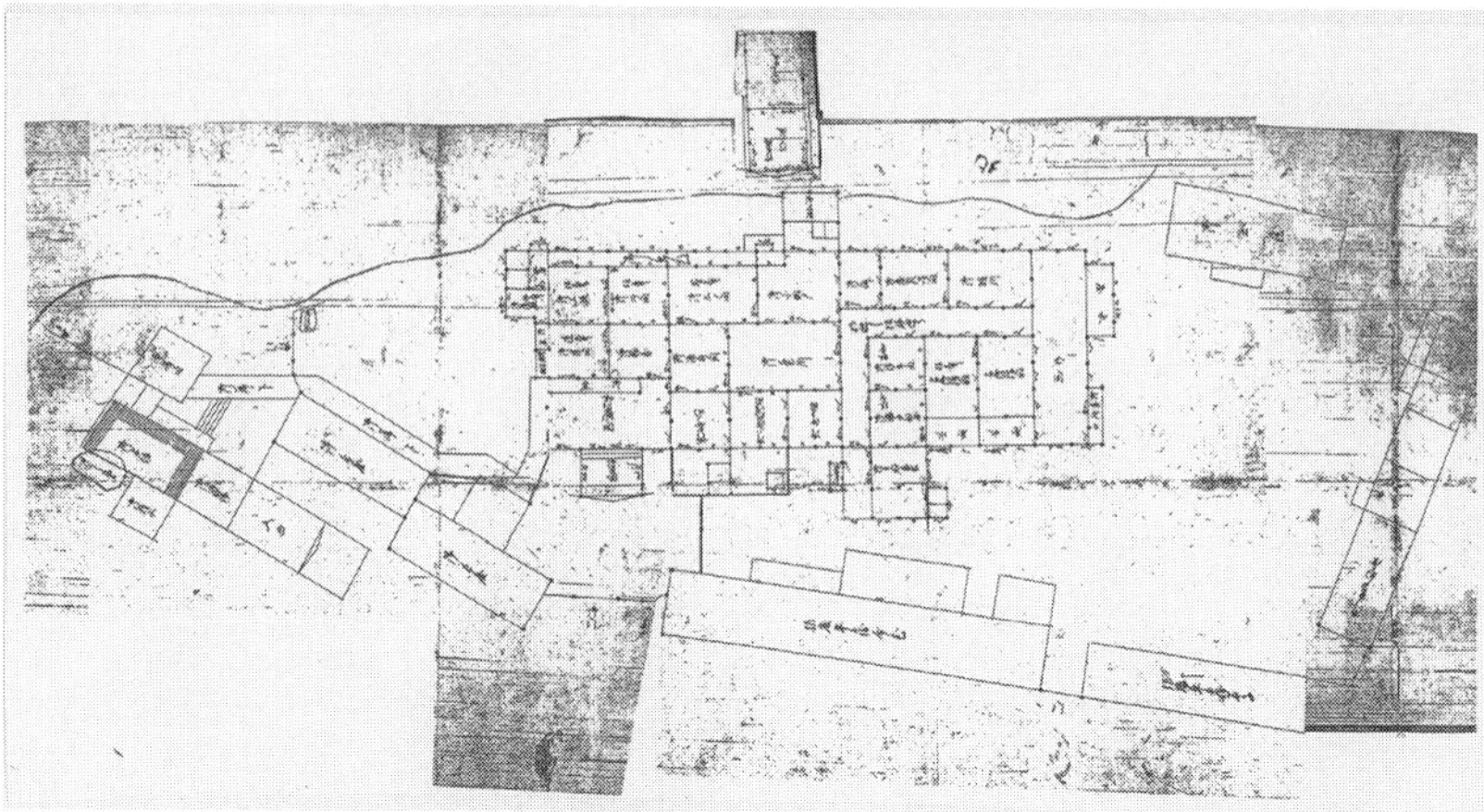

「赤湯村御殿旧図」　（「上杉文書」米沢市　上杉博物館蔵）

図」という名称の図である。これをみると、あまりにも大きく、部屋数も多く、設備も多く、どこから説明を始めたらよいか、迷ってしまう。「御広間」「御客ノ間」「御湯衣ノ間」「御茶所」「御小姓頭詰ノ間」「御仲ノ間」「御手明番所」「御銚子部屋」「御膳立ノ間」「上御膳部」「上御膳部」「御賄所」「御台所頭詰ノ間」「御三ノ間」「御二ノ間」「御上段」「御寝間」「御湯殿」等々沢山の部屋があり、渡り廊下を渡って行くと、「御上湯」「御留湯」「入込」の湯があって、「御揚ノ間」も付いている。大きな「御長屋」も二軒みえる。全く大きな御殿である。客を迎え、上級藩士も呼んで、茶会や懇談の会合、宴会も賄えた様子がわかる。名湯に浴せられて、藩政を考え、病を癒されたことか、と察せられる。財政建て直しの密談にも活用されたのではなかろうか。そんな気がしてならない。

3　赤湯温泉の功用と効用

赤湯の「国主御殿」にしばしば足を運ばれで入湯、心を癒し、脚痛の平癒に努められたが、鷹山の脚の痛みは全快することはなかったようだ。

お相伴で浴した堀内忠意や堀内素堂の方が、よほど健康が増進し、周辺の村々にも往診して喜ばれもしたようだ。

赤湯入湯の主従の姿は、医史考察のうえでも、ドラマの一シーンとしても、注目すべき好材料といえるのではあるまいか。

米沢は、周辺に名湯が沢山ある。名湯に囲まれた米沢といってもよいかもしれない。

堀内家文書解読・調査の旅は、堀内淳一医博の鑑定依頼、小川鼎三先生を中心とする調査団の米沢合宿以来である。四十四年の長旅ということになる。

殊に、堀内家文書が米沢市に寄贈され、それをうけて、米沢市医師会が全文書の解読・解明を企画され、その依嘱によって従事したこの三ヶ年、筆者は文書と文書の内容確認のため、毎年、二泊三日の米沢調査旅行を続けてきた。毎回、名湯にご案内いただけるのが楽しみでもあった。

いろいろな名湯を楽しんだあと、赤湯の「御殿守」に案内され、宿泊、入湯を楽しんだとき、もうこれ以上、ほかへは寄らず、この「御殿守」に決めた、と思ったものである。そのわけは、

・掃除がいきとどいていて、ことに露天風呂の大きな湯船が極めて清潔に保たれていて快適であったこと。

・「国主御殿」の由来を引き継ぎ、展示コーナーを設けるなど、熱心な取り組みが見られたこと。

による。その後は、私的に何回も訪れている。回数は忘れたが、何回めかのとき、家族全員で出かけてみた。

そこで、奇跡とも思えることに遭遇した。私事にわたることで誠に恐縮であるが、若干の紙幅を費すことをお許しいただきたい。

御殿守のパンフレット表紙　　　　（片桐一男蔵）

実は孫の小学生三年生の男児、とても、ひどいアトピー体質で、毎晩、お風呂上りに母親か祖母（筆者の家内）が、身体中に薬を塗ってあげなければならない。ひと仕事である。常に全身痒ゆそうで、見ているのも辛く、可哀相である。

その児と「御殿守」の露天風呂につかり、翌朝、目覚めて朝食の際、その児をひと目見てビックリ。アトピーが直っている。奇跡かと思った。それまで、何軒の医院に診てもらい、相談したことか。処方された薬を塗るのが、前述もした、日課である。その児の全身が、キレイで、スベスベしているではないか。こんな、有難い湯はない、と感激した。

赤湯から帰って、しばらくすると、また、大変になる。なんとか、日程を調整して赤湯行きを計画するのである。

「御殿守」の湯の分析を試み、解明して、アトピー体質の人に朗報として知らせてあげたい気持ち一杯である。ぜひ、分析・解明をお願いしたい。「御殿守」が清潔を守り、史的由来を温存されることに努められて、更に加えてこんな効能・効用を喧伝してくださることもお願いしたい。

鷹山公から、わが家の孫にいたるまで、これも、堀内家文書のお導きかと、感銘を深くしている。これからも寄せていただきます。

三　西良仲と西良忠と堀内易庵
――漢方医と蘭方医の対決――

1　『耳袋』の伝聞――西良忠

寛政十年から文化十二年にかけて、足掛け十八年の長期にわたって、江戸の南町奉行の職にあった根岸肥前守鎮衛（やすもり）が、その見聞を書き留めた随筆集『耳袋』には興味をそそられる話が多く、注目すべき人物が幾人となく登場している。もちろん、そのなかには知名の人物にまじって無名・未詳の人も多い。

「巻の六」にみえる「疵を直す奇油の事」と題した一項は西良忠という外科医についての話である。西良忠なる医師については、寡聞にして、その伝を知らない。本書が最近収録された『日本庶民生活資料集成』および『東洋文庫』のいずれにも、編者はこの西良忠について解説を加えてはいない。それは、おそらく、西良忠が当時の諸書に登場し、書き留められるほどの話題の持ち主でなかったからであろう。すなわち、好奇心旺盛な江戸の人々の口の端にのるような行動をした人物でなかったからであろう。この限りにおいては、無名の江戸の一住人というほかはない。しかし、医師としても無名の一医師であったか、どうか。これはまた、別の問題かもしれない。

ひとまず『耳袋』の話に耳を傾けてみたい。『東洋文庫』本から引いてみる。

疵を直す奇油の事

木挽町に西良忠といえる外科あり。かのものは、予がもとへも来りぬ。小児などのいささかの怪我はいうにも及ばず、金瘡類も、まず綿にてひたせし油薬を付くるに、その功いちじるし。その事を心やすきものへ良忠語りけるは、「さる諸侯の奥へ療治に到り、さっそく快気の功ありし後、かの病人全快をよろこび、年久しく貯え置く油薬あり。用にもたつべくは、用いみらるべしとて給わりぬ。これにより金瘡そのほかに試みるに即功の妙あれば、今に貯えてその功を得たり」。良忠は老人なるが、「悴が代までは用相成るべし。その後はこの薬絶えもせんが、法を知らざればせんかたなし」と語りぬ。良忠も今在生なり、悴も年若なれば、永く療治をなすべし。かの者の家にかかる薬ある事知らば、ひとつは益あるべき事とここにしるしぬ。

右の文からすれば、西良忠の住所は木挽町であること、町奉行根岸鎮衛のもとへも直接出入りしていたこと、即効ある油薬を用いて、当時流行していたらしく、諸侯のもとへも出入りしていたこと、文化元年七月の記事を下限とする「巻六」が書かれたころ、彼はすでに年老いていたらしいが、なお在世していたこと、などがわかる（鈴木棠三氏が「東洋文庫」版『耳袋Ⅰ』に付せられた「解題」による）。

2　秋月公を診た西良仲と堀内易庵

話は別であるが、私は、小川鼎三博士の慫慂によって、米沢藩医堀内氏のもとに寄せられた医師や蘭学者たちの書翰を整理し、その判読と内容の検討を続けてきた（米沢市医師会・上杉博物館編『米沢藩医　堀内家文書』参照）。そのなかに、米沢藩上杉侯の家臣香坂右仲なる者から、同藩の御側医堀内易庵に宛てた書翰が十一通ある。日付は、六月二十三日付二通、六月二十七日付一通、七月十四日付五通、七月十七日付一通、七月二十八日付一通、八月十二日付一通と、いずれも発信月日のみで、発信年を欠いているが、文面により全て天明七年（一七八七）のものである。というのは、文面にみえる用件が、いずれも長門守の病気の容躰に関する火急を要する事柄であるからである。この長門守とは、米沢藩主上杉治憲（のちの鷹山）の実父に当たる秋月長門守種美のことで、天明七年九月二十五日、七十三歳をもって病没した人である。したがって、十一通の書翰はいずれも秋月種美の病が重くなった死の直前の頃のあわただしい様子を速報・連絡したものである。

香坂右仲は諱を昌諄といい、天明七年八月十七日、治憲が積気療治と秋月長門守種美の重病看病のため江戸へ発駕の節、家老代を命じられた人物である。一方、堀内易庵は代々米沢藩医として上杉侯に仕えた堀内家の第三代忠智のことである。易庵は、天明五年九月、藩主治憲（鷹山）の御側医となり、やがて、鷹山の実父秋月種美が江戸邸で病むや、天明七年五月、江戸に遣わされ、その病蓐に伺候して診察にあたることを命ぜられ、容躰の報告を行なった。ついで、易庵は、同年十一月十五日夜、国許より鷹山の養父重定が病重しとの飛脚到着により、十七日暁、鷹山に供奉して江戸を発し、二十四日帰国、以後寛政四年八月二十一日病没するまで在国、前後十二ヵ年藩医として勤務した。

したがって、前記十一通の書翰はいずれも堀内易庵が天明七年に江戸滞在中に国許の家老代香坂右仲から送り届けられたものなのである。

書翰は、最初の六月二十三日付の状の端裏書きに、

長門守様御待申上御容躰書差下候御診之返書

と書かれているごとく、堀内易庵が秋月種美の容躰を国許の家老代香坂右仲に速報したことに対する折り返し

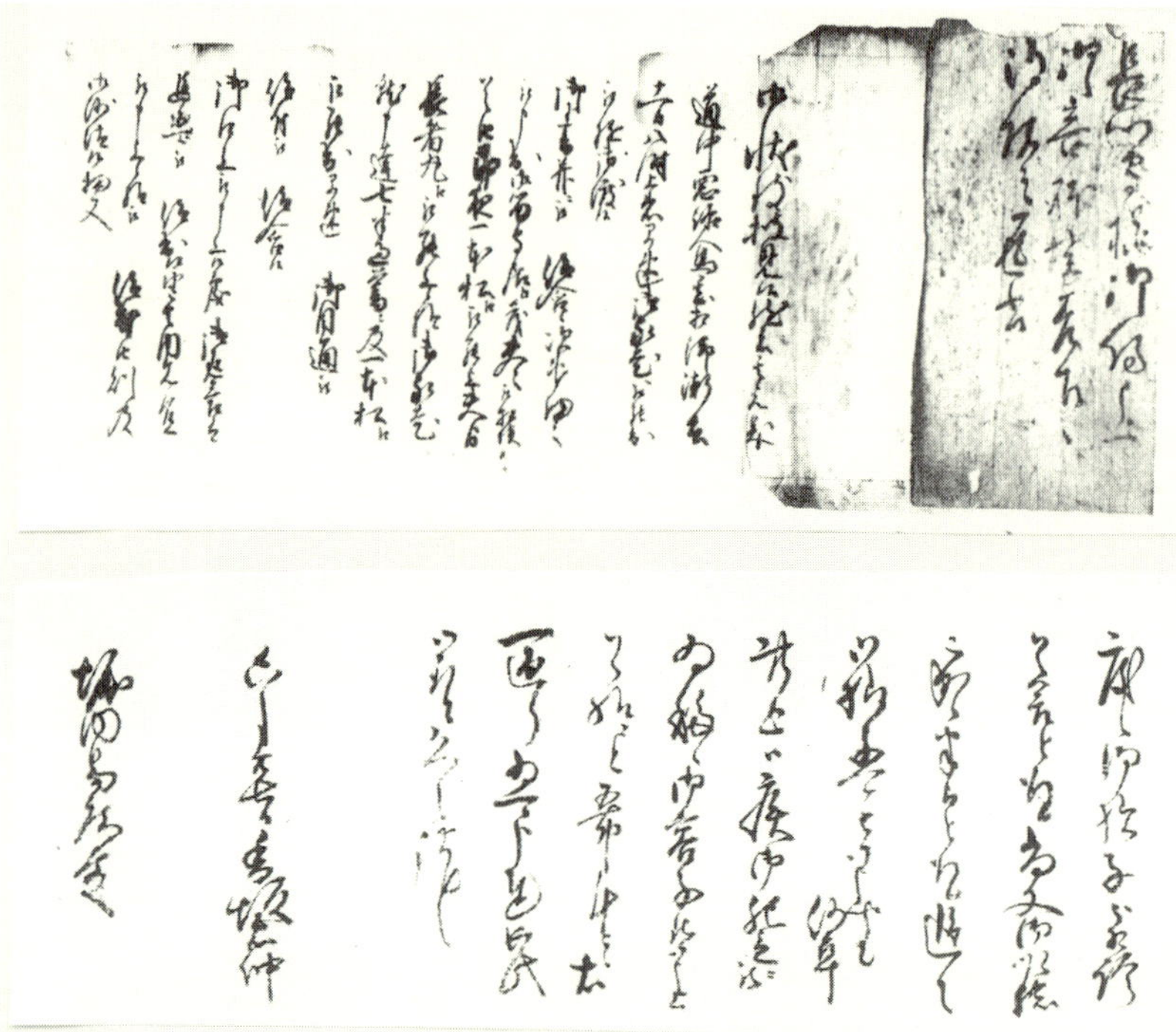

堀内易庵宛　香坂右仲書翰　（「堀内家文書」米沢市　上杉博物館蔵）

の返書である。書翰によれば、易庵の江戸着は五月十一日で、到着早々診察した様子である。種美の病気は、一昨年来の「腫物」のことであったが、

御腫物は御右耳の前え三月頃より少々ずつ御脹り出し、御痛鮮もこれなく、五月頃より漸々大ニ増長致し、次第ニ堅実ニ成させられ、折々少々ツツ御痛み在らせらる

というぐあいに、当年三月頃からその腫物が大きくなり出し、当月に入ってからは一層増大して、「御目御口迫御引〆」る状態となり、「御門口六ヶ敷」くなってきた。しかし、「御寒熱等は之なく」「御飲食御風味等少も御替り在らせられず」「御平生の御飯御二椀、折々は其余も召し上がられ」「御脈上御替り在らせられず」「御大用」は

「兼て御瀉の方ニ在らせらる処、四五日は御詰遊ばされ候」というぐあいである。そして、「六日の朝、御腫物の上、少々水気付候処、段々腐入り候て、臭脳汁のなるごとく、御膿水油入の蛤一ッ程罷り出」「夫より段々御流出なされ、線八九分も指入り候ても、少も御痛の御覚あらせられず候」という重い症状となった。

ところが、この種美の病気の療治には、すでに西良仲なる医師がついており、十一日にも中屋敷に拝診にあがったのであるが、その良仲の診断によれば、

万一御瘡口相開き候節、御精血出流候御症ニも入らせらるべきやと甚だ気遣い罷り在り候処、左もこれなく、御水膿少なからず罷り出候御事、此御容子ニては御痛所少も御案事遊ばされ候事これなく、御余症御変症之事御老年様計りがたき義、御痛所一通りニては御気遣い在せられず

ということで、結局、さして心配すべき症状ではないという診断であった。

ところが、堀内易庵は、この症状をみて、「誠ニ御難治之御症と存ぜられ候」と判断したのである。

そこで、易庵は十二日早朝、杉田玄白のもとへ罷り越し、「相診」の「存慮」をもってこのことを玄白に相尋ねたのである。玄白の判断と指示は、

御難治之御症ニ候間、温和順気之御取扱を以、御瘡口開き申さず、日月ヲ御送り遊ばされ候様、専要（下略）

というものであった。そのため、易庵は直に西良仲のもとにとって返し、このことを「深々」相尋ねた。しかし、良仲の判断は依然として、

右外御血瘤之御症也、御精血出流致し候ハヽ、大功成御事ニ候処、左もこれなく、御膿水と申者、誠恐悦之至、如何様御瘡口乾き候事ニも相及び候ハバ、御腫は相残り候共、珍重之至存じたてまつり候、

と変りない。両者の診断は全く対立しているのである。

したがって、かかる報告に接した香坂右仲も、その書状に、

良仲は御安堵ヲ申し上げ、其元（易庵）は御難症と申し上げられ候事、一事両端之義、

といって、両者の立場を理解して、縷々自己の見解を申し送っている。その文の中で注目すべきは、「良仲は始より御療治仰せ付けられ」「大都に於いて高名之老手」と述べ、それゆえ「聊、卒爾苟且之見識を以て申し上げ候事ニも有間敷候」といっていることである。

根岸鎮衛が『耳袋』に書き留めた疵を治療するに「奇油」を用いて即効の妙を発揮した名外科医西良忠と秋月種美の外症腫物の診察に当った西良仲とは、同一人物ではあるまいか。忠と仲との一字違いではあるが、両者はほぼ同年代に、生きて、活躍した医師であること。片や「外科」の老名医として記され、片や「外症」の「腫物」の「瘡口」について診断した「高名の老手」と記されている。また、片や町奉行根岸鎮衛をはじめとする「諸侯の療治に到」る名医として、片や秋月長門守種美の信任篤き老手として、記されている。ほぼ同時代に江戸の諸侯の間にその名を知られ、外科をよくした同名の名医が二人もいたとは倒底考えられないからである。

しからば、西良忠と西良仲と、いずれの記名が正しいかということになれば、躊躇なく西良仲の方を採らねばならないであろう。良仲は当事者間に交わされた書翰に幾度となく登場している一定した表記名であるに対して、良忠の方は著作者の自筆原本が遺っていない転写本『耳袋』にみえる表記名であるからである。『耳袋』の転写本は四十本もあるという（前掲鈴木氏の「解題」による）。そのうちのどれかに良忠ではなく、良仲と書き

記されたものがあるか、どうか、そこまでは、私の手はおよんでいない。

　ここまで書き留めた半歳ほどまえ、私はこの稿を放り出しておいた。西良仲の片影なりと、もう少しつかめないものかと思ったがためであった。最近、他に必要があって、以前『日本医史学雑誌』に紹介しておいた杉田玄白の随筆『犬解嘲』の校訂と解説に手を加えるべく読み返していくうちに、旧稿（「杉田玄白述『犬解嘲』について」〈『日本医史学雑誌』第十一巻第四号、昭和四十年十一月〉）執筆当時、無意識のうちに彼の名を録していたことをみつけた。『徳川実紀』を用いて作成しておいた、いわゆる御目見医師のリストの中に「西良仲」の名はあった。文化二年七月二十八日、この日将軍の御目見を賜った医師として、

　酒井修理大夫忠貫家医杉田玄白、町医加藤宗玄、西良仲、

とあるのがそれである。やはり、「良仲」の文字を正しいとしてよさそうである。それにしても、西良仲が、かの杉田玄白と同時日に将軍より御目見を賜っていようとは、全く気がつかないでいたことであった。「諸侯の奥へ療治」に赴く老名外科医としての西良仲の面影は、ここでも矛盾なく消えない。むしろ、有力に傍証されるわけである。

　ところで、秋月種美はわずか三ヵ月後に病歿してしまった。堀内易庵と西良仲と、両者の診断の相違や優劣を、いまさらここで云々しようという気はない。また、その必要もないであろう。西良仲の名前を追っていくうちに、思わず、彼と堀内易庵との診断比較にまで深入りしてしまった。しかし、はからずも、右にみた一件は、私にいくつかの示唆を与えてくれるようでもある。

　1、堀内易庵の医学系統は明確ではない。しかし、易庵が、自分の診断と全く反対の診断と対決しようとしたとき、時を移さず参考意見を求めて駆け込んだ先が蘭方医として江戸の街にその名声を知られた杉田玄白で

あったことは注目に値する。そしてその際の玄白と易庵の考えはほぼ一致している。したがって、堀内易庵も蘭方の要素を身につけた医師であったのではあるまいか、と想像させられる。このことは易庵の子供の堀内忠意（林哲）が寛政の初年に江戸に遊学して杉田玄白の門に学んでいることを考え併せたとき、一層その推測を積極的ならしめるものがある。

2、すると、秋月長門守種美は自分の難病治療のために、漢・蘭両系統の老手をかかえて診療に従事せしめていたことになる。かかることは、秋月種美・上杉鷹山という具眼の諸侯だけでなく、江戸の藩邸に滞在中の諸侯の間に、存外多くみられたことではあるまいかと思う。その後、江戸において蘭方医学が隆盛となっていったことを考え併せたとき、蘭方医が諸侯や高貴な人々の診療をめぐって漢方医師たちと対決をせまられ、そのような機会を通じて地道に実績を積んでいったものとも思えるのである。

3、根岸鎮衛の『耳袋』は、まさにその書名が示すごとく、彼が耳にした多くの話でふくらんだ大袋である。ところで、彼の耳に通報した人、すなわちニュース・ソースは奈辺にあったのであろうか。『耳袋』に収載された話は多岐にわたっている。しかし、仔細にみていくと、そこに少なからざる医師の名が登場してくることに気付く。医師は自己の腕に修めた技術をもって、貴賤を問わず出入りする機会が多かった。高貴の方から、幕政や大藩の奥向きに関係する人々など、その脈をとる機会に、医師が色々なことを眼にし、耳にすることも多かったのである。根岸鎮衛が『耳袋』に収めた話の数々は、その経歴と職掌柄からして、彼が多方面の人々と接触する機会を得て長年にわたって蒐集したものであろうが、そのなかでも出入りの医師たちから耳にした話はなかなか味のあるものが多かったのではあるまいか。さらには、それらが彼の仕事のうえにも何程か役立つことも少なくなかったのではなかろうかと思われる。

（『日本歴史』第三一五号、一九七四年八月）

四　公害論の先駆者、杉田玄白

1　切り離されていた手紙の発見

それは、季節おくれの鶯がまだよく鳴いていた、雨あがりの朝のことであった。いつものように幼稚園に出かけようと玄関さきに出た長女が、声をひそめて、しきりに私たちを呼んでいる。何事かと、指さす方を見やると、植込みの根もとあたりの草のしげみの間を、見え隠れしながら、いままさに遠ざかろうとしている鳥の姿があった。あまり見馴れぬ、ずんぐりと小太りした鳥である。わが家の庭先にいつもやってくる小鳥たちよりは、はるかに大きくて、鳩というよりはむしろきじに似たような色合いと大きさであるが、やはり、ちょっと違うようである。そうこうするうちに、飛び立つでもなく、垣根の破れ目から隣の庭へ入り込み、小さな置き石の上にのって、一声カン高い鳴き声をあげると、藪のなかに姿を消してしまった。

珍しいものをみて、いささか興奮気味の長女に「車に気をつけるんだよ」といいきかせて送り出したあと、子供部屋にとって返し、図鑑を繰ってみた。その結果、あの鳥はこじゅけいであったようである。図鑑の説明によれば、林の下の藪にいて、地上でえさをあさり、「チョットコイ」ときこえる、大きな声でなく、とある。飛び立ち去るでもなく藪のなかに消えたこと、耳にのこるカン高い声も、心なしその説明の通りに思い出される。急に都市化した船橋で、それだけ自然の面積が少なくなったせいか、わずかな庭の緑を求めて、ここのところいろんな小鳥が迷い込んできている。

朝茶を喫して、私はいつものように二、三通のハトロン封筒をデスク脇の資料ケースからつまみとって出かけた。なかには、二、三年来、通勤の往復の車中で、私が楽しんで判読を続けている江戸時代蘭学者の書翰の複写がはいっている。

この日、持ち出した資料は、江戸時代、米沢藩の藩政改革に治績をあげた名君上杉治憲（鷹山）に仕えた、藩医堀内氏の代々のもとに届いた来翰や、発信書翰の控などのグループの一つである。この文書群の整理をはじめた当座は、内容を検討する暇もなく、一通ずつ仮に番号をつけた封筒に入れて、手当り次第に判読をはじめたものである。

忠智・忠意・忠寛（素堂）・忠淳の四代に関係のある文書群であるが、忠意と素堂は江戸に出て蘭学塾に学んだ蘭方医師であったから、蘭学者からの来翰が多い。

持ち出した一通を東西線のなかで取り出してみると、二十九番の番号がついていて、前半が切れおちている書翰であった。十一月二十一日の日付をもつ堀内忠意から杉田玄白に宛てられた書翰に、玄白が朱で十二月八日と日付をなおし、自分の名前につけられた「様」の字を消し、右肩に「下」と書き、堀内忠意の名の右肩に「上」と書いて「様」の字を書き加えて返送したものであった。堀内忠意は寛政初年に江戸の杉田玄白の塾に学んだ米沢藩医である。寒気に向い、師玄白の無事を祈った忠意の筆末の一文のところどころに玄白が小さく朱字で返礼を書いた、ありふれた書翰末尾の一文ではあった。

しかし、私の注意を惹いたのは、この末尾の一文の前に別の紙を継ぎ足して、細かく書き込まれている一文に目を転じたときからである。筆跡は玄白の朱字と全く同じである。玄白が別紙を継ぎ足して書き送った文であることは間違いない。その文面を読み進むうちに、私の目はその一文字一文字に惹きつけられた。

銅遣（つか）い、吹き立て候烟（けむ）り樹木にかかり候へば、林木ことごとく枯れ候。さて、その灰懸り候ところは田畠不毛の地に相成り、その灰流れ入り候水は下流まで魚絶え申し候て、往々国の害に相成り

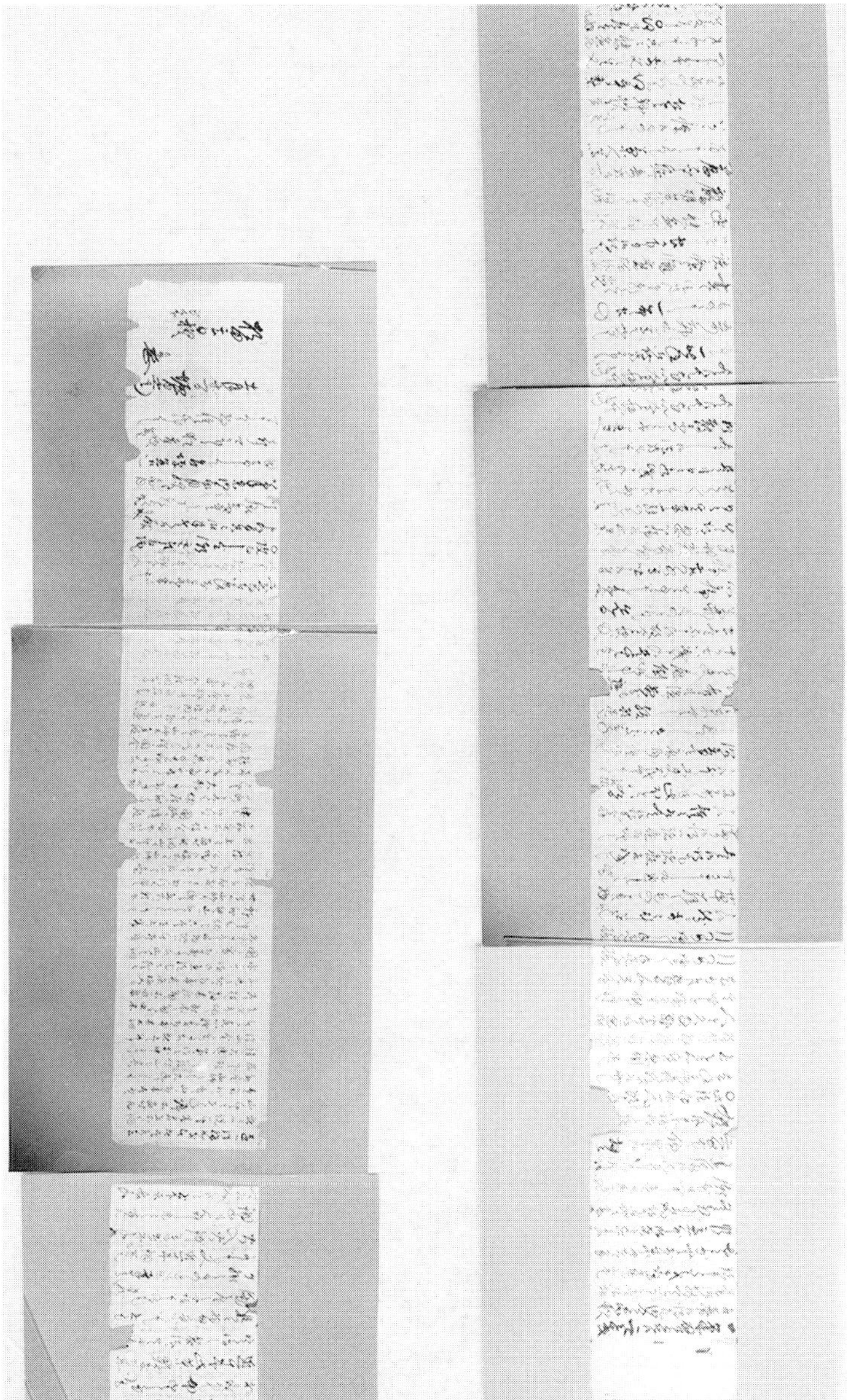

堀内忠意・杉田玄白往復書翰

「堀内家文書」（米沢市　上杉博物館蔵）

候

などと、自然破壊・公害状況の報告を、わざわざ候文に書き改めたかにみえる一文にいき当ったからである。杉田玄白がなぜこんな返信をしたためたのか。堀内忠意がどんな用件を師玄白のもとに書き送ったものであったか。

その晩、私は発信人・宛先人不明の文書グループの封筒を一通ずつ抜き出して探してみた。堀内忠意から杉田玄白に書き送られたと思われる書翰の前半を見つけ出したいと思ったからである。茶の間のテレビがそろそろ深夜番組に移りかわるころ、さいわいにも、それを見つけ出すことができた。整理番号は四十九番とついていた。

2　米沢藩の国産奨励

堀内忠意の書翰は、まず、時候の挨拶に続いて、最近、自分が手懸けた患者のうち、難症の患者の容態と、自分が施した治療経過を報告し、薬物について質問し、オランダ人の治療方法をも問うたあと、「何も差し上げ候物も御座なく候」がこの手紙と一緒に「国産の渋茶一箱」を進呈いたしますので御笑納いただきたいとのべている。かつ、その「国産の渋茶」の生産について、やや詳しく報告している。それによれば、

近来、此の茶、夥敷出来、宇治の製法ニ仕り候

とのべ、

国産の世話御座候得ば、自然とケ様のもの沽も出、幸いなる事ニ御座候

と、米沢藩が行ないつつある国産奨励政策と、その成果をのべている。

事実、この頃、米沢藩において、鷹山がとった勧農の諸方策、青苧（あおそ）や絹織物をはじめとする産業の奨励、教学の刷新などによって見るべき成果があり、幕府の老中を勤めた松平楽翁をいたく感ぜしめた話は史上に有名である。

そして、なお、堀内忠意は報告を続けて、

又、近来銅器共、火入れ火鉢等も出来申し候

とのべ、さらに、

銅山も見出し、末々之宝共相成るべく哉、と上下楽しみ居り申し候

とも筆を続けている。

米沢においては、江戸時代初期以来、荻村赤山が銅を産出して盛んであった。しかし、堀内文書に中津川近辺のことがしばしばみえていることからおして、この場合は中津川村の北ケ沢銅山のことをさしているものかとも考えられる。

いずれにしても、米沢藩の国産奨励政策の一環に、銅山開発のことも含まれていて、その成果が報告されたものである。

堀内忠意の報告をみた玄白は、医学上の質問に対しては、別紙に詳しく返事をしたためるとともに、国産の渋茶等の成果については忠意の書翰の行間に朱字で「美事成事」「結構至極」「大邦之御宝と目出度く存じ奉り候」などと賀意を表したのであるが、話がこと銅山開発の段に移ると、そこで、断然、忠意からの来翰を真二つに切って、紙を継ぎ足し、自己の存念を力強い筆致で縷々書きつけた。

是は結構なる義、此上なく候

と、一応、米沢藩の成果を評価しながらも、

去りながら此に一説御座候

とのべだしたことは、

寡君在所ニ銅山御座候ハヽ、先年掘候所、当時およそ費用程ハ出候山ニ相成り、今少ニ至リ候ハヽ、山師の申し候大直りと申すニも及び申すべき勢ニ御座候所、其後休山致し申し候

と、小浜藩において、かなりその産出が有望視される銅山を休山にしてしまったというものであった。続いてその理由を説明して、

其訳ハ大直（ナヲリ）ニ成り候得ば、土中より沢山金の出候事故、此上ニ能き事これなく、民心騒々敷相成り

そのうえ、冒頭に掲げたような、自然破壊・公害状況がみられるような「国之害」になることであるので「止メ申し」「銅ハ尽る事これあり候物、地ハ無尽宝ニ御座候ゆえ、休み申し候」という。

3　小浜藩の銅山開発中止

玄白が「寡君在所ニも銅山御座候」と、引き合いにあげている小浜藩の銅山とはどこのことか。おそらくは、三光銅山のことをさすものと見受けられる。

この三光銅山は、若狭国大飯郡野尻村（現在の福井県大飯町野尻）にあるものである。三光銅山もしくは所在地にちなんで野尻銅山と呼ぶこの銅山は、宝暦九（一七五九）年より開かれ、同十四年から本格的に着工されたもので、小浜藩の御手山として、藩から任命された奉行と下奉行の管理のもとに稼行された。近世後期に入って、産銅が減少した時代にあって、諸国銅山中でも屈指の産銅をみた山であった。

事実、小葉田淳氏の調査（「史林」五七巻一号）によって明和五・六・七（一七六八―一七七〇）年に大坂の銅座が買入れた銅高をみるに、輸出用の長崎御用銅を分担することになっていた秋田・南部・別子立川の三銅山は別格として、それ以外の地売銅向け荒銅を売上げた諸国銅山のなかでは、但馬生野、出羽永松に次いで、三光銅が数えられるのである。

ところが、明和八（一七七一）年五月、この銅山は急に休山となってしまった。その事情はなかなか大変なものであったようだ。

つまり、その頃、小浜藩が財政難に陥って、御手山としての仕入れに手詰りとなったことも考えられるようであるが、その主要原因は「山の害」によるものであった。すなわち、のち天保十一（一八四〇）年三月、住友の支配人泉屋源兵衛が三光銅山再興の下交渉や銅山見分のために小浜藩へ出張した際、藩の御用人岩間五郎八なる者が源兵衛の旅宿を訪れ、「先年休山相成り候故障と申す者種々これあり」として語るところによれば、休山の理由を次のようにあげている。

一、国産の油木数万本が煙害により枯死。
一、野尻村近辺の田畑は銅水のため不毛となり、百姓の愁訴続出。
一、野尻川から佐分利川へ銅水が流れて海に入るため、漁業に障害を与え、草木魚類を害することから人体にも影響。
一、諸国から稼人が入り込み、遊芸が流行して、百姓の風俗を乱し、国風を害する。農業を捨て銅山に入る百姓も出て、本業の妨害となる。
一、休山後、鋪内を見分するに、龍頭が破損して上部から鉑が崩れ落ちている状態であるから、稼方を続ければ怪我人、死人がいかほど出るか計り難い状況である。
一、銅山は、始めは歩付良好のようであったが、深鋪となって出費増加し、損失増大。

（小葉田氏調査による）

玄白が、さきに「民心騒々敷相成り」といったことも、被害状況の様子についてのべたこともまったくその通りであって、それが、ついには「国之害」となって休山したことも、事実に即して述べられたことが判明する。

4　生かされなかった玄白の先見

小浜藩の三光銅山は休山した。しかし、文化六・七（一八〇九―一〇）年の交、手づるを伝って再度にわたって住友から小浜藩京都留守居役へ、三光銅山稼方についての出願が行なわれた。この山が、産銅良好な銅山であるとよく知られていたがためである。しかし、この出願は留守居役から事情があって何方から出願あるも銅山稼方は認められぬと、差し戻された。

玄白も、さきの手紙に言をついで、

只今、世上寡邦程よき山ハこれなしと申す事にて、世間の山師共、逐々在所へ願い出、此方屋敷へも申し出候得共、右の次第故、願い取り上げも致し申さず候、それ故、よんどころなく公儀（幕府）御役所へも山師願い出、上ニも当時よき銅山もこれなきニ付、御勘定所より役人共御呼び出しニと御沙汰も御座候得共、国政ニ障り候段、御断り申し上げ候て休み居り候ほどの事御座候

と、小浜藩がとった強い措置を伝えている。

ここで注目されるのは、「世間の山師共、逐々在所へ願い出、此方屋敷へも申し出候」といっている一句である。良好な銅山の再開を目論む山師どもの運動は、本国の小浜への働きかけ、あるいは小浜藩の京都留守居役への出願などに加えて、江戸の藩邸へも働きかけがなされたらしく、玄白がわざわざ「此方屋敷へも」などといっているところをみると、藩内にも顔のきく小浜藩医にして天下の名士杉田玄白のもとへも何らかの周旋を求める手がのびていたのかもしれない。かく、山師どもの運動にはなかなかすさまじいものがあったと見ざるを得ないようである。

玄白は、これに対し、「右の次第故、願い取り立ても致し申さず候」と、藩の動かぬ態度を伝えている。しかし、山師どもの運動は執拗に行なわれたらしく、玄白は、

それ故、よんどころなく、公儀（幕府の）御役所へも山師願い出、上ニも（幕府も）、当時よき銅山もこれなきニ付、御勘定所より役人共御呼び出しニと、御沙汰も御座候

と、山師の銅山再開攻勢に加えて、幕府からも直接再開を促（うなが）す圧力のあったことも付け加えている。しかし、これに対しても、小浜藩は不動の態度を持ちこたえていたらしく、

国勢ニ障り候段、御断り申し上げ候て、休み居り候ほどの事御座候

と、きっぱりとした小浜藩の態度を玄白は伝えている。

玄白は、継ぎ足した書翰の末尾において、米沢藩が挙げ得た成果を評価しつつも、かつて天下の大山師といわれた平賀源内から親しく聞いた鉱山開発のむずかしさをも引き合いに出して、「油断ならざるは金銀銅山の事にて御座候」と申し送っている。

あの山師平賀源内の銅山開発の失敗を目のあたりに見聞きしてきた老師玄白が、寸刻も怠ることなく精進を続けてきた蘭学探究の知識とその間に身に備えた識見とをもって、諄々と教えさとした門弟への戒め（いまし）の文である。

その後の小浜藩は、三光銅山の再開を認めぬ姿勢を堅持し続けるかにみえたが、やがて、天保十二（一八四一）年にいたって再開をゆるしてしまった。それは、幕府の産銅政策の展開と、それを背景にした住友の新銅山獲得の要請とによって、さらには財政窮迫打開の一途として強く銅山開発に希望をかけ、住友からの金の融通に期待したがためであった。再開発に当たり、公害に対する住友の対策は、明治以前においてほとんど実施し得る限りの方法を示しており、開発とともにそれが実行に移されることになったという。そして、三光銅山は、一時、かなりの産銅を見たが、経営内容は悪化の一路をたどっていったという。それは、煙害防止のために、夏秋の焼鉱を休止したために、精錬上の効率をいちじるしく低くしたことが大きな原因となったのだという。

ところで、小浜藩が三光銅山の休山に踏み切った明和八（一七七一）年とは、実に、杉田玄白が江戸の小塚原で腑分けをみて、オランダ流医学に開眼し、オランダ解剖書「ターヘル・アナトミア」の翻訳を開始した、まさにその年にあたっている。玄白らの努力の成果は、三年後の安永三（一七七四）年の夏に出版をみた『解体新書』五冊に結実している。かつ、この挙が、日本の近代科学の本格的発達を将来する大きな契機となったとして、高い評価をうけ、時折、これにちなんだ催しが行なわれてきた。特に、本年はまた『解体新書』出版二〇〇年目にあたるというので、各種の記念事業が催されている。

従来の玄白評伝において、明和八年の玄白の姿は、新学問開拓のために情熱を燃焼させている一途な科学者の姿そのものであった。たしかに、そのとおりである。しかし、その同じ人は三光銅山休山の一事をすでに知っていたようである。訳読の会合日と会合日とのあいだ、診療に追われるあいだの寸暇に、いかなる感情のよぎりがその人の胸にあったことであろうか。忠意と玄白とのあいだに一書の往復がなされた寛政末年のころともなれば、蘭学界は単に医学の分野だけでなく、そろそろ物理・化学の分野でも成果が現われ出している。継ぎ足した紙に、筆とってこの一文をしたためようとしたとき、その人の胸に、再びどんな情感がよぎったことであろうか。少なくとも、まえの感情のよぎりよりは、暗く、不安な影を増していたのではあるまいか。切り立つような筆の穂先の鋭さに、その人の急迫した心を読む思いがする。

玄白の返書には確たる方策までは示されていない。しかし、玄白の気付いた心の悩みは、今日、発展の一路をたどってきた現代社会にいきる現代人が、ようやくその社会の蔭にみえる暗く大きな影に気付いて悩む心と、どれほどの隔りがあろうか。未読の文書群に解答をひき出せる文言を見出せるかどうか、わからない。

いずれにしても、杉田玄白は、小浜藩が銅山再開をゆるした天保十二年をさかのぼること二十四年まえの文化十四（一八一七）年の夏に、八十五翁が達観の名言「医事は自然にしかず」を大書して、世を去っていたのである。


（本稿成稿の頃は、ちょうど世間で公害問題が大きく論じられる時期であったから、初出の、中央公論『歴史と人物』37号一九七四年九月、に続いて、作品社『史話　日本の歴史22　西洋への窓』一九九一年四月一五日にも収載された。杉田玄白の公害の指摘は、今日においても現代性を失っていない。この度、米沢市医師会・上杉博物館『米沢藩医　堀内家文書』二〇一五年三月二七日、に再構成されて再録された。今年は杉田玄白の『蘭学事始』成稿二〇〇周年にも当たっている。以て記念とする。）

五　「加賀沢千軒」の碑に想う

——藩医の遊学・褒賞金と「加賀沢千軒」の碑に注目——

1　現地調査の狙い

倒産寸前、いや実質、倒産していたといってもよい米沢藩を再生させようと必死の上杉鷹山であった。そんな財政逼迫のなかでも、鷹山が藩医の遊学を奨励し、有為な医師の育成に努めていた新事実が判明したことは、別項で論証し、詳述した通りである。

遊学の藩医には、藩から費用が支給され、顕著な成果があがった者には賞金まで与えられていた。その資金はどのようにして賄われたか、今後の課題である、としておいたが、あらためて考えてみたいと思う。

考察の有力な糸口として挙げられる点が二つ考えられる。

第一は、堀内忠意が師の杉田玄白に、米沢藩で行った銅山開発の事業の成果を報じ、生産された銅器物を贈ったところ、玄白が自藩小浜藩の例を引き合いに出して銅山開発の危険性について鋭く指摘してたしなめた、注目の往復書翰が堀内家文書中に存在することを想起しなければならない。換言すれば、米沢藩が上杉鷹山の

「小田切秀政」碑　（香坂文夫氏撮影）

「加賀沢千軒跡」碑　（著者撮影）

時代に、銅山の開発に力を入れ、成果をあげていたことを示している、という事実である。
成果の高がどれくらいであったか、という追及は今後の課題としなければならない。米沢藩における鉱山開発、鉱山経営の問題追及は、従来ほとんど触れられていない。今後の解明に期待したい。
第二は、上杉鷹山が改革を推進するに際して、直江兼続の領国経営に学ぶ点が大きかった、といわれていることを想起しなければならない。
関ヶ原の合戦後、徳川家康に臣従した上杉家が、会津一二〇万石から、出羽米沢へ国替えとなり、四分の一の石高三〇万石に減らされたとき、兼続が家臣の首切りをせず給料を一律に削減、倹約の鬼と化した。その一方で、新田の開発に努め、鉱山開発を推進するなど産業を興し、経済を活性化させて領国の経営に挺身した

この地区には、飲み屋、遊廓等遊びの地域でもあり、今でも酒町という地名が残る。（香坂文夫氏撮影）

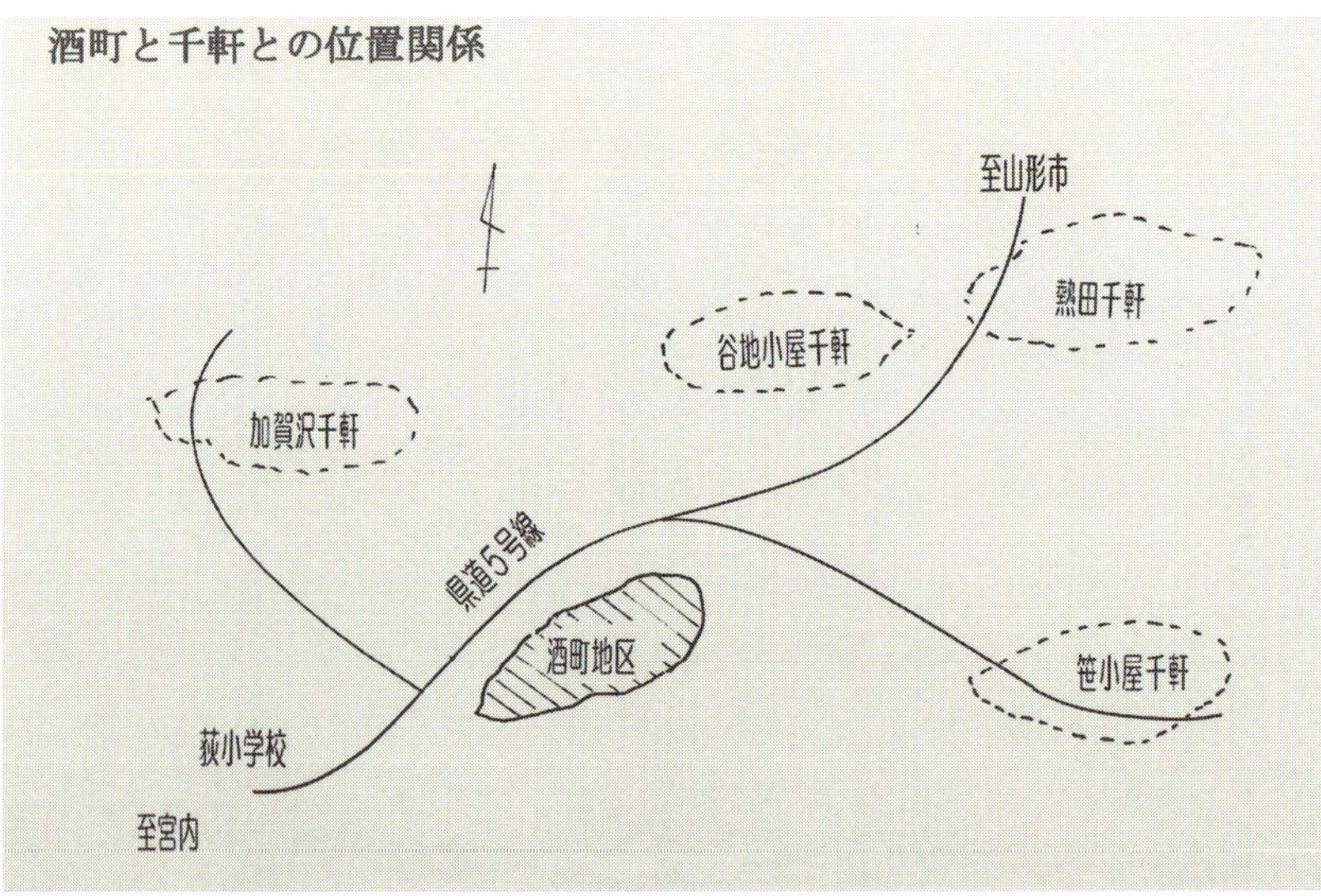

酒町は、４つの千軒の中心にあり、鉱山労働者で賑わう町であったと考えられる。〈香坂文夫氏作成〉

ことはよく知られている。

兼続の積極的な経済政策の実があがって、米沢藩は表高三〇万石ながら実質五一万石と言われるまでに成長を遂げた、といわれている。

直江兼続の鉱山開発、上杉鷹山時代の米沢藩の銅山開発、この問題に今後、注目する必要がある、と力説しておきたい。

堀内家文書の解読・調査の三ケ年、二泊三日の現地調査を繰り返した。難読箇所の原文書による確認・解読と、文書に登場するいろいろな事柄、ことに、これまで言い伝えだけで資料的確認の取れていない事項の現地確認と調査が出張の内容であった。

米沢藩における銅山開発に関する諸問題と、鷹山が蘭学・蘭方医学に対する考えがどのようなものであったか、の二点が最も気にかかる筆者の問題であった。

堀内忠意の報告、杉田玄白の指摘に端を発して、米沢藩の鉱山開発・経営に関する遺跡の見分を思いたったのである。

毎回、北村正敏、香坂文夫の両氏によるご案内を得て、現地見学の機会に恵まれたことを感謝している。二年めの見学の際、「加賀沢千軒跡」の碑を見たとき強い衝撃を受けた。三年めの見学で周辺も含め、総合的にご案内いただくことができた。以下は筆者感得の一端である。

2　荻の四つの千軒

米沢は出羽の国の置賜の地。米沢市と南陽市は隣り合っている。その南陽市の荻地区に四ケ所の「千軒」跡を見ることができる。

「加賀沢千軒跡」の碑が気がかりで再度見学の機会をつくっていただいた。碑は一つであるが、驚いたことに、近くに四つの「千軒」が隣り合っていたのだという。

金銀産出鉱山として全盛をきわめた、現場であったようだ。新屋敷に加賀沢千軒、金松平に谷地興屋千軒、筋には笹小屋千軒、赤山には熱田千軒ができていた。金掘り坑夫たちの住む千軒長屋群だったのである。それぞれに、本当に「千軒」ずつの長屋が実在したのか、どうか。今となっては確認のしようもない。しかし、少くとも、それぞれの「千軒」に沢山の長屋があって賑わっていたであろうことは、次の地名とその佇まいから察することができる。

加賀沢千軒、谷地小屋千軒、笹小屋千軒、熱田千軒で囲んでいるかのような地に「酒町」があって、今に地名を伝えている。酒町の中を背骨のように貫通している路に一歩踏み込んでみると、この両側に、その昔、飲み屋、遊郭が立ち並び、殷賑を極めたメーンストリートであったであろう、と思われてくる。

加賀沢千軒の近く、小高い地に曹洞宗の慶雲寺が在る。出稼ぎにきたこの千軒の地で、命を終えた人を埋葬した墓もあるようだ。近くに「居残沢開祖の碑」というものを見ることができる。説明によれば、「居残沢は、昔鉱山に働きに来た人がこの地に住みついたので、その名がつけられた」ということである。例えば、「越前国丹生(にふ)郡」から来た人も、居たようだ。

酒町の神明堂は「さかまちのおしんめさま」と呼ばれて、土地の人に親しまれている。道路わきに「うがい水」が湧き出ている。坑夫や人夫たちがのどを潤した大事な水であったのであろう。

赤山地区には、現在、吉野鉱山事務所があり、かつては熱田千軒の在った地である。堀内家文書を読み初めた頃に草した「公害論の先駆者　杉田玄白」の蕪文において、無意識のうちに「荻村赤山が銅を産出して盛んであった」と記していた、まさにその地を見学したことになる。

朱山、赤山、居残沢、金松平、さび、道草、熱田、八百匁、鉛山等という地名は、鉱山用語や抗夫たちの生活振りを伝える言葉がそのまま地名となって残ったもののようである。

3　中津川の小田切秀政の碑

堀内家文書に中津川近辺のことがしばしばみえている。堀内忠意も往診に赴いている。堀内忠意と杉田玄白の往復書翰を紹介した蕪文において、無意識のうちに、「中津川村の北ヶ沢銅山のことをさしているものか」とも書いていた。

そこで、中津川へ案内していただいた。

中津川への行きがけに、八谷鉱山の水処理施設を見学、大峠トンネルのズリで堰堤が設けられている。八谷鉱山は、昭和のごく最近まで銅を主に、金・銀・鉛・亜鉛を採掘していたが、現在は廃山となっている。近くには大峠鉱山、加納鉱山、興内畑鉱山などがあって、米沢からほど遠からぬ山間の静かな地区である。

中津川の広河原地区、山間に広がる田圃のなかの一本道、「とぎ道」と土地の人は呼ぶ名からすれば、農作業の間に、この道にあがって、ひと休みを兼ねて、鎌などを研いだ、という共同の大事な道であったからこそ、このような道の呼び名として伝わっているのであろう。

権平峠に向かう高台の道から眺める小屋の集落は、長閑（のどか）な一幅の名画と目に写る。心癒される別天地である。

分校の近く、小屋橋のたもとに文政五年（一八二二）に建てられた「小田切秀政」の碑を見ることができる。堀内家文書の「門人譜」には「文化六己巳三月　五十四歳　中津川大肝煎小田切清左衛門彦政（花押）」の記載を見ることができる。彦政と秀政は親子関係であろうか。清左衛門彦政は医の心得のある人で、天然痘流行のときに大きな働きのあった人である。今は廃坑になったが、その昔、精練に勤しむ人の声の賑やかに聞える地であった。沢に沿うようにして鉱山が掘られていたのだ、と古老が語ってくれた。

こんな遠い地まで往診した堀内忠意、日帰りの出来る距離ではない。泊りがけて、何日も親しく村人の診療に従事したのである。ことによったら、帰って藩庁に鉱山の様子を報告し、鷹山の耳にも入れる役目を帯びていたのかもしれない。噂話に属することであったとしても、鷹山にとっては得がたい情報源であった。藩医堀内氏はこんな情報収集・報告の役割も果していたのである。

さらに、さらに、車で走り込んだ山奥く深い、〝湯の華〟は湯ノ沢間欠泉で、知る人ぞ知る秘湯である。横掘りの跡が笹の葉の蔭にかくれてのこっていた。鉱山の跡がしっかり遺っていて実見できた稔り多い見学の旅であった。

4 「千軒」を深読み

このように、鉱山の跡をいくつもいくつも辿ってみて、かつ、「千軒」跡の地に佇んで、想いを馳せてみて、碑文の一句を深読みしてみたことによって、藩政に挺身し、財政再建に取り組んだ上杉鷹山の懐の一端が見えてきたような気がしてならない。苦しい藩財政の運営のなかから、有為と見込んだ藩医の遊学を奨励し、支えた資金の出所の一端を感得できた、という思いを深くしたのである。数字をあげて論証するまでには程遠い感懐に過ぎないことではある。いまは、一切、後考を俟つことにしたいと思う。

終始、ご案内をいただいた北村正敏、香坂文夫の両氏に深甚の謝意を申し上げたい。

（この稿は、米沢市医師会・上杉博物館編『米沢藩医　堀内家文書』二〇一五年三月刊のために執筆したものであるが、論文とまで到っていないため収載されていない。よってここに収録し、今後の論証と活用を俟つことにする）

六　司馬江漢の銅版『地球全図』公刊秘話

1　「輿地全図」と「地球全図」をめぐる未解決点

司馬江漢の名は、油絵の修得、銅版画の創製をもって制作された多くの洋風画によって、美術史上に大きな地位を占めている。と同時に、彼は地理・天文・星学等の各分野において示した窮理学的業績によって科学史家の関心を集めている。かつ、絵筆を携えてたどった作画の旅と、その間にものした著述によって示した江漢の行動と思索の足跡は、彼と彼の時代を理解する好資料として、史家の関心をも惹きつけ続けている。

江漢の窮理学的業績が寛政期の初めに輿地の学特に地球図の製作・刊行に端を発し、次いで文化期に至って地転儀や天文図など天文星学的領域に移行して、やがて地文生理の方面に発展していったことは彼が遺した諸作品によって明白である。

江漢はまず寛政四年春二月の刊記を附して二種類の地球図「輿地全図」と「地球全図」とを刊行し、この地球図の解説ともみるべき「輿地略説」を寛政四年の秋に刊行した。次いでその改訂版ともみるべき「地球全図略説」を翌寛政五年の正月に続刊した。

「輿地全図」「地球全図」「輿地略説」「地球全図略説」の四作品は江漢の窮理学的業績の初期作品に属するところから、その内容は勿論のこと、刊行の意図と経緯は江漢の業績と方向を示すものとして関心をもたれてきた。

鮎沢信太郎氏は両地球図に示された地名の記入の粗密の差異によって、同一刊記をもつ図ながら粗略な「輿地全図」の方が早く刊行され、増訂の手が加わり精密となった「地球全図」の方が後から刊行されたものと推定された。なおかつ、両図は同一原図から作られた同一図に相違なく、原図は大槻玄沢が天明年間に参府したオランダ外科医ストッツル **J. A. Stutzer** から請いうけたもので、アムステルダムで刊行されたフランス語版の地球図で宮城県立図書館に所蔵されている図である旨を紹介された。かつ本図が銅版印刷で、両半球図である点、当時の最新地球図であると指摘された。すなわち、それ以前のわが国における公刊世界図がみな利瑪竇流の卵形図か、もし地球図があったとしてもそれが利瑪竇世界図の副図たる極中心地球図であったのに対して、ここに初めて双円式世界図が出現したことを高く評価されたのであった(1)。

次いで黒田源次氏もまた江漢のこの世界図の刊行を取りあげ、まずその開板が如何なる動機に由来するかを追究し、「地球全図略説」の文中に「従来吾国の人多くは輿地総界の事を知る者寡し、冀くは人々此図を見て万国の大なる事を知らしめんと欲す」という江漢の言にその意図をみることができるとし、かつこの意図は江漢一己のものでなく、当時の蘭社同人一統の等しく懐いた感想に相違ないと考えられるとし、江漢がその図を著わすに銅版をもってしたことは単に知識の面においてのみならず、技術上においても在来の伝統的なるものに慊き足らず、極精極微を期する新手法を必要とすることを身を以て示さんとしたに相違ないと思う、との見解を示された。さらに「輿地全図」と「地球全図」の刊行前後関係に言及し、鮎沢説を継承しつつ、「輿地略説」「地球全図略説」の本文を検討して、「輿地略説」が「輿地全図」の解説であろうという鮎沢説を補強され、かつ新たに「輿地略説」は地動説を考慮していないのに反して「地球全図」略説の方は地球中心説をとりながらも地動説の存在を説いているという相違点に注目して、「江漢は輿地略説を書くまでは地動説の理解を有ってゐなかった」、しかし「其出版直後に此新学説についての指示を受け、出来て間もない輿地略説の板を捨てて新たに地球全図略説の稿を起したものと言はねばならぬ。同時に新学説とは直接関係はないが、地名其他の正誤のために輿地全図の板をも更正して地球全図を新に作るに至ったのではあるまいか。」と指摘され、「両図の厳密な比較を試みてみると確に旧板を補修したものであることが分る。」と検討の結果を明らかにされた。次いでその改版の動機については、江漢が自記する「晉陽馬氏」すなわち画家北山寒厳の父馬道良の援助を受けたもので、この馬道良は鮎沢氏が上野図書館で発見せられた「天地両球奉旨修補製造記」によって、寛政三年の秋から同六年の冬まで司天台に関与していたことから「馬氏が司天台の地球儀の修理に従事してゐた時が江漢の地球図の鐫刻にかゝってゐた時であり、江漢は馬氏に地名の不審を訂す機会を得て愈々改版に着手したものであると思ふ。」と判断された。そして結局「輿地全図と地球全図とは其奥附に示す如き同時の版では決してあり得ない。言はゞ地球全図の開板は必ずや寛政四年の秋以後でなければならぬ。恐らく翌五年正月の地球全図略説と略同時と見てよいと思ふ。其理由は輿地全図略説の出版に後るゝことはあっても先行することはあり得ないからである。然らば何故に地球全図の刊記が寛政四壬子春二月となってゐるかといふに、それは輿地全図の補足に過ぎないといふ所から、その刊記を踏襲したものと推定しなければならぬ」との推論を発表された。(2)

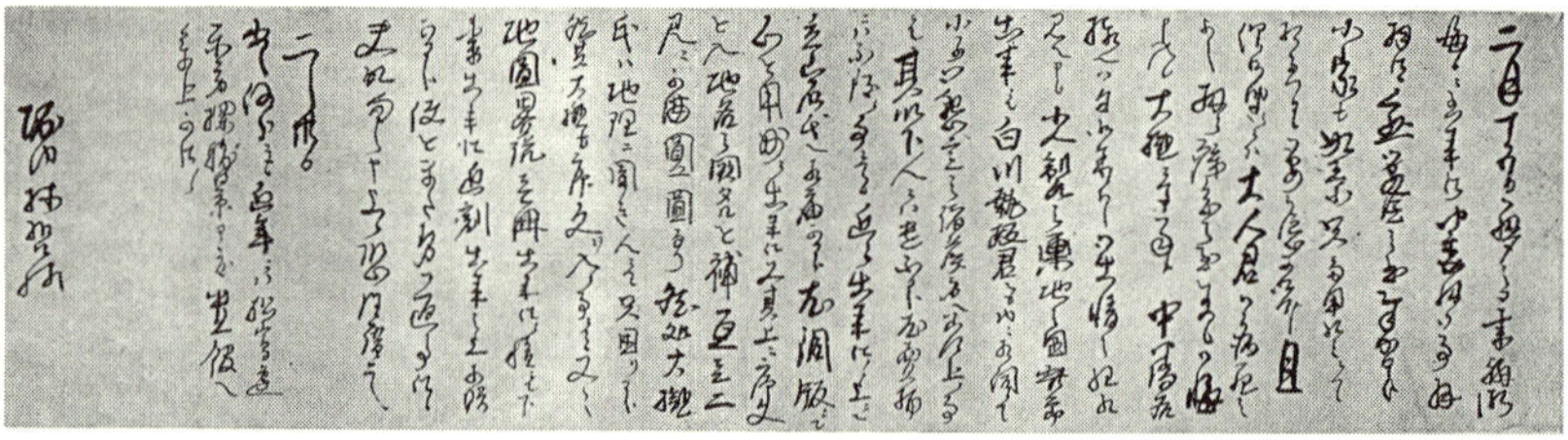

司馬江漢第一書翰　（「堀内家文書」米沢市上杉博物館蔵）

鮎沢・黒田両説は、昭和十二年より昭和二十八年にかけて相交互して発表されたものである。これらの論稿において「輿地全図」と「地球全図」刊行の間には増補の時間的間隔のあること、「輿地略説」は「輿地全図」の解説であり「地球全図略説」は「地球全図」の解説であることはほゞ確定的ながら、両図の刊行年月については推定の域を出ていない。その刊行の意図も、刊本の江漢の文章より推量するより他に方法はなく、その後、江漢の両図と両略説との紛糾を考究する論考は見当らず、資料の不足から、完全なる解決を見ないまま、学界は荏苒日を送って今日に至っている。

2　注目の司馬江漢の書翰二通

ところが幸運にも、最近新出の江漢の自筆書翰二通を披見する機会を得た。堀内淳一医博が家蔵されていた江戸の蘭学者たちの書翰類に含まれているものである。その内容が右の地球図と略説の刊行に触れているものであることがわかり、さらにこの江漢の書翰と密接に関連する記事を含む大槻玄沢の書翰一通をも読むを得たので、以下それらの書翰を判読・掲載し、学界年来の問題点を追究し、併せて江漢が当時における社会的関係や人柄をも考察してみたいと思う次第である。

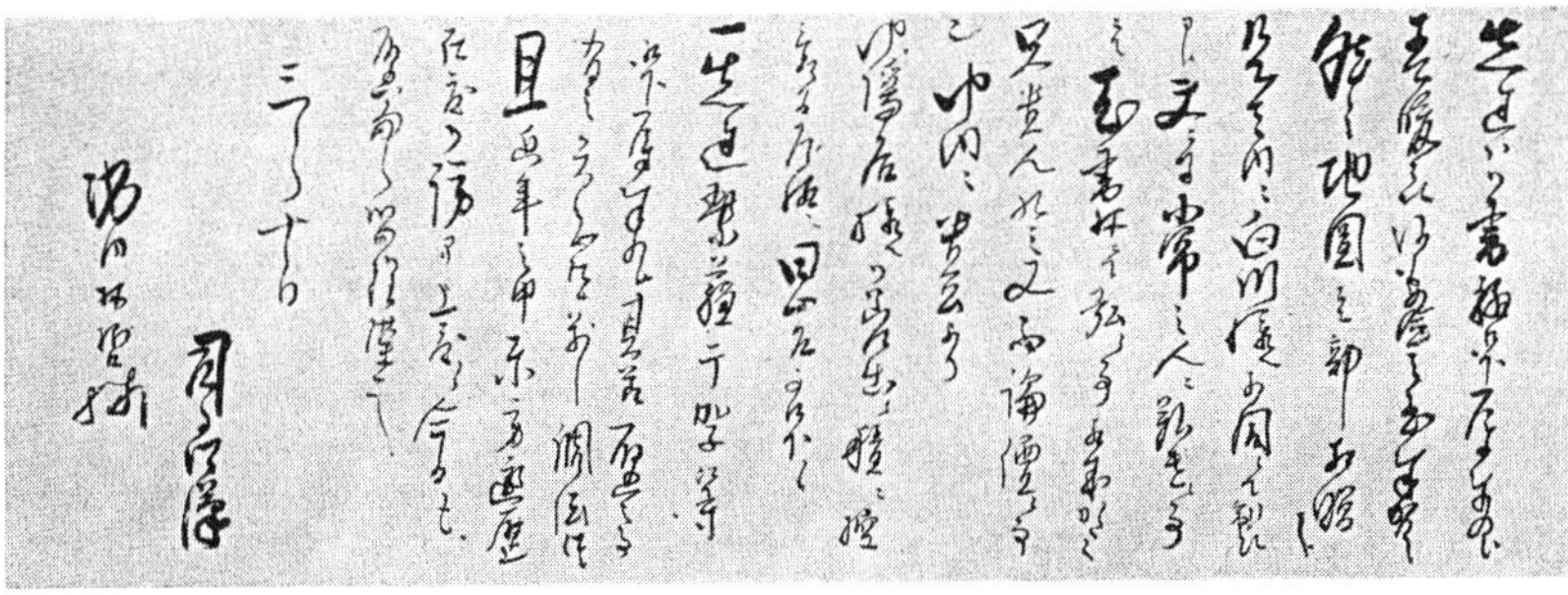

司馬江漢第二書翰　（「堀内家文書」米沢市上杉博物館蔵）

〈江漢第一書翰〉

二月十五日御認之御書翰、御晦日ニ至来仕、御委細御事、拝拝（誦カ）仕候、愈御安全之至、奉レ賀候、小家も如レ素、只多用のミニて相過申候、御安念可レ被レ下候、且仰御聞候ニハ、大人君御病死之よし、扨々残念之至奉レ存候、御悔申入候、大槻ニて承候、中藩居様へ御付被レ成候よし、御出精之程相見へ申候、小人製之輿地之図、此節出来ニて、白川執政君へも、内々相伺候て、小子御懇意之諸侯方へ差上候事ニて、其以下ノ人ニハ遣不レ申候、尤売物ニハ不レ致候事ニて候、近々出来仕候上ニて、立岩氏へ相届可レ申候、尤銅版ニて、心を用、妙ニ出来仕、又其上ニ序文を入、地名之闕タルを補、亙壱二尺ニ不レ満円図なり、然処、大槻氏ハ地理ニ闇き人ニて、只困り申候、然共大槻も序文ヲ入候事ニて、又々地図略説壱冊出来仕候積ニて、下書出来仕、近刻出来之上相贈可レ申候、使をまたせ御返事仕候、夫故匆々申上候、恐惶謹言

二月卅日

尚々何分ニも近年ニハ松嶌辺東方探二勝景一申度、貴館へ参上可レ仕候

堀内林哲様

〈江漢第二書翰〉

先達ハ御書翰被レ下、辱奉レ存候、春暖之比、弥御安念之至奉レ賀候、然は地図壱部相贈申候、是は、内々白川様へ相伺候て製申候、夫ニ付、常之人ニ難レ遣候事ニて、尤書林ニて弘候事相成かたく、只貴人のミ、又不レ論レ価候事也、御内々貴公より御隠居様へ御差出候積ニ控置候間、左様ニ思召可レ被レ下候、一先達、紫蘇一丁駕等被レ下、辱奉レ存候、其節取込之事有レ之、失念仕候、万々調法仕候、且近年之中、東方遊歴在度、御訪申上度候、今日も取込多候、恐惶謹言

三月十日　司馬江漢

堀内林哲様

3　「地球全図」製作の経過と意図

第一書翰には差出人の名を欠いているが第二書翰の筆蹟と同一であり、他の江漢の筆蹟の特徴とも一致しており、江漢の自筆書翰として疑う余地はない。

まず、両書翰の宛先である堀内林哲なる人物を紹介すれば、米沢藩医で、忠意・忠明と称し、天明七年六月中、部屋住中ながら父易庵が江戸出府の留守中に上杉治憲公（のちの鷹山）の御薬御用を仰せ付けられたことがあり、寛政元年からは江戸御留守番を仰せ付けられ二ヶ年勤めた。寛政四年父の死により、同年十一月十七日遺跡相続を仰せ付けられ、五石五人扶持を下され、治憲公の家薬御用を仰せ付けられた医師である。医術は家

学を受けつぎ、加うるに江戸に遊学して蘭学界の大御所である杉田玄白に師事し、かたわら江戸の蘭方医をはじめ、ひろく蘭学者達と交誼を結んだ人物である。

第一書翰中に、「大人君御病死之よし」とあるのは、林哲の実父で、天明五年以来治憲公の御側医を勤めていた堀内忠智易庵が寛政四年八月二十一日に病歿したことを指すものである(3)。したがって二月卅日の日付を持つ第一書翰は寛政五年二月卅日の江漢の書翰ということになる。「大槻氏」は大槻玄沢その人に相違ない。「中藩居様へ御付被ㇾ成候よし」とは、天明五年二月六日に隠居した上杉治憲が越前守を名乗り、翌日養子治広に家督を譲り、三の丸に隠殿餐霞館（南亭）を建てて住居して以後、先代重定公が大殿様、若い治広公が屋形様あるいは若殿様と呼ばれたのに対して、中殿様とか中藩居様と呼ばれたもので、堀内林哲がその中藩居様治憲公の家薬御用を勤めることになったことを指す。

「小人製之輿地之図、此節出来ニて」とか「近々出来仕候上ニて」といっているから、地図が製作途上にあることがわかり、その図は「銅版ニて、心を用、妙ニ出来仕」ともいっているから、江漢が入念に作った銅版図で、巧妙にしてわが意に叶う出来栄えに仕上りつつあった自慢の地図であった様子であることも窺い知ることができる。かつ「其上ニ序文を入、地名之闕タルを補、亙壱二尺ニ不ㇾ満円図なり」といっているから「輿地全図」ではなく、地図の上部に岳融なる儒者が寄せた題言をもつ、地名の増補された「地球全図」を指すことは間違いない。さらに「大槻も序文ヲ入候事ニて、又々地図略説壱冊出来仕候積ニて、下書出来仕、近刻出来之上相贈可ㇾ申候」というのは「題地球全図」なる大槻磐水の序文のついた「地毬全図略説」を指しているわけで、刊本の刊記は「寛政癸丑春正月　春波楼蔵刻」となって寛政五年正月に刊行をみたかにみえるが、内実は二月末日現在まだ下書の出来た段階で、近刻を予定している状態であったこともわかる。

さらにこの銅版の地図について注目すべきは、「白川執政君へも、内々相伺候て、小子御懇意之諸侯方へ差上候事ニて、其以下ノ人ニハ遣不レ申候、尤売物ニハ不レ致候事ニて候」と申し送っている点である。白川執政君とは、これまた天明七年以来老中職についた松平定信その人であって、実に老中定信の内諾のもとにこの地図の製作の作業が進められていたことを知り得る。また「地球全図」欄外に「不与賈人」と明示している点とも符合している。時あたかも、寛政四年の秋にはロシア使節ラクスマンが伊勢の漂民大黒屋光太夫を護送して根室に来航、通商を求めた。この北辺における露国船の報を聞いて幕府首脳部はこれが対策と指示に苦慮し、同年定信は安房・上総・下総・伊豆・相模の沿岸の警備巡視を行ない、翌五年には沿岸諸藩に海防を命じる一方、前年に引き続いて伊豆・相模の海岸の巡視を続行しているから、江漢の「地球全図」に対する意図も最早明僚というべきであろう。したがってこの世界図が「御懇意之諸侯方へ差上」らるべき必要性もそこにあったことがわかる。

右の諸要件は第二書翰においても繰り返し申し送られているところであるが、注意すべきは「三月十日」付の現在「地図壱部相贈申候」といい、「書林ニて弘候事相成かたく、只貴人のミ、又不レ論レ価候事也、御内々貴公より御隠居様へ御差出候積ニ控置候間、左様ニ思召可レ被レ下候」と申し送っている、本翰の主要件からして、ようやく件の世界地図が出来上り、この時送り届けたものであることがわかることである。すなわち、江漢自身が認めた両書翰によって判断するならば、「地球全図」は寛政五年三月一日より十日の間に出来上ったことを知り得る。

次に江漢の両書翰に関連した記事を有する大槻玄沢の長文の書翰があることを紹介しよう。この玄沢書翰の宛先も江漢書翰の宛先と同じ堀内林哲である。日付は「臘月廿四日」とあるが、これも文中に

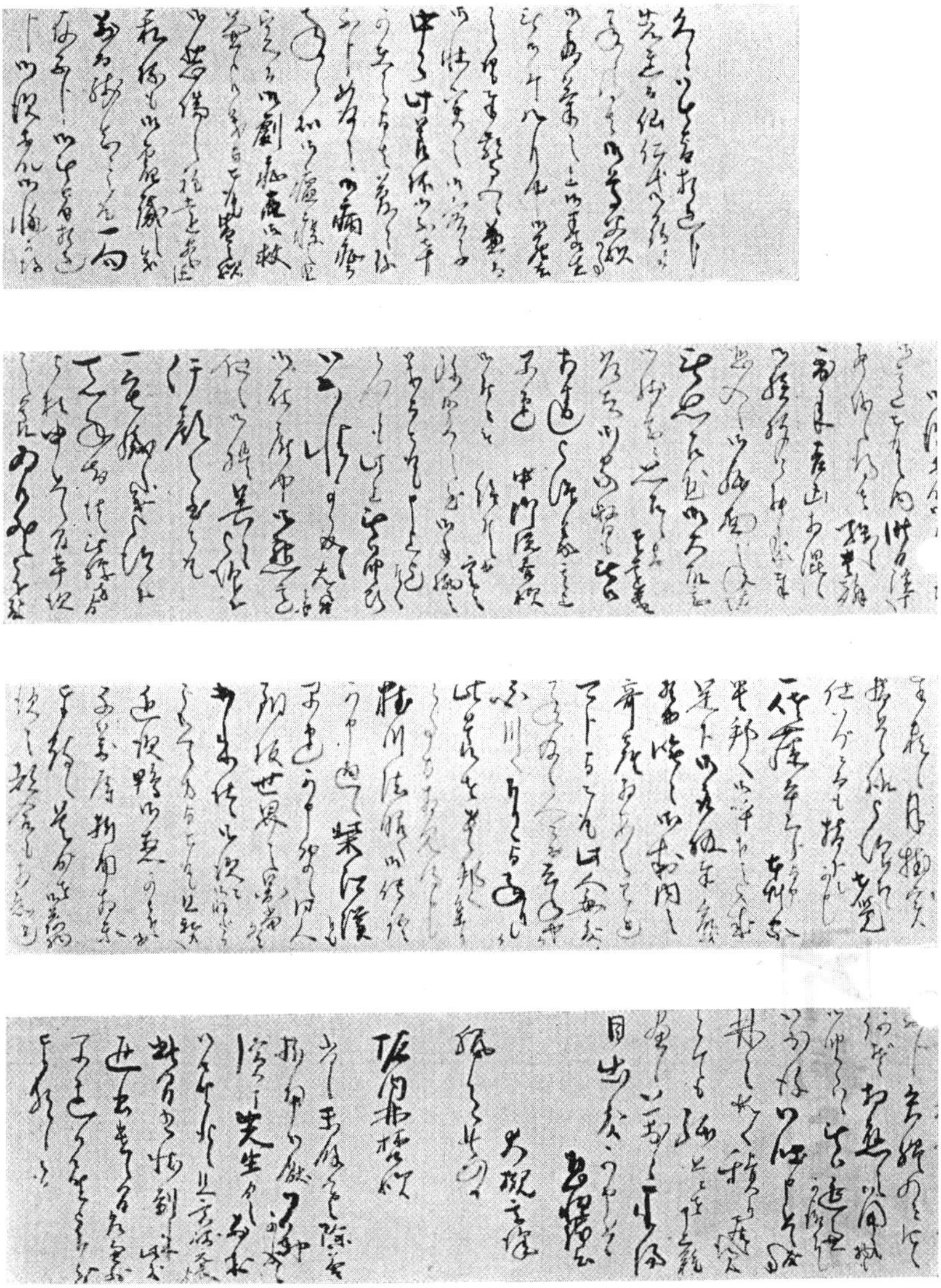

大槻玄沢書翰　　（「堀内家文書」米沢市上杉博物館蔵）

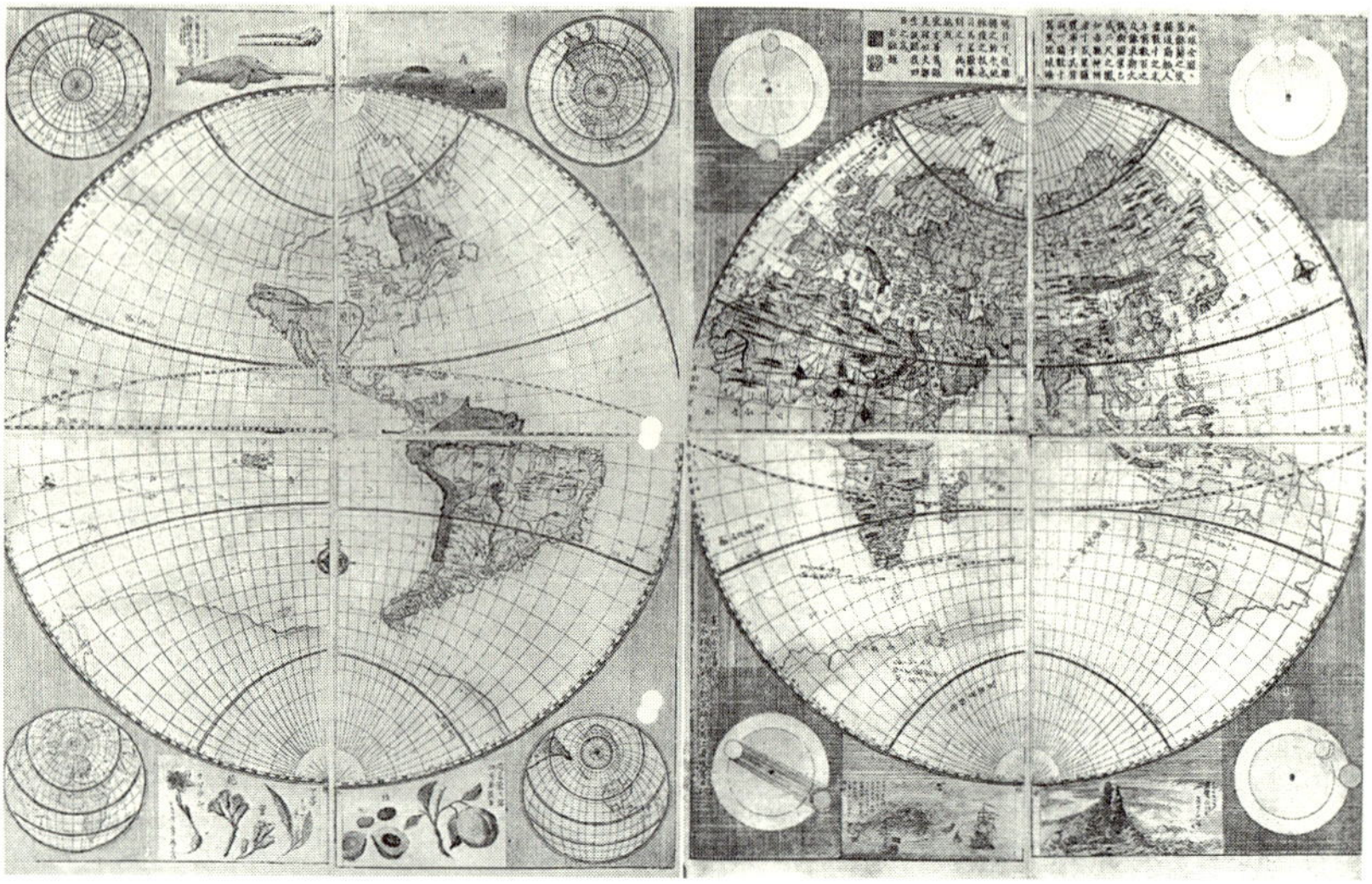

司馬江漢制作　銅版「地球全図」　（南波松太郎氏旧蔵）

承候得は、御尊父様御事、御病気之上御養生無二
　御叶一八月中御死去之由、奉二驚入一候

という一節があるから、これまた林哲の実父易庵が病死の寛政四年臘月廿日付書翰ということができる。日付順からすれば、江漢の両書翰に先行する玄沢書翰なることがわかる。

ところでその文中の一節には

桂川法眼へ御伝語可二申通一候、柴江漢江も早速可二申聞一候、同人銅板世界之図、当冬出来仕候模
　様ニ、御ねだり被レ成候方与奉レ存候

と申し述べている。すなわち、堀内林哲からの来翰によって依頼された伝言を、玄沢が早速桂川甫周と柴（＝司馬）江漢に伝えたことを報告し、併せて江漢が「銅板世界之図」を「当冬」にできる予定であることを知らせ、近く刷りたてられるその「銅板世界之図」の一枚をば「御ねだり被レ成候方与奉レ存候」と林哲に慫慂しているのであって、誠に興味深い。江漢が「心を用」いて作りつつある画期的意欲作、銅版世界図の

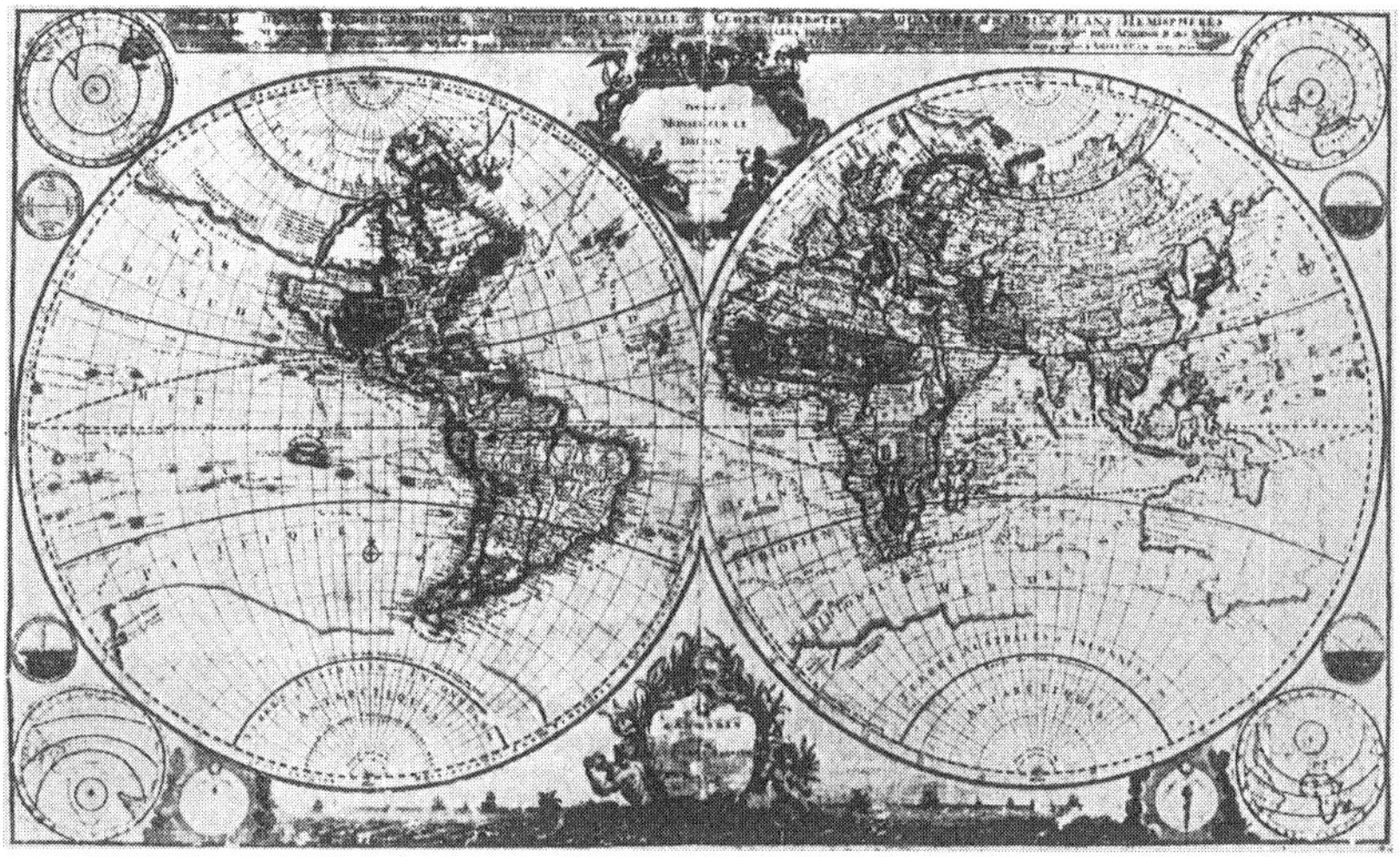

司馬江漢「地球全図」の原図　　（鮎沢信太郎著『鎖国時代の世界地理学』所収）

原図を貸し与えている大槻玄沢であったればこそ、江漢の作業の進捗振りや、尋常ならざる出来栄えの予想ができたにほかならないのである。

玄沢と江漢の書翰が示す日時の経過と、江漢の世界全図の作成経過・作業進捗の模様には、何ら時間的矛盾も話の齟齬も認められない。両者三翰全く矛盾なく符合している。

桂川甫周・司馬江漢への伝言の内容は不明ではあるが、桂川甫周もこれより少し前に紀伊藩主徳川宗将の公子唯之進頼徳の蔵する「西刻地理書」をみる機会を得て「西洋製地球図法」の記を作って世界地理・地図に関心を示していた矢先であるから、何か関連した内容の伝言であったかもしれない。この桂川甫周月池の一文は、玄沢が天明七年春にストッツルから得た地球図Mappe-Monde geo-hydrographique, ou description generale du globe terrestre et aquatique en deux plans hemispheres. Amsterdam, I. Covens C. Mortier. を寛政元年に表装するに際し、覧る者の便をはかって、そのまま地球図上部欄外に掲げ足しているのである。但しこの桂川甫周の一文は江漢の「地球全図」とは直接の関係はない。

以上、江漢の「輿地全図」と「地球全図」の刊行をめぐって、鮎沢・黒田両氏の考察に加えて、新出の江漢の二書翰が語るところにより、次の諸点を明らかにすることができる。

一、寛政四年秋の刊記を持つ「輿地略説」は同年春二月の刊記を持つ「輿地全図」の解説とみる黒田説は正しいと思われる。それは「地球全図」と「地球全図略説」の関係と対応する点からみて納得のいくところである。

二、寛政四年春二月の刊記を持つ「地球全図」は江漢の書翰や玄沢書翰によって、翌寛政五年三月上旬（一日より十日までの間）に完成・印行したことが明らかとなった。

三、「地球全図略説」は江漢の書翰により「地球全図」の解説として作られたことが一層判然とした。と同時に「寛政五年春正月　春波楼蔵刻」とはなっているが、同年二月末日現在、本文成稿し、「下書出来」の状態で、大槻玄沢の序文もできて入手の模様ながら、まだ上梓されていないことがわかる。これまた刊本の刊記よりも実際の刊行が遅延した様子を知ることができる。

四、江漢が「地球全図」刊行の意図は、従来黒田氏の観察のごとく、「従来吾国の人多くは輿地総界の事を知る者寡し、冀くは人々此図を見て万国の大なる事を知らしめんと慾す」という江漢の言によってのみ推量されているところであった。しかし新出の江漢書翰の明言するところにより、その刊行が老中松平定信の領会のもとに推進されているところをみると、幕府が直面している北方問題に端を発する世界の地理や形勢を探知せんとする急務の線に沿って、幕閣と密接なる関係のうちに本図が製作されている事実を見逃すわけにはいかない。単に江漢が蘭学者からの知識をもとに他を啓蒙するの優越感や自己宣伝・興味・熱意からだけで、この種の仕事を推進していたわけでないことに注目せねばならない。

五、「輿地全図」から「地球全図」への改訂増補、および「輿地略説」から「地球全図略説」への改稿は、鮎沢・黒田両氏の調査によって指摘される通り、当時寛政三年の秋から同六年の冬まで江戸の天文台に召されて蘭人献上の天球儀・地球儀の修繕を下命された「晉陽馬氏」すなわち明国の乱を避けて長崎に投化した馬栄宇後裔で画家の北山寒巌（馬孟熙）の実父馬道良による。このことは江漢が「地球全図略説」において「頃晉陽馬氏、命をうけて司天台中の地毬を補ふ。故に馬氏に請て再地名を訂正して、茲に加ふる事しかり」と述べることによって明白である。してみると、寛政四年春二月の刊記をもつ「輿地全図」製作中の寛政三年から四年にかけて、江漢はまだ司天台に入りたての馬道良からの教示を得ておらず、「輿地全図」とその解説「輿地略説」に全力を傾けていたものと思われる。その際の原図は勿論大槻玄沢所蔵のアムステルダム版のフランス語版双円世界図であったから、その地名の判読を玄沢に問い質したこともあったことと思われるが、フランス語なるため十分要領を得ず困難を来たし、「山川王府ノ名ヲ記スト云トモ恨ラクハ尽ス事不能卒万国ノ方位ヲ知シムルノミ」（輿地略説）と断わっておいたものである。それが、日数を経ずして天文台勤務の馬道良に接する機会を得て、新学説や地名の教示を得て、開板間もない「輿地全図」を大幅に増訂せねばならなくなり、解説も仕直さねばならなくなったものと考えられる。自負の念を懐いて製作した地図が一層精緻になり得ることを喜びながらも、日を経ずして手を加え、解説しなおさねばならなくなったいましさが、心ならずも口の端に上り、日頃恩恵を蒙り、原図を貸与してくれた江戸蘭学界の高峰大槻玄沢とは知りながら、筆が走って「然処、大槻氏ハ地理に闇き人ニて、只困り申候」（江漢第一書翰）とぶちまけてしまったものかと察せられる。芸術家肌の人に時折みられる激しい気性のやり場のない現れとも受けとれる。殊に「アクの強い人物」との評を得ている江漢の気の強さが顔を出した一句とも思えるが、江漢のその時の気持も伝わってくるようで、同情を禁じ得ない。人間の心とは我儘でむずかしいもののようである。

4　江戸の蘭学界と司馬江漢

江漢の書翰を読んで、江漢の心に一歩近づいてみようと試みてみた。

江戸の初期蘭学者の中でも、前野良沢に師事し、大槻玄沢に量り知れない益を受けて育った司馬江漢は、その才能を創製銅版画をもって名を高からしめ、その技法を世界地図の作成から地理・天文・星学の道へと発展させ、その窮理の精神は彼のものした洋風画や工夫・創製した器物類において発揮した。

しかし、江漢は益を受けた玄沢に対し必ずしも心服している様子でもなかった。玄沢が出精の『蔫録』が漢文で書かれていたのをみて、タバコ飲む愚人卑賤の理解しえないとて「この書は世の嘲弄もの(わらい)」ときめつけて批判した（春波楼筆記）。それどころか、桂川甫周の「漂民御覧之記」に対しても、その表題からして批判の的とした（畹港漫録）。さらに「白川侯博学敏才にはあれど、地理の事においてはいまだ究めざる事あるに近し」（春波楼筆記）とさえいって松平定信の対露政策をも非難した。これらの江漢の言動をもって、時の権勢に屈しない自由思想の持ち主であるとの評価が与えられている。そして、このような江漢の言動は、大槻玄沢に心服した奇才の地理学者山村才助から完全に無視されるところとなった。(4) 江戸の蘭学者達の最大の会合、玄沢の芝蘭堂における新元会の席で作った余興番附では「唐ゑやのでつち猿松」「銅屋の手代こうまんうそ八」などという蔑視のニュアンスをただよわす役柄に配されている。士籍をもつ多くの蘭学者たちからこのような扱いを受けた江漢をみて、封建社会に容れられない人間・町人江漢とみられてきた。

江漢が「地球全図」刊行に際し、「白川執政君へも、内々相伺候て」というごとく、その実行に際して松平定信に接近した。定信自身も「寛政四五のころより紅毛の書を集む。蛮国は理にくはし。」「その書籍など、心なきものゝ手には多く渡り侍らぬやうわがかたへかひをけば世にもちらず、御用あるときも忽ち弁ずべしと、長崎奉行へ談じて、舶来之蛮書かひ侍ることとは成りにけり。」（宇下人言）とて、急ぎ用意の手を拡げながらも政治に身を投ずる者の多忙さから、その学術的知識には自ら限界があった。江漢が定信批判の言は、江漢が定信のそば近く接近したがゆえに垣間見た定信の知識の限界を手厳しく衝いた一句とも受け取れる。

一方、この定信・江漢両者の接近の事実があったればこそ、定信が『退閑雑記』において「銅板・鏤刻・蛮製にあれど、我国にてなすものなし、司馬江漢といふものはじめて製すれども細密ならず」との評価を下すほど江漢を知り得たわけであって、同じ寛政四年に林子平の『海国兵談』を絶板に処して、子平自身に蟄居を命じた扱いと対比するとき、考うべきことの多いことに気付かざるを得ない。

市井にいきる江漢が自由にその羽を広げようとしても、結局「内々相伺候」ことなしに新規の意慾作の作業を進めることはできなかったのであって、ここに彼の自由を阻むものがあったといえる。その不自由さ、いまいましさが昂じて、アク強き江漢をして批判の言動を吐かしめたものと考えられる。同時に松平定信にとってみても、急を要する施政の参考資料としてこれをみたとき、十分意に叶うだけのものでなかったためにもらした、江漢が技術の限界を衝いた評価の一句であったとも思える。

いわば、方や市井の一知識人がもらした社会・制度に対する、やり場のない不満の発言であり、方や執政の士がその学の価値・方向を認識しながらも即座に役立ち得ない新しい学問技術の限界を看取してもらした不満の一言であったかと思えてならない。

両者が置かれた社会と、その中にようやく芽生えた新しい学芸の発達の程度は、所詮両者がうちとけて満足しうるものではなかったものと解せられる。

江漢がもらした一言半句が、彼と交渉を保った周囲の人々の言動に反響して、思わぬところまで話しが進んでしまった。単純な対比、皮相な観察・判断はひとまず措いて、遺された作品や著述の奥にひそむ江漢の心の動きを把握しなおす必要があろうかと、気付いた次第である。

註

(1) 鮎沢信太郎『鎖国時代の世界地理学』昭一八。『地理学史の研究』昭二三。『鎖国時代日本人の海外知識』昭二八。

(2) 黒田源次「司馬江漢の自然科学的業蹟について」『美術史』昭二七・七。

(3) 堀内亮一『堀内素堂』昭七。

(4) 鮎沢信太郎『山村才助』昭三四。

附記

堀内林哲宛の司馬江漢書翰ならびに大槻玄沢書翰の披見の機を与えられた堀内淳一医博ならびに江漢製作の「地球全図」の写真を提供してくださった南波松太郎博士に深甚なる謝意を申し上げる次第である。

(『古美術』第30号　昭和45年6月30日より再録)

七　『人舎利品』一巻は天下の孤本か

1　覆刻『人舎利品』

人舎利品（名義集云舎利此云骨身）

大東月洲大槻茂楨玄幹譯

如是我聞。西方一萬三千里外。地中海中。往昔有大医王其名曰依ト加得一時住西齊利亞城。説弗録所費亞之法。（漢翻理科）創立阿郙多称鴉之科。（此翻解体之科）成就未曽有法。所以者何。四大洲中一切衆生四元行本成体。火氣水土相和相結而化成凝流二体動植二物並具此二体。動物以人為最我先為汝等。説人身生活之原諦聴諦聴所以者何。以頭脳為蔵神之府。聴瞻齅甞覚謂之五知。總意思想記性謂之三識。次出能動能覚之二系。全身衆罨錯綜弥滿。具足恒河沙數而纖。神経。膜。膜衣。繋帯。骨。軟骨。筋。腱。濾胞。脉十一部是為凝体。血。水液。滷。汗。尿。乳糜。乳液。精。神経液。耳垢。洟。津唾。肫汁。膽液。十五種是為流体。凝体十一部。今只説骨骸。頭面諸骨。第一頭顱骨。前頭骨一。顛頂骨二。後頭骨一。顳顬骨二。楔骨一。篩骨一。呼作八脳骨。次聴骨。鎚骨一。鑽骨一。鐙骨一。圜骨一。左右合八。併呼作十六脳蓋骨。次齶骨二。涙骨二。衡骨二。鼻骨二。海綿骨二。口蓋骨二。犂骨一。呼作十三上齶骨。而下齶骨一・次斷齒上下合八。大齒上下合四。槽齒上下合十六。成齒上下合四。呼作三十二上下齒牙。而舌骨一。是為頭面六十二具。軀幹諸骨第一脊梁骨。項椎七。背椎十二腰椎五。呼作二十四真椎骨。而薦骨一。尾骶骨一。呼作二假椎骨。次鎖骨左右合二。肩胛骨左右合二。呼作四肩鎖骨。次臆中骨一。肋骨左右合二十四。次腸骨一。髂骨一。羞骨一。呼作三無名骨。

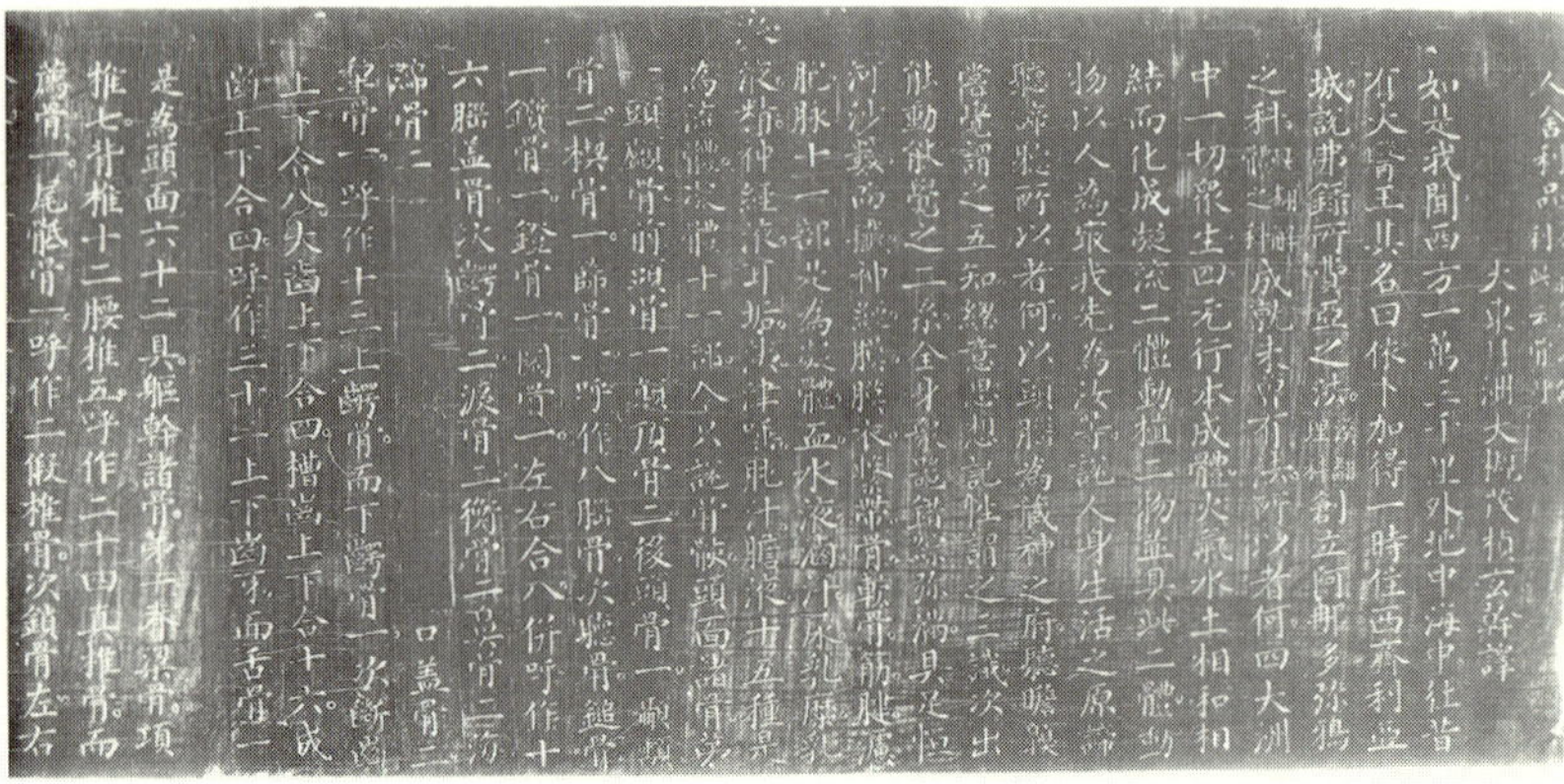

「人舎利品」　　（「堀内家文書」米沢市　上杉博物館蔵）

是為軀幹五十八具。四肢諸骨。第一髆骨左右合二。尺骨左右合二。橈骨左右合二。腕骨左右合十六。腕前骨左右合八。五指骨毎指三節。左右合三十。呼作六十手臂諸骨。次股骨左右合二。膝盖骨左右合二。骱骨左右合二。腓骨左右合二。呼作八股骱諸骨。次距骨左右合二。跟骨左右合二。船様骨左右合二。骰子骨左右合二。檝骨左右合六。呼作十四跗骨。次跗前骨左右合十。趾骨左右合二十八併呼作五十二足跗諸骨。是為四肢百二十具通計骨骸二百四十。▨諸骨各有官能。而皮肉筋膜臓象諸具。纒繞懸挂於諸骨内外。以造作身体精神魂魄為之主。四大洲中一切衆生。元行結聚以生。元行離散以滅。生滅無常。變化無窮。汝等信受奉行我所説。即得解脱一切疑惑之念。大医王。説此人舎利品已。大弟子等。大歓喜作礼而去。

龍集癸未夏六月　　菱湖巻大任書

（次に、返り点と送り仮名を付けて読みを示す）

人舎利品(ニンシャリボン) 名義集云舎利此云骨身

大東月洲大槻茂楨玄幹(1)譯

如(ク)是(ノ)我(ハ)聞(ク)。西方一萬三千里(ノ)外。地中海中。往昔有(リ)二大医王一其名曰(ク)二依卜加得(イポカテ)(2)一一時住(二)西齊利亞城(サザリア)一(ニ)。説(二イテ)弗録所費亞(ヒロソヒア)之法一(ヲ)。

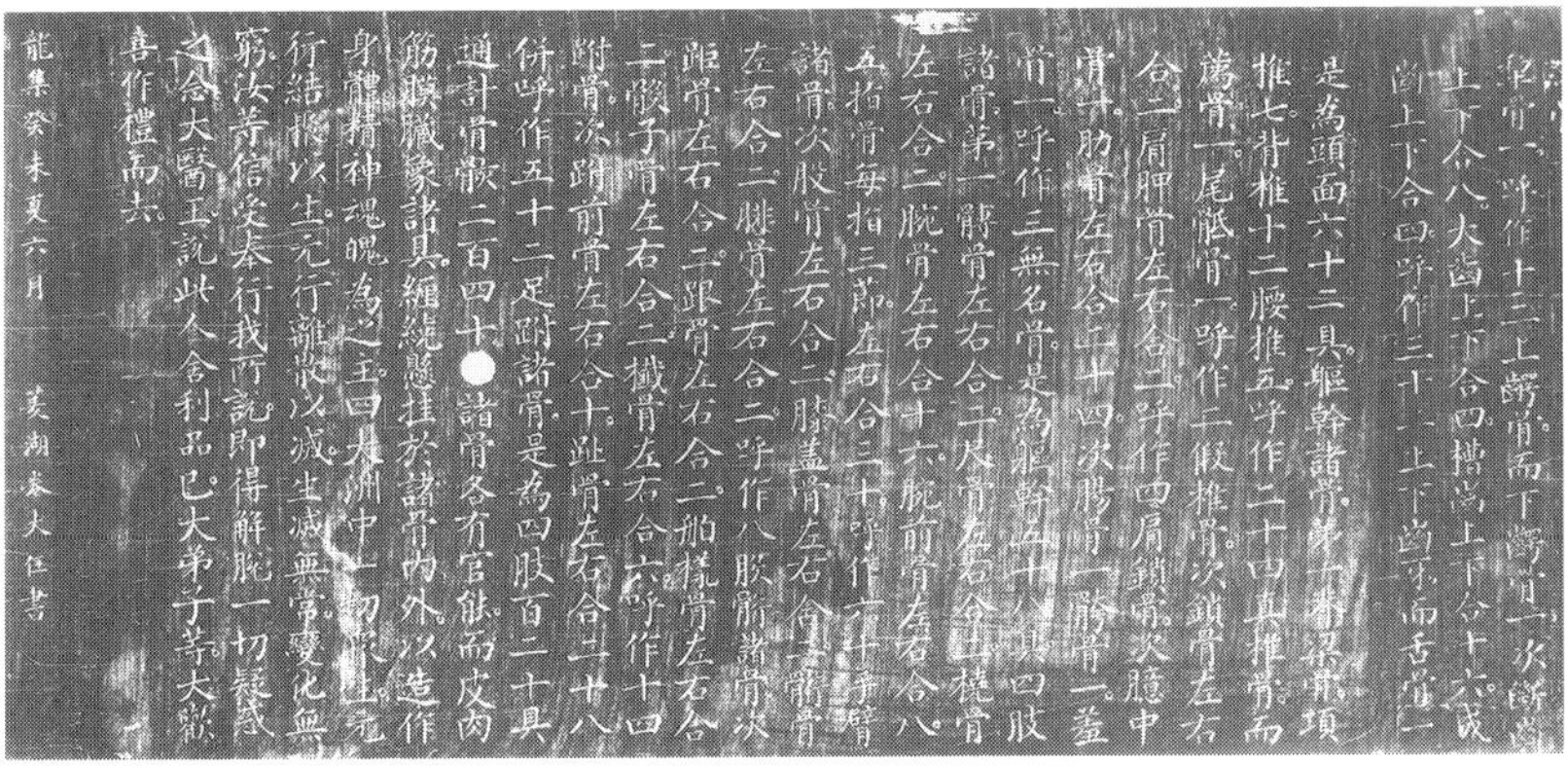
[illegible]骨一。呼作十三上齶骨。而下齶骨一。次斷齒
上下合八。大齒上下合四。槽齒上下合十六。成
齒上下合四。呼作三十二上下齒牙。而舌骨一。
是為頭面六十二具。軀幹諸骨第一脊梁骨。項
椎七。背椎十二。腰椎五。呼作二十四真椎骨。而
薦骨一。尾骶骨一。呼作二假椎骨。次鎖骨左右
合二。肩胛骨左右合二。呼作四肩鎖骨。次臆中
骨一。肋骨左右合二十四。次胸骨一。髈骨一。蓋
骨一。呼作三無名骨。是為軀幹五十八具。四肢
諸骨第一髆骨左右合二。尺骨左右合二。橈骨
左右合二。腕骨左右合十六。腕前骨左右合八。
五指骨每指三節。左右合三十。呼作六十手臂
諸骨。次股骨左右合二。膝蓋骨左右合二。髀骨
左右合二。腓骨左右合二。呼作八股脛諸骨。次
距骨左右合二。跟骨左右合二。舟状骨左右合
二。骰子骨左右合二。楔骨左右合六。呼作十四
跗骨。次跗前骨左右合十。趾骨左右合廿八。
併呼作五十二足跗諸骨。是為四肢百二十具。
通計骨骸二百四十●諸骨各有官能。而皮肉
筋膜臓象諸具。纏繞懸挂於諸骨内外。以造作
身體。精神魂魄為之主。四大洲中一切衆生。元
行結聚以生。元行離散以滅。生滅無常。變化無
窮。汝等信受奉行我所説。即得解脱一切疑惑
之念。大醫王説此舎利品已。大弟子等大歡
喜作禮而去。
龍集癸未夏六月　美湖泰大任書

創立阿郇多弥鴉之科(漢翻理科)(3)。成就未曾有法(此翻解体之科)。所以者何。四大洲中一切衆生四元行本成体。火—氣水—土相和相結而化成凝流二体。動植二物並具此二体。動物以人為最。我先為汝等。説人身生活之原。諦聴諦聴所以者何。以頭脳為蔵神之府。聴瞻齅嘗覚謂之五知。總意思想記性謂之三識。次出能動能覚之二系。全身衆罳錯綜弥滿。具足恒河沙數而纎。神経。膜。膜衣。繫帶。骨。軟骨。筋。腱。濾胞。脉十一部是為凝体。血。水液。滷。汗。尿。乳糜。乳液。精。神経液。耳垢。洟。津唾。肫汁。膽液。十五種是為流体。凝体十一部。今只説骨骸。頭面諸骨。第一頭顱骨。前頭骨一。顛頂骨二。後頭骨一。顳顬骨二。楔骨一。篩骨一。呼作八脳骨。次聴骨。鎚骨一。鑽骨一。鐙骨一。圜骨一。左右合八。併呼作十六脳蓋骨。次齶骨二。涙骨二。衡骨二。鼻骨二。海綿骨二。

口蓋骨二。犂骨一。呼作十三上齶骨。而下齶骨一。次斷齒上下合八。大齒上下合四。槽齒上下合十六。成齒上下合四。呼作三十二上下齒牙。而舌骨一。是為頭面六十二具。軀幹諸骨第一脊梁骨。項椎七。背椎十二。腰椎五。呼作二十四真椎骨。而薦骨一。尾骶骨一。呼作二假椎骨。次鎖骨左右合二。肩胛骨

左右合二。呼作四肩鎖骨。次臆中骨一。肋骨左右合二十四。次腸骨一。髂骨一。羞骨一。呼作三無名骨。是為軀幹五十八具。四肢諸骨。第一髆骨左右合二。尺骨左右合二。橈骨左右合二。腕骨左右合十六。腕前骨左右合八。五指骨毎指三節。左右合三十。呼作六十手臂諸骨。次股骨左右合二。膝蓋骨左右合二。骱骨左右合二。腓骨左右合二。呼作八股骱諸骨。次距骨左右合二。跟骨左右合二。舶様骨左右合二。骰子骨左右合二。檝骨左右合六。呼作十四跗骨。次跗前骨左右合十。趾骨左右合二十八併呼作五十二足跗諸骨。是為四肢百二十具通計骨骸二百四十一〓諸骨各有官能。而皮肉筋膜臓象諸具。纒繞懸挂於諸骨内外。以造作身体精神魂魄為之主。四大洲中一切衆生。元行結聚以生。元行離散以滅。生滅無常。變化無窮。汝等信受奉行我所説。即得解脱一切疑惑之念。大医王。説此人舎利品已。大弟子等。大歓喜作礼而去。

龍集癸未夏六月(4)　　菱湖巻大任書(5)

註

（1）大槻茂禎玄幹＝大槻玄沢の長男。号磐里。「蘭学凡」「西音発微」「外科收効」などがある。

（2）依卜加得＝イポカテ、ヒポクラテス Hippokratēs、古代ギリシャの医師コス島の人。医学の祖あるいは医術の父と称される。

（3）阿那多弥鴉＝アナトミア、anatomy。

（4）龍集癸未夏六月＝文政六年（一八二三）六月。

（5）菱湖巻大任＝巻菱湖、大任、江戸後期の書家。幕末の三筆の一人。名は大任、字は致遠。越後の人。亀田鵬斎に学ぶ。欧陽詢・李北海の書を学んで一家を成す。

（本書の解読は、恩師故小坂覚先生の教示によっている。明記して先生の霊に深謝の意を捧げる）

2　經文体漢文蘭学資料

蘭学史上の文献として、経文体の漢文作品をご存知であろうか。

従来、知られているものは、宇田川榕庵の『菩多尼訶經』と吉雄尚貞の『西説観象經』で、ともに文政五年（一八二二）に刊行された作品として、『洋学史事典』にも解説記事が載っている。

本稿で紹介する大槻玄幹の『人舎利品』はほとんど知られていない。

大槻如電『新撰洋学年表』（昭和二年刊）の文政六年の項に、

六月　人舎利品 舎利此云骨身　大東月洲大槻茂禎玄幹譯

と、紹介されているだけで、板行されたものかどうかもわからない。

するると、堀内家文書に含まれている大槻玄幹訳『人舎利品』板本一巻一冊は貴重な天下の孤本ということになる。もっとも日本大学医学部図書館には、内山孝一教授旧蔵の写本（21㎝、内752ｋ）一本が所蔵されている。同図書館では「じんしゃりひん」と読んで整理・目録化しているようであるが、経文仕立ての作品であるから「にんしゃりぼん」と読むべきであろう。經文であるから、書名も、「人舎利經」となるべきものだった、と思える。前記『新撰洋学年表』は、松平冠山（池田侯定常）手簡を引用して「仏経に擬し候体裁なれば矢張人舎利經と題せられ候方然るべきと存候」と示されている。

いずれにしても、堀内家文書に一本が確認されたことによって、次の二点において意義が認められる。

1 『人舎利品』板行の確認。

2 現時点で、同書は天下の孤本である。

そこで、改めて、三種の經文体漢文作品を確認のうえ、新出の『人舎利品』板行の事情、意義を考察してみたいと思う。

3 『菩多尼訶經』と『西説觀象經』

『菩多尼訶經』宇田川榕庵著、一冊、一七文字七五行、一一七八字、九折の折本、經文体漢文、文政五年（一八二二）正月刊、本邦最初の西欧植物学入門の刊本。菩多尼訶はBotanica（植物学）のこと。内容は、動植物が同一法則に支配されることを説く。次いで、植物の運動性、生態、生活史、有用性、雌雄性、外部形態、植物の栄養、体液、内部形態、種子など、植物学知識の要点を簡潔にまとめたもの。榕庵訳とあるが、『ショメール百科辞典』蘭語版や『ホツタイン博物誌』、その他の蘭書で得た知識によってまとめられている。

『西説觀象經』吉雄俊蔵著、約千九百言の經文体漢文、折本一冊、文政五年夏六月、観象堂蔵梓として自家出版、内容は、西洋天文学説で、第一段はプトレマイオスPtolemaios Klaudios以下カッセンディPierre Cassendiまでの大天学者名を挙げ、第二段で諸天体名、第三段で観測機、特に望遠鏡による観測結果を、第四段で惑星系を述べ、太陽と恒星とは同一種の天体で、遠近による差だけであると述べている。

「菩多尼訶經」と「西説観象經」の両書について、大賀一郎氏は、

此の「菩多尼訶經」は、同じく文政五年名古屋藩に仕へてゐた吉雄俊蔵著「西説観象經」と製本内容共に同様の体裁であり、亦共に諷誦し得るやうになってゐる。此の両者は何れも秦の鳩摩羅什（クモラジウ）訳「仏説阿弥陀經」に範を採ったものであって、「如是我聞」に始まって「作礼而去」に終ってゐる。其の他双方共に文の構成や用語から見ても亦この書が秦訳の「阿弥陀經」を眞似たものである事は明かである。（大賀一郎「複刻「菩多尼訶經」解説〈再版〉による）

と解説されている。

4　『人舎利品』

『人舎利品』大槻茂禎玄幹著、八〇五文字の經文体の漢文、巻菱湖の書で文政六年（一八二三）夏六月板行、一冊、諷誦しやすいように仕立てられている。

「訳」としているが、鳩摩羅什、宇田川榕庵、吉雄俊蔵の前例にならった表現で、単独の原書を訳出したものではない。構成や用語の使い方も前例にならっており、「如是我聞」で始まり「作礼而去」に終っている。

内容については、題名の下に割註で「名義集云舎利此云骨身」といっているごとく、人身の骨骸を經文仕立

てにまとめた著作である。

まず、往昔の大医王としてヒポクラテスHippokratesの名を挙げ、ヒロソヒア（理科）を説き、アナトミアの科（解剖の科）を創立したと述べる。

一切の衆生が四元行の本として体となる。火気、水土が和し結んで凝・流二体を成す。動植二物も二体を具している。動物のなかで人を最とする。そこで、まず人身生活の原を説く。

頭脳をもって蔵神の府となす。聴、瞻、齅、嘗、覚を五知という。總意、思想、記性を三識という。

次に、能動、能覚の二系を述べる。纖、神経、膜、膜衣、繋帯、骨、軟骨、筋、腱、濾胞、脉の十一部を凝体となす。血、水液、滷、汗、尿、乳糜、乳液、精、神經液、耳垢、洟、津唾、胣汁、膽液の十五種（一種欠いている）を流体となす。

凝体十一部のうち骨骸だけを説くとして、通計骨骸二四〇をあげている。

諸骨には官能がある。一切の衆生は元行結と聚って生じ、元行離散して滅す。生滅、無常、変化、無窮、汝等が信受し、我が所説を奉行すれば、すなわち一切の疑惑の念を解脱することができる。と、大医王が此の人舎利品を説いて終わられた。大弟子等は大に歓喜して、礼（ライ）を作（ナシ）て辞去した、という内容である。

5　伊藤圭介の『菩多尼訶經』『西説観象經』出版届

名古屋の町医から、尾張藩医に列し、嘉永年間牛痘法が輸入されると、名古屋地方への導入・普及に貢献、蕃書調所で物産学を担当、維新後は植物園・博物館・博覧会の創設や植物学会・学士会院・洋々社の事業に参画、七十九歳で東大教授、わが国最初の理学博士になった伊藤圭介が、宇田川榕菴の『菩多尼訶經』と、吉雄

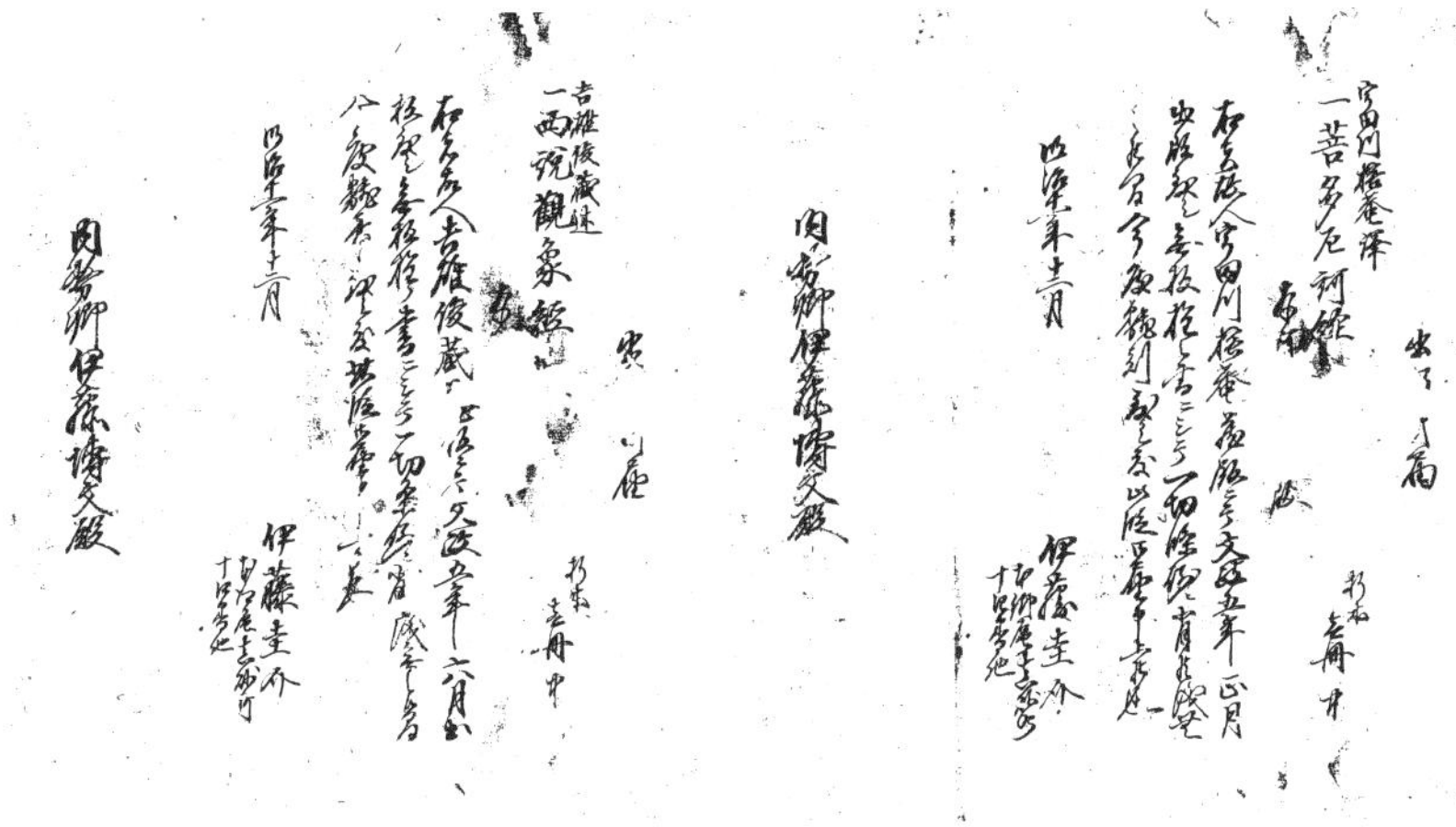

「出版届」　（名古屋市東山植物園　伊藤圭介記念室蔵）

俊蔵の『西説観象経』の出版届を明治十一年十二月に内務卿伊藤博文に宛て提出している。その控と見受けられる写し文書が名古屋市東山植物園伊藤圭介記念室に所蔵されている。同記念室の蒲原政幸氏の好意によって複写をいただくことができたのでここに紹介する次第である。

出［版御］届

宇田川榕菴訳

一菩多尼訶経　折本壱冊中

存（　　　）

右者故人宇田川榕菴蔵版ニテ、文政五年正月出版致シ、無板権之書ニシテ、一切條例ニ背候儀無之候間、今度飜刻致シ度、此段御届申上候也

明治十一年十二月　伊藤圭介 本郷區真砂町十四番地

内務卿伊藤博文殿

吉雄俊蔵述

出（　　　）届

一西説観象經　　　　折本壱冊中

存（　　）

右者故人吉雄俊蔵〔蔵〕版ニテ、文政五年六月出版致シ、無板権ノ書ニシテ、一切条例ニ背候儀無之候間、今度飜刻致シ度、此段御届申上候也

明治十一年十二月　　　　伊藤圭介（本郷區真砂町十四番地）

内務卿伊藤博文殿

伊藤圭介による出版企画は実行されたようで、『菩多尼訶經』『西説観象經』ともに、明治十二年（一八七九）二月、「紀元二千五百卅八年錦窠居士再刊于天竺花園［尾張伊藤氏記］」と、圭介の筆跡と印影をもって再刊されている。発兌は、日本橋区馬喰町の島村利助及び神田区田代町の圭介の縁家にあたる佐伯志津麿の両書肆からであった。

『菩多尼訶經』と『西説観象經』はこの伊藤圭介による再版によって世に弘く知られるようになったようである。

その後、『菩多尼訶經』は、昭和十年（一九三五）十二月天心楼蔵版の第三版が宇田川榕菴著「植学啓原」刊行百年記念会で記念出版され、大賀一郎理学博士が詳細な解説を試みられた。さらに、昭和四十年九月、本郷の井上書店の井上周一郎氏によって複刻「菩多尼訶經」が大賀一郎氏の解説を別冊に付けて再刷されている。

このようにして、經文体の漢文『菩多尼訶經』と『西説観象經』は知られてきたが、大槻玄幹の『人舎利品』は幻の書となってきた。堀内家文書に刊本が伝存し、確認できたことの意義は大きい。

そもそも蘭学は、玄幹の父大槻玄沢が師事した杉田玄白ら草創期の蘭学者によって、人体の構造の究明である解体から始まったものである。したがって、この「人舎利品」は、本来、前年の菩多尼訶經、西説観象經に先立って、人体の構造の根幹を示す骨骸を經文仕立てにして、まず在るべきものである。と、このように強く意識して、大槻玄幹が急いで著作、板行のうえ、斯界の諸賢に示したものではあるまいかと思われる。

八　カタカナ表記のオランダことば

堀内家文書にみえるカタカナ表記のオランダことばを取り上げてみる。

これに先だって、蘭学家老鷹見泉石のもとに集まった来翰にみえる「判じ物」のようなカタカナ表記のオランダことばを小計してみたことがある。(『蘭学家老鷹見泉石の来翰を読む――蘭学篇――』岩波ブックセンター、二〇一三年)

それは、「蘭学趣味同臭」の人々がオランダことばをカタカナ表記で用い、身分を超えて文通しあったものであった。そのオランダことばは、当時、聴くに誤り、読むに誤り、表記するにさらに誤って、伝聞を重ねていったために、仲間内にしか通じないような、今となっては難解な判じ物のようになってしまったものが多いのである。これが蘭学の世界だったのである。

堀内家文書にみえる、蘭方医たちが取り交した書翰にも同種のカタカナ表記のオランダことばが多く見えている。これが蘭方医の世界だったのである。それらのことばを五十音順に整理してみた。医学用語、薬学用語が多く見られる。見当のつく限り、オランダ語原綴を再現し、可能な範囲で訳もしくは簡単な解釈をつけてみた。医学・薬学には門外漢の筆者が試みたことである。思わぬところで失考しているかもしれない。専門の医師・薬剤師の諸賢から検討していただきたいと願っている。

それぞれのことばの下段には、出典となる堀内家文書番号を記しておいた（『米沢藩医堀内家文書』参照）。せいぜい活用していただけたら幸いである。

1　書翰群にみえるカタカナ表記のオランダことば

アナトミア（阿那多祢鴉）　amatomy　306

アベセリング　ABC leerling〈カ〉　169

アルヱンカンフル　aloe kamfer　アロエ樟脳　143

アルニカ花　arnica, Arnica Montana　桔梗　利尿・発汗剤　96

アルム　arm　腕　143

アルムテリ　armoedig　粗末な、みすぼらしい　23

アルレーン　alleen　すべての人々、全員　169

イペー（ヱペー）　Adolphus Ypay（1749-1820、オランダ人医師。）　198　195

イポカテ（依卜加得）　ヒポクラテス　Hippokrates（古代ギリシャの医師）　306

イランダイ（依蘭苔、蘭苔）　Islandish moos　152

インゲワンデン　ingewanden　腸　91

インスラーン　inslaan　傾向　182

ウールフ　woelig　忙しい　23
ウエイ　wee　災い、嫌な　170
ウオルム　worm　回虫　91
エキス　169
エットルアフチへ之物　etterachtig の物　膿状の物　198
エラ　Flaeosacch　角石　111
エンフラスト　ハチリコム
　Enplascum　硬膏薬 ｝松脂硬膏　214
　Basilicum　マツヤニ
オーストスコヲンゾヲン　oost schoon zoon　186
　東養子（伊東玄朴の養子〈大鳥蘭三郎説〉）　186
ヲヒュム（オピュム opium　アヘン）　189
ヲヒュム　カロメル　opium caramel　189
オペラチー　operatie　手術　135
カステリセ　gastrisch　胃炎の　91

カランセイン　169
　ガランマチカとセインタキスか
　kranje仲間か
カランマチカ　grammatica　文法、文法書　227
カルク、カルキ　kalk　石灰、消石灰、水酸化カルシウム　214
カルクワーテル　kalkwater　石灰水　27　217
ガルコーツ　galkoots　胆膿炎　91
カルハニイバッテレイ　galvanie batterij　264
カルハノ　galvan　流（動）電気　94
カローメル（カロメル）　kalomel　甘汞、塩化第一水銀　103　139
カンクル（カンケル）　kanker　癌腫　19　135　217
カンフル、カンフラ　kamfer　樟脳　27　143　214
カンフラテリアーカ　kamfer theriaca　214
カンフル　ブラントヱン　バシリコン　Kamfer Brandewij Basilicum　27
キナ（吉那）　Kina　アカネ科の常緑喬木　皮を薬用　152
キナ塩（規那塩）　キニーネ　kinine の塩酸塩　解熱剤　181　183
ギフト　gift　毒　103

キリステール　Kristal　結晶　水晶　218
キンデルプードル　Kinder Poeder　保嬰散　小兒散薬　111

（グアヤック）愈瘡Guayak　愈瘡木　guajak　143
グリスリン　グリセリンglycerine　145
ゲハール　gevaar　危険　170
ケ子ースキュンデgeneeskunde　医学　124
ケールキリングスキリマート　Keerkrings klimaat　熱帯性気候　224
ゲレイン　氏　兮graam（1氏＝0.065g＝0.017銭）　189　139　123
ケンチ、ゲンチアナ　gentiana　152
　リンドウ　根茎は苦く、健胃剤　152

コウデヒュール　Koudvuur　潰瘍　91
コカイン　cocaine　コカイン　145
コスト　Kost　費　賄い　代価　107
コンス、コンスブルック内科書　161　125
　C.Consbruch : Handboek der Algemeen Ziektekunde, 1817
　小関三英『泰西内科集成』一六巻

コンス薬剤篇　コンスブリュック　Consbruck, G.W.　90
コンセルフ　conserv　砂糖漬　糖剤　189
サゴベイ（西国米、沙穀）sago　食用　33　19
　サゴヤシの樹幹の髄から採った白い澱粉で食用
サビナ　Sabina　欧州産　Juniperus Sabina　134
（Sabina off icinalis）の葉梢、通経剤。
サルサパルリラ　金剛刺　鋼剛子　73
サンキライ（土茯苓）　73　77
　サルトリイバラで代用　リューマチの痛みどめ　悪瘡
シカットパーレブックSchat baare boek　すばらしい本　224
シキュータ（シキーダ、シキゥーダ）　91　125　131　132　133　134　139　149
　Cicuta（失鳩答）毒人参　鎮静剤
シビリマート　Sublimaat　昇汞　143
　Corrosive Sublimaate　塩化水銀
シーボルト　Philipp Franz von Siebold　160　222

シロップ　舎利別　189
シュル　chijl　乳糜　222
シュール　zuur　胸焼け　主として胃液分泌過多　胃潰瘍などに現れる。　91　190
シンキンフ　zinking　カタル　91
スタルキワートル（ステレキハートル）Sterk water　硝酸　標本用の保存液　43
スプラークコンスト　spraakkonst　文法　250
スレーペンデ　slepende　遷延性　91

セーデ　zijde　脇　170
セーデウエイ　zijde wee　脇腹の痛み　170
セール　zeer　非常に　とても　43　170
セールゲハール　zeer gevaar　大変危険　170
セリウム　cerium　145
センチ　Senna　旃那　マメ科の低木　中近東原産の薬用植物　健胃剤　下剤　103

ソイケル　Suiker　砂糖　95
ソツヒルマート　sublimaat　昇汞　50

チキタリス（ヂギタリス） 95
南ヨーロッパ原産の薬用観賞用植物、葉を陰干しにして強心剤とするが劇毒

テリアーカ theriaca 底野迦、解毒膏薬。 214

テレメンテーナ（テルペンチン、テレメンティナ） Terebinthina 33 19
トド、ツガ、樹脂の一種 利尿薬

ドード doed 死亡 91

トタン 亜鉛で鍍金した薄い鉄板。 171

ドラクム（Drachm） 111

トリシス dulcis 222
（mercurius dulcis甘汞の略か）

ニーウェブック Nieuwe boek 新本 224

バシリコン Basilicum マツヤニ 27 214 216

薬用植物めぼうき　吸出膏
ハップ　琶布　湿布　152
ハルサモコパイハ　Balsem Koppig　50
松脂油に豊む液状樹脂を蒸留したもの淋疾の膿をとる良薬
ヒホコンデリー（ヒポコンドリー）hÿpochonderie 心気症　183
ヒュヘランド　Hufeland　111　124　130　131　183
Christop Wilhelm Hugeland（1762-1836）
ヒヨシヤム（ヒヨシヤムス）hijosjams　189
ハシリドコロ　アトピンが入っている毒
ヒン子　binnen　内々の　23
フーフヱイズル　264
フランキ　佛郎機　24
フランス　フランス国、掛郎察国　Vranklijk　24
ブラントヱン　Brandewijn　火酒　強い酒　アルコール溶液　27
ブリツキ　Blik　ブリキ　107　249

プリッケルバールステ　Prikkelbaarste 敏感　92
フリュクテロース　vruchtloos　無効　91

ブルージンク　bloeding　出血　198
フルタール　vertaal（vertalen, vertaalde, vertaald）訳す、翻訳　196　124
フルメールデレン　vermeerderen　増加する、増大する　92
ブレゥークバンド　breeuk band　皃漤屈帯　ヘルニア帯　122　101　100
プレンキ（ブレンキ）Joseph Jacob van Plenck（1738―1803）オーストリーの医師　189
プロトヨヂレチュム　ヨードの原液　123

ヘイステリー　hijsterie　ヒステリー　183
ヘッチリ　Vettir　太った　vet　43
ヘラトナ　Belladona　莨菪　132
ヘール　heel　かなりの　すごい　全く　43

ホイドシーキ huidziek　皮膚病　182
ポック篇　Pokken　天然痘　131

ポックホート　　槐、槐樹　73
ボトアース　Potas　炭酸カリウム　171
マクネシ（マク子シヤ）Magnes. carbon.　111　190　218
magnesia　酸化マグネシウム
メリクリユス　Mercurius　水銀　222
メントール　menthol　メントール　テルペンに属す　アヒコール。無色の結晶。薄荷油の主成分。鎮痛剤、止痒剤。　145
モスギチ浸剤　強壮剤　92
モスト　G.F. Most　穆私篤　131
ヤツハン文典　日本文典　107
ヨヂウム　Jodium　沃素。ヨード〔舎密開業〕　123

ラウリル　laurig　月桂樹　23　25
ラード　豚の脂肪　190
ラド　Rad.　Rabarb.　大黄　111
ラハイエ外科書　84
ランビキ　alambique　蘭引　71

レール　leer　教授　193
レウマチーセ　Rheumatiek リウマチス　91
レツケル　lekker　おいしい　43
レツテル　letter　綴り　131

ローセ　Dr T.G.A. Roose : Handboek der Natuurkunde van der Mensch. Amsterdam. 1845　197
ローデロープ　roodelaub　赤痢　91
ロンクコノツペルセーリへ之物　198
long knobbelzelig　肺結核状の物

ワイツ小児書　Waitz, Friedrich August Karl（1798.3.27.-?）　224
ワスサルフ　Was Zalf　蝋軟膏　143

2　「家伝方」にみえるカタカナ表記のオランダことば

「家伝方」と題する綴りの記事にみえる薬物名を拾って五十音順に整理した。

カタカナ表記にされている薬物名である。したがって、当時の蘭方医たちが使用していた蘭薬ということになろうが、その構成物質をみると、日本産の草根木皮が多く充当されていることがわかる。

このような点からも、当時、高価な輸入薬と同じような効能を発揮する国産代薬の研究。開発を行うことが蘭方医師の大きな仕事であったことがわかる。

ぜひ、薬物の専門家による検討を期待したい。

アトストン

アネツン

アマレロ

アルイテ

アルタ

アルタ艸（草）

アルマンス

イノント

イベリコン

ウクユント

エスホンシヤ

エヒスヤコン

エルハサンタ（青膏）

ヱンフラストテペンシヰヒョム

ヲシコロシヨロン

ヲーリヨ（油薬方）

ヲーリヨロ一サ

カモメリ

カラアホ

カリニーヤ

カルヒイハ

キヱル

キリン

クンロク
コウフラン
コシニヨカス
コンコウムス
シヤクリュー（金華膏）
センクツ
ソラトロ油
チサ
チリ
チリメンテーナ
チヤン
テヘンシヒホ
テヘンシィホ（犬山桝）
テレメンテーナ
ナヘスミ
ナモミ
ニーヨ
ハストリ

ハストリヤ
ハチリコン
ヒイホラ
ヒニーヨ（松脂）
ヒリンセイカ
フクシユ
フセツカンフラン
フランコ
ヘト
ヘルイテ
ヘルメラン
ヘレイト（万応膏）
ホートモーミ
ホンホリコス
マチーシルハ（マチリシルハ忍冬膏）
マルハ
マンテーカ
ミイラ

メリローサ
ラヽンヂ(ジ)ヤ
リアリテ
ルータ
ルメリローサ
レリヨーロン
ローサ（ローザ）油
ロッフトウリヨ
ロラン

Ⅳ　阿蘭陀通詞と東北

一　阿蘭陀通詞中山氏と庄内藩医中山氏

はじめに

阿蘭陀通詞は、その職業柄、出島に出入りして、最もオランダ人との接触の機会が多かった。オランダ商館員に接して、オランダ語の通弁・通訳に従事するのが本業であった。そのような機会を通じて、オランダ商館付医師に接し、その医術・医学を学んで身につける通詞も多かった。すでによく知られていることである。

オランダ語の通訳官としての活躍の場所は、長崎であった。カピタンの江戸参府随行の機会、江戸の天文台勤務、幕末期、浦賀や松前に出役の機会などがあった。しかし、これらはいずれも短期間の出張勤務であって、本拠はあくまでも長崎の地であった。

紅毛（オランダ）流医術・医学を身につけた通詞の活躍の場は長崎にとどまらなかった。人生の後半は、通詞の業を廃し、他の地に移って活躍する通詞も出現した。さらには、その移動先の地で、二代目、三代目と発展していった例もみられるようになる。有効な医術・医学が広く求められたからである。
とはいうものの、長崎からほかの地に進出して展開した活躍の様子は必ずも詳らかではない。いや、むしろ、ほとんど知られていない。

長崎の通詞世界における名家中山氏、その分れで江戸に出て紅毛流医術をもって身をたてた中山氏が、やがて、庄内藩に抱えられ、活躍の場を展開していった足跡を示す史料は、本来、厖大なものがあったようである。しかし、後述する事情によって、伝存史料は極めてわずかである。現当主中山喬氏の好意によって考察してみる機会に恵まれた。いずれも注目に値する史料と判明、加えて、シーボルト記念館に所蔵される通詞中山氏の文庫にも関係の深い文書を見い出すことができた。併せて小察を加えてみよう。

I　庄内藩酒井家御出入り通詞中山武成と昌光院

1　書翰にみえる昌光院と中山作三郎武成

シーボルト記念館の中山文庫に、庄内藩の支封松山藩酒井氏の第三代藩主で、三十余年の長きにわたって若年寄の職に在った酒井石見守忠休（ただよし）から本藩である庄内藩主酒井氏の第七代藩主酒井忠寄（ただより）の正室昌光院に宛てた「六月廿五日」付書状が含まれている。（中山文庫13―2―43）

（端裏書）

「　　さか井

昌光院様　　　　石見守

御返事

」

昨日は御自書拝見仕候、退出ゟ外御勤御請延引いたし候、不順之季候ニ御座候得は、無御障被為入めて度存上候、如被仰下候左衛門尉様御在所へ御暇被蒙仰、其上御拝領物なされめて度存上候

一先達而内〻被仰下候おらんた通じ中山氏事、委細被仰下候趣承知仕候、先達相頼置候得は、猶又久世丹後守江相頼可申候間、左様御心得可被下候、めて度かしく

六月廿五日

尚〻今日も土用入ニ御座候處、不順すゝしさ御いと井被遊候様奉存候、其後何角候所　御無音罷過候　私無事相勤候間、御安慮可被下候、以上

文面は、先に受け取った昌光院からの自筆書状に対する返翰のようで、時候の挨拶に続いて次のような要件が認められている。

一先達而内〻被仰下候おらんた通じ中山氏事、委細被仰下候趣承知仕候

阿蘭陀通詞の中山氏のことが、昌光院からなにか頼み事があった様子で、「承知」した旨の返事である。さらに筆を続けて、

先達相頼置候得は、猶又久世丹後守江相頼可申候間、左様御心得可被下候

と、先だって頼んでおいたことであるが、なおまた久世丹後守へ頼んでおくので、そのようお心得おき下さい、という文面である。

久世丹後守とは安永四年（一七七五）から天明四年（一七八四）にかけて長崎奉行の職に在った久世丹後守広民のことである。

すると、若年寄から長崎奉行に対して頼み込ませるほどの「阿蘭陀通詞中山氏」に関する「内々」の頼みとは一体どんなことであったか。

さいわいにも、それを推察させる書状の写を一通見ることができる（中山文庫14—1—45）。

旦那ゟ松平右近将監様田沼主殿頭様江御頼之御書之写

一兼而手前江由緒有之致出入候長崎阿蘭陀通詞中山作三郎与申者、先祖ゟ代ゝ大通詞職ニ有之、勤功有之家ニ候所、此者事数年相勤候得共、今以稽古通詞之由、何共氣ノ毒ニ被存候、近頃申兼候御無心ニ御座候得共、右之者、何卒、小通詞ニ被仰付被下度、偏ニ奉頼候、若又当時難相成候ハヽ小通詞介役ニ而も被仰付被下候様、御序之節、長崎御奉行衆江御頼被下度奉存候、此段御内ゝ御頼申度、如此候、以上

二月廿七日　　　　昌光院

右近将監様

主殿頭様

右之通御両家江被仰遣候所、御両家ゟ之御返事之写

一御内〻被仰下候長崎阿蘭陀通詞作三郎義委細承知仕候、序之節、長崎奉行共江可申渡候、右御返事迠申上
候、以上

二月廿九日　　　　松平右近将監

昌光院様

主殿頭様も同様之御返事故、写シ遣不申候

一長崎御奉行久世備（丹）後守殿ニ御両家ゟ被仰遣候所、右久世ゟ之返事ニ
中山作三郎義被　仰下内〻承知仕置候、早速在勤之同役ニも申談、明次第可申付候
右之趣之返事ニて御座候

三月二日ニ参ル

石見様ゟ申立ニ候は、小通詞ニても明御座候ハヽ、早〻被申越候よし申参リ候間、左様御心得可被成候
右之趣共、とくと御拝見、他見御無用可被成候

「写」は次の三部分から成っている。要点を拾い読みしてみる。

1 二月廿七日付、昌光院より右近将監・主殿頭宛書状写シ
2 二月廿九日付、右近将監・主殿頭よりの返事
3 右近将監・主殿頭から長崎奉行久世丹後守に宛てた書状に対する、三月二日付の久世丹後守返事

1は、「かねて手前（自分のところ、すなわち庄内酒井家）に由緒があって出入」りしている長崎の阿蘭陀通詞中山作三郎」という者は、先祖から代々大通詞職を勤め「勤功」のある家の者であるが、「この者」は「数年相勤」めているけれども「今もって稽古通詞」のままであるという。「なんとも気ノ毒」である。「申し兼ねる御無心」ではあるが、「右の者、何卒、小通詞」を命じていただきたく、「偏に頼み奉り候」というものであった。もし、現在できない、ということであれば「小通詞介（助）役」でもよいから付けていただきたく、「御序の節、長崎奉行衆」に「御頼み下されたく」「内〻にお頼み申」す、という文面。依頼先は老中の「右近将監（松平武元）」と「主殿頭（田沼意次）」であった。

2は、「御内〻仰せ下」された「長崎阿蘭陀通詞作三郎義委細承知」しました、という返事で、「序の節、長崎奉行所へ申し渡すべく候」という約束の言辞も付け加えている。

3は、長崎奉行久世丹後守広民から「中山作三郎（中略）内〻承知」という返事。

なお、若年寄石見守からも「小通詞」の「明き」があったら「早〻申し越」すようにと口添えがなされた様子であった。

そして、「右の趣」は「とくと御拝見、他見御無用」になさいますように、としている。

以上をみると、要件は、阿蘭陀通詞中山作三郎の昇任人事促進であったことが判明する。ここにみえる中山作三郎は中山家第五代めの中山作三郎武成に当たる。

中山武成は、明和二年（一七六五）に稽古通詞に任命され、同七年（一七七〇）父の四代中山唯八病歿の跡を相続、稽古通詞の職階のままであった。

前記二通の書状が何年のものか判然としない。しかし、久世が長崎奉行になったのが安永四年（一七七五）で、右近将監が老中職に在ったのが安永八年（一七七九）までであるから、この間の書状と「写」ということになる。

結果としては、天明元年（一七八一）に、中山作三郎武成は「小通詞末席」となり、同四年に「小通詞並」、同八年には「小通詞助」となり、同年「小通詞」となった。

2　蝶姫＝昌光院

ところで、中山作三郎の昇進を推進することに努めた昌光院様と呼ばれる夫人とは、そもそもいかなる夫人であったか。

『酒井家世紀　二』によると、昌光院は、「蝶姫君」と呼ばれ、「実は安芸少将吉長朝臣の女（むすめ）」で、「元禄十六年（一七〇二）六月二十九日生れ」、「故」あって「加賀宰相（前田）綱紀卿の養女となり」「享保八年九月十三日」に酒井忠寄に嫁した、とある。してみると、大坂の陣に功あって安芸国広島城に在り、徳川家康の外孫として松平の家号を許されている広島藩主の浅野氏。その浅野吉長の娘・蝶姫であった。

蝶姫を養女とした加賀の前田綱紀は、第五代金沢城主で松平加賀守、会津藩主で徳川家光の異母弟保科正之の娘・摩須（松嶺院）を正室とし、「政治は一加賀二土佐」と評価された「名君」である。

嫁いだ先は、領民に善政を施して慕われた庄内藩第七代藩主酒井左衛門尉忠寄（ただより）であった。忠寄が明和三年（一七六六）三月二十七日歿すると、その四月五日に、蝶姫は、「法号を増上寺大僧正に受けて昌光院永誉智哲妙心」といわれ、「天明元年（一七八一）七月六日七十九にして卒す、同月十三日清光院に葬る」と伝えられた方である。

このように松平安芸守浅野吉長の女としての出生。松平加賀守前田綱紀の養女となって、庄内藩第七代酒井左衛門尉忠寄に嫁した人とわかる。酒井忠寄は寛延二年（一七四九）から明和元年（一七六四）まで老中職を勤めた人であった。このような出自と経歴、姻戚と人脈の持ち主であった昌光院は、安永の頃といえばすでに七十歳代の高齢に達していた。しかし、書状の文面からみて、なお、働きのある夫人であったことが判明する。

いずれにしても、右のことから判然とすることは、長崎の阿蘭陀通詞中山氏が庄内藩酒井家に「出入致す」いわゆる「御出入り通詞」であったことである。

これによって、後で示す庄内藩医として鶴岡に住む中山氏の由緒書、親類書、覚書などと併せ、続き柄が理解できることとなった。

II　庄内藩医中山氏の経歴

文政十三年（一八三〇）十一月に庄内藩医中山道輔が藩の物頭役の丹羽助右衛門と表医師の宮川玄端宛に提出した「覚」がある。これによって庄内藩における中山家の関係、殊に藩主および昌光院と中山家歴代との関係がよく読みとれる。

1　初代　中山道補

中山道輔がいう「祖父中山道補」は、「本国生国共長崎」で、「江戸表」に出て「医術家業」をしていたところ、「珪徳院様（＝庄内藩酒井家第九代酒井忠徳）」の時代、「六拾年以前」の「明和八夘年（一七七一）」に、「数年」にわたる「疥瘡」と、加えて、「痔疾」、であった在江戸の「昌光院様」から「御療治」を「仰せ付」かり、「御薬を指し上げたところ」、ほどよく快復にいたられた。そこで「知行高百三拾石」で「御医師」として召し抱えられた。これが切っ掛けで、長崎出身の医師中山道補は庄内藩第七代故酒井忠寄の正室昌光院に信頼を得るところとなった。以後、たびたび「御療治」に当たり「御薬」を進上、「全快」を得て、重用されていくこととなった。詳細は「覚」が順次記録している。加増が重なり二百五拾石取り天明元年（一七八一）九月に「表御医師」となり、天明五年（一七八五）庄内転勤となった。

年度からして、阿蘭陀通詞中山作三郎武成の昇進運動に昌光院が力を発揮した時期とも重なって矛盾するところがない。

2　二代　中山良補

中山道輔の親中山良補は寛政元年（一七八九）十一月、長崎で外治修行を願い出、許され、翌寛政二年に長崎に遊学、「出入り（足掛け）三年」の修業を積んで、寛政四年（一七九二）五月庄内に帰った。このとき、後述する吉雄耕牛から「免状」をもらって帰っている。したがって、長崎での修行先は吉雄耕牛の成秀館塾であったことがわかる。

同年十月父の中山道補が病歿、その知行二五〇石のうちから「十人扶持」を支給され「表医師」となった。

文化三年（一八〇六）にいたり、六月、さらに「内治外治」を江戸で修行したい旨願い出て許された。「江戸表奥医師」として、「乙次郎、力之助、鎌之介」方の診察にも当たり、翌四年には「蓮香院（酒井家第十代酒井忠器夫人）」を奉診、十二月、「奥御番」を勤め「御手擬金」を下されることとなった。

翌文化五年（一八〇八）、藩主の庄内御帰城の供をして庄内に帰って、七月「奥御医師」となった。後述する杉田玄白からの書状においても良補が「奥医師」になったことの文言がみえている。

文化七年（一八一〇）、「新知一〇〇石」を下された。

文化八年（一八一一）五月、藩主の「御参府」の「御供」を勤めた。

文化十三年（一八一六）八月、十代藩主酒井忠器（ただかた）の姫君「智光院」の「胎毒治療」に当たった。

文政二年（一八一九）三・五月の交、藩主の御参府の御供を勤め、「本道兼帯」となり「御子様」方を奉診した。

翌三年三月、「御七格」となり、その八月藩主の御帰城の御供をし、さらに翌四年八月には参府の御供を勤め「御匙」となり「御羽織」を頂戴した。

庄内在城、参府御供をくりかえし勤めた。

文政十三年（一八三〇）八月頃より「痰飲之證」を煩っていたが、十月六日に六十一歳で病歿した。

3　三代　中山道輔

中山道輔は文政六年（一八二三）二月、初めて第十代藩主酒井忠器（ただかた）に「御目見」を許され、「嫡子並」の「奉公」をすることとなった。同十一年「自分物入（私費）」で「桂川甫周」に「入門」したい旨、親の良補から願い出てもらい、許可された。翌十二年六月に「御匕」となり、「本道家」で「外治兼帯」として「御手擬金」も支給されることとなり、同月江戸表において「若殿様（第十一代酒井忠発）」の「御前」へ「御内〻召し出される」こととなった。

Ⅲ　吉雄幸作・耕牛の医師免状

庄内藩中山良補の長崎遊学が寛政二年（一七九〇）から同四年まで足掛け三年におよんだことは前述した通りである。

中山良補が長崎で「外治修行」を終えて、庄内に帰郷するに際して受けた「免状」が伝存している。

［家學自西洋来］

當流秘事不残令相傳早、已来執心輩於有之者、撰其人、堅以誓詞相傳可有之候、依而免状如件

寛政四子年正月

吉雄改氏

善積　幸作

人崎之耕牛子　吉雄之章

永章（花押）

中山　良補殿

この免状をみると、吉雄の名を改めて善積としているところが注目される。このような改名のことは従来知られることのなかった、判明の新事実である。この寛政四年正月において、改名して間もないこととみえて、捺された陽刻の印文には「人崎之耕牛子」の名がみえ、陰刻の印文は「吉雄之章」のままで使用されている。花押もそれまでのものと変りない。

内容は、「当流」すなわち「吉雄流」の医術を「秘事」として「相伝」していることである。「執心」の者があった場合には、人物を「撰」んで、「誓詞」をもって「相伝」することとして「免状」を授与したものである。関防印をみると、「家学自西洋来」と判読できる。すなわち吉雄流医学という「家学」が「西洋」から「来」たものであると誇っている。ここでいう「西洋」は「紅毛（オランダ）」をさしており、「吉雄流」医術が「オランダ流」医術であるというわけである。

現在、判明している吉雄幸作（幸作、永章）の医術免状は天明三年（一七八三）正月に野村立栄に授与したものと、この中山良補に授与したものとの二点だけである。両者の文面・形式ともに類似している。「永章」の署名、捺されている花押も同じである。（立栄に授与した免状については拙著『江戸の蘭方医学事始―阿蘭陀通詞吉雄幸左衛門耕牛』丸善ライブラリー三一一参照）かつ、中山良補宛のものは、吉雄改氏のこと、関防の印文を読み得る極め

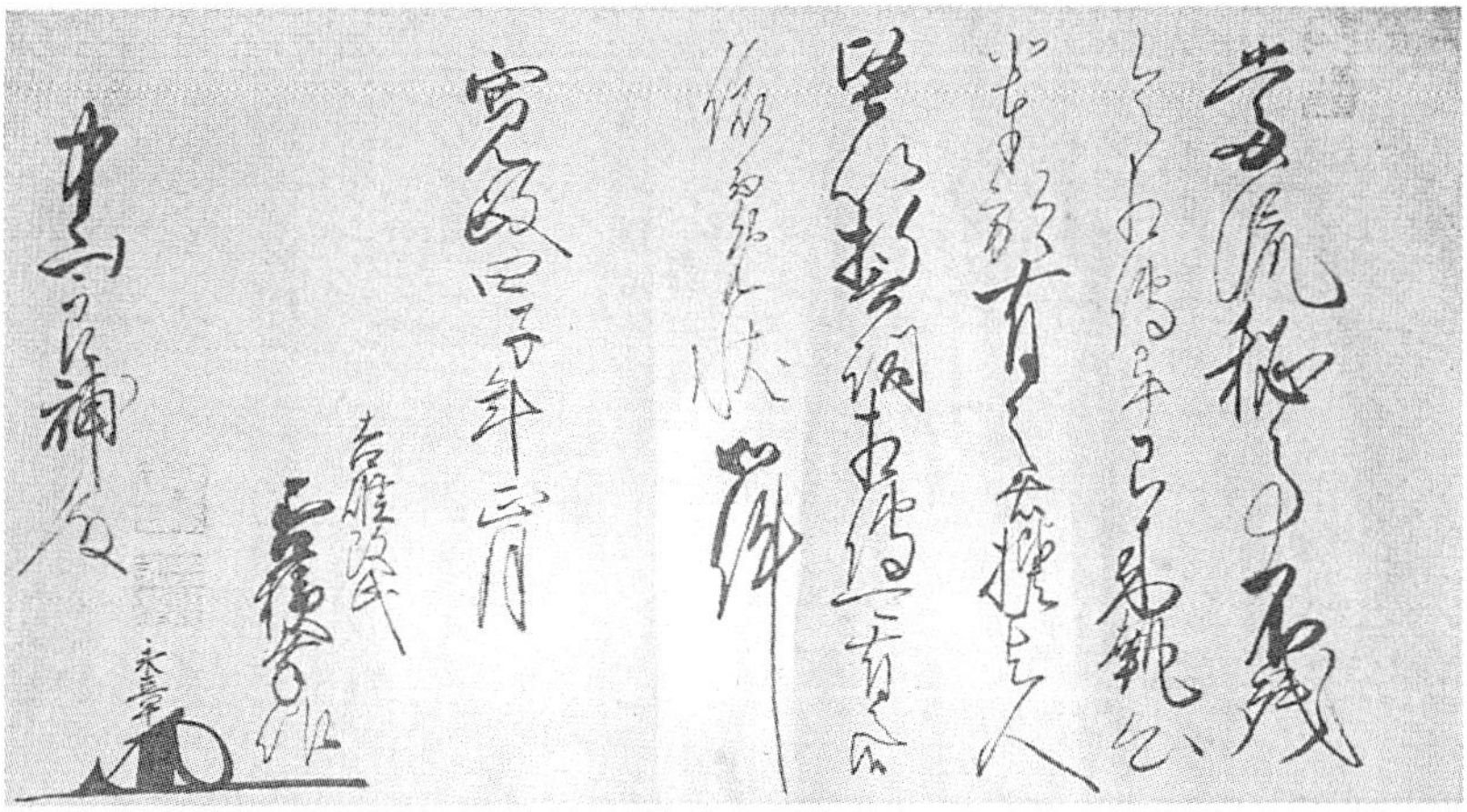

吉雄改氏　善積幸作免状　　（中山喬氏蔵）

て貴重なものである。

なお、寛政四年（一七九二）の吉雄幸作を、その経歴に照らしてみると、注目すべき事実が判明する。

阿蘭陀大通詞にして御内用方通詞をも兼帯してきた吉雄幸左衛門 Kozaijemon 改め幸作 Kozack（永章、耕牛）は、寛政二年（一七九〇）誤訳事件に連坐して楢林重兵衛、西吉兵衛とともに罪を問われ、吉雄幸作は同年十一月十八日に三十日間の「戸締」、十二月四日に「入牢」、十二月十日に「出牢」して「町預」となった。翌三年三月十日にいたり、「役儀取放ち」、「五カ年蟄居」の処分を受けた。まる五年を経た寛政八年（一七九六）三月十一日に、ようやく「蟄居差免」となった。

中山良補の長崎遊学、吉雄耕牛の成秀館に学んだ期間は、ちょうど、吉雄幸作・耕牛が罪を問われ、戸締、入牢、出牢、町預、を経て、五カ年蟄居の処分を受けた期間に重なる。

中山良補の成秀館在塾・修行・免状受領の事実は、吉雄幸作がオランダ流医師として、蟄居中も医学教育に従事していたことを証する注目すべき一事である。不本意な罪に連坐して、蟄居処分を受けて、なお紅毛医学・医術に従事する耕牛が、この時期、「氏」を「吉雄」姓から「善積」姓に「改」めて頑張っている、七十歳に手の届こうとする老医師の姿が浮かんでくる。
いろいろな角度から考えさせられる注目の一事である。

Ⅳ　杉田玄白の書翰

庄内藩の表医師・中山良補が「内治外治」の「江戸修行」を願い出て許されたのが文化三年（一八〇六）のことであった。「江戸表奥医師」として勤めながら修行に出精したことと察せられる。

文化五年（一八〇八）、藩主帰城の供をして庄内に帰った七月「奥医師」となった。このとき、江戸の蘭方医師の大御所杉田玄白から贈られた書状が中山家に伝存している。まず一読してみる。

先月六日之貴翰無滞相達致拝見候、日ゝ秋冷相催候、愈御安清御勤、殊ニ閏月十八日無御遅滞御帰郷、奥御医師被蒙　仰候由、重ゝ珍重之至奉存候、御繁多中被懸御心預御示状不浅忝奉存候、手前家内何も無難罷在、令弟ニも随分御丈夫ニて、此節ハ塾中御寄宿治療も御出精御坐候、御過念被成間布候、右御報旁如此御座候、恐惶謹言

八月廿八日　　杉田玄白
翼（花押）

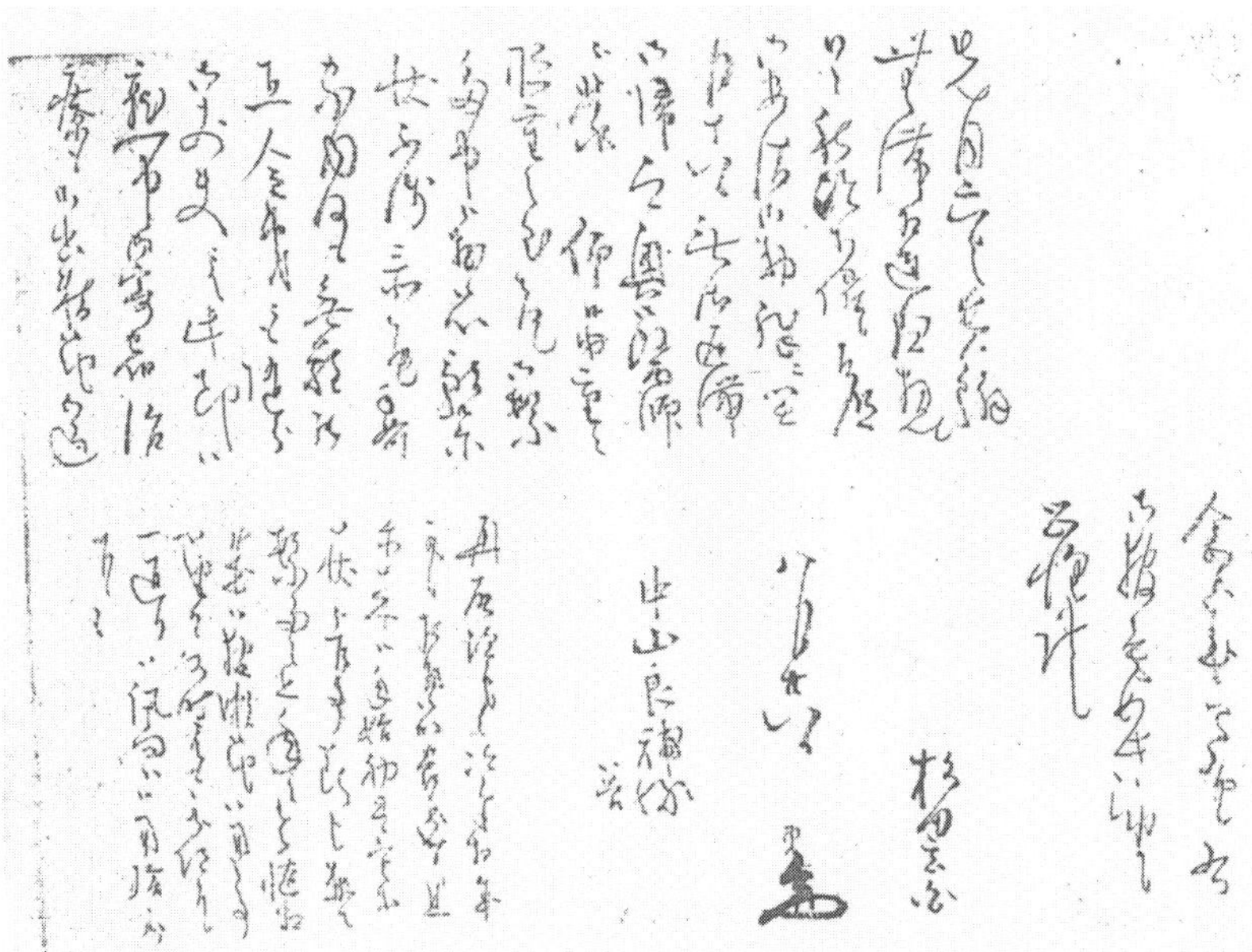

中山良補宛　杉田玄白書翰　（中山喬氏蔵）

中山良補様
　御答

再啓、次第ニ冷氣相成可申候、折角御加養可被成候、且爾来ハ年始初春寒等御状被下候事御断申候、兼て繁多之上、年〻老惰相成、御報懶御座候、御用之事御坐候ハヽ、何時ニても可被仰下候、一通リ御訊向ハ御用捨可被下候、以上

中山良補が文化五年閏六月十八日に庄内に帰郷、七月に奥医師となって、その六日に江戸の杉田玄白に出した書状に対する八月二十八日付玄白の返翰であることがわかる。

奥医師就任を賀し、良補の「令弟」が玄白の「塾中」に「寄宿」して「治療」にも「出精」している様子を報らせている。「御過念なされまじく」といっているから、このことも良補からの来翰に対する返事であったと察せられる。

追て書きの「再啓」では、年始状や季節の単なる挨拶状は「御用捨」願いたいと「断」っている。「年〻老惰」になり、返信が「懶」くなったからだといっている。しかし、「御用」のときは「何時」なりと「仰せ」下さい、とも申し送っている。文化五年といえば、杉田玄白たしかに七十六歳の老境に達しているが、まだまだ元気に往診活動を続けていた。

V 中山家文書と資料の紹介

庄内藩の酒井家御出入通詞を務めた中山氏の続きで、明和年間（一七六四―一七七二）より庄内藩医を務めた中山家には、歴代の関係文書類、漢籍、蘭方医書に加えて薬物・医事に関する器物が相当あったことと察せられる。しかし、鶴岡市の現当主中山喬氏の教示によると、今時大戦の昭和十六～十七年（一九四一～二）の頃、軍の命令により、弾薬包装のための和紙として、先代が半ば強制的に供出させられ、その分量は木箱で五～六箱もあったか、と記憶されている。

次に残存資料の目録を作成、掲げる。

中山家文書・資料目録

一　覚（文政十三年十一月　中山道輔筆録）

二　由緒并親類書（明和四亥年　中山友右衛門筆録）
三　吉雄永章免状（中山良補宛、寛政四年正月）
四　杉田玄白書状（中山良補宛、文化五年八月二十八日）
五　老中奉書（松浦肥前守宛、元和三年八月二十三日）
六　覚（戌正月、阿蘭陀人参府附添心得）
七　中山道補書（「萬其慶」一額）
八　『古列羅』写本、一冊
九　『經絡便要　完』写本、一冊（寛政庚申十二年冬十月　中山良補　写）
十　『瘍医項言』写本、一冊
十一　『神農像』一紙
十二　薬秤　二個

一「覚」は、三代目中山道輔が、初代中山道補、二代中山良補、三代中山道輔三代にわたる藩医としての経歴を書き上げ、文政十三年（一八三〇）十一月、藩に提出したものである。

二は、長崎の阿蘭陀通詞を務める中山家の由緒書と親類書で、明和四年（一七六七）中山友右衛門の書き上げである。『長崎県史　史料篇』収録の中山家「由緒書」と文面が異り、追加記事や親類書の記事が加わっていて重要である。

三と四はすでに詳述した。

五は、元和三年（一六一七）八月二十三日付の平戸の領主松浦肥前守隆信に宛てた老中奉書の「写」である。同文書は『通航一覧』巻二百三十九に収載されている。長崎奉行中川飛騨守忠英の指揮のもと通詞の今村大十郎の調査でまとめられた未刊『阿蘭陀紀事　全』にも収載されている。この中山本は文書の原型をよく伝えていると思われる。酒井家に「御出入り通詞」として務めた中山家関係の文書がこのように伝わっていることは、通詞中山氏から分れて、蘭方医として江戸に出、やがて庄内藩医として鶴岡に移った中山氏の由緒を考えるうえで注目すべき文書であるといえる。

六は、オランダ・カピタンの江戸参府に随行する江戸番通詞が参府道中の往路・復路において遵守すべき「心得」である。文中に「在府同役」へ「相達すべく候」の文言が見えることからして、この文書は長崎奉行が通詞に命じた心得の「覚」であることがわかる。極めてよく似通った文書をシーボルト記念館の中山文庫のなかに見ることができる。14―2―22「覚〔紅毛人参府附添ニ付一件〕」がそれである。かかる類似の文書が存在することも長崎の通詞中山氏と、その分れである庄内藩医中山氏との関係の深さを示すものといえよう。

七は、初代中山道補の揮毫にかかる横書きの一額である。他にもこの種の作品があったことと察せられる。あるいは、他所に伝存しているかもしれない。

八は、表紙に本文とは別筆で「古列羅」と書き付けている十二丁ほどの写本である。本文の冒頭に次の如く記されている。

雲的爾氏経験古列羅編
和蘭第一等医員

大日本長崎病院教師　渤度氏　閱
大日本南奥会津藩　古川学春英　譯

「雲的爾氏」とはウンデルリッヒC.A.Wunderlichをさし、「渤度氏」はボードインA.F.Bauduinをさす。ボードインは、文久二年（一八六二）九月、長崎養生所の教官として招かれて来日したオランダの医学者で、ポンペJ.L.C.Pompe van Meerdervoortのあとをうけて日本人医師に新しい医学と基礎科学とを教えた。明治初期のすぐれた医学者が多数輩出している。「長崎病院教師」は長崎養生所の教官をさしている。

安政五年（一八五八）の第二次コレラ流行の際、ポンペがウンデルリッヒの説を松本良順に訳させ配布したことがある、という。

本写本は、ウンデルリッヒの「経験古列羅編」をボードインの「閲」を受けて、会津藩の吉川学春英が「訳」出した、というものである。吉川春英もボードインの門下生であろうか。

九、十、十一は、庄内藩医中山氏の医学修得の一端を示す資料であり、十二は、その医業の一端を伝える器具ということになろう。

おわりに

主として、庄内藩医中山氏三代にわたる経歴と、関係の文書と資料を紹介した。

これによって判明したり、気付く諸点を列挙して、結にかえることにしたい。

1　阿蘭陀通詞の家から、紅毛流医師が成長、独立していった具体例をみたことになる。このような例は、吉雄氏、楢林氏、西氏などと、少なからずあったわけである。医家に転じた事情や、その後の経歴は一様ではないであろう。しかし、中山家の例に一つの典型をみた思いがする。

中山喬氏のご教示によると、「先祖の道補様は、長崎では今後あまり働く場所が狭いので、中心はやはり江戸である」として、「長崎の家を姉か弟に任せ、江戸で医者として働いた由」を伝え聞いておられるということである。

活躍の場を、長崎から江戸に求められたのが、中山道補であったか、ことによったら、その先代であったか、とも筆者は思っているのであるが、まだ確証を得るに至っていない。『長崎県史』所載の「由緒書」、シーボルト記念館の中山文庫中の由緒史料、鶴岡市中山家の由緒史料と、精粗、異同があって、にわかに決しかねる点が多く、本稿には間に合わなかった。いずれ再論の機を得たいものと念じている。

2　紅毛流医術を以て身をたて、大名家や藩に抱えられた蘭方医師を継いだ、二代目、三代目の医師が、同僚や他流の医師に互して、紅毛流を堅持して、維持・発展してゆくためには、常に研鑽の必要に迫られていたことであろう、と考えられる。実際は、どうしていたものであろうか。

庄内藩医となった中山氏の場合、第二代目中山良補は、自ら長崎に遊学して吉雄耕牛の成秀館塾に学び、免状を得、江戸の蘭方医師の大御所杉田玄白と親交を結び、その天真楼塾に弟を学ばせている。三代目中山道輔も江戸への自費遊学を藩に願い出、許可を得て出府、官医の桂川家に学んでいる。このように、庄内藩医中山氏の例は、地方の藩医として仕える蘭方医師が自己の家業の維持・発展に努力する姿を示す典型とみることができる。

3　特定の藩や大名家に出入りして、その用を務めた「御出入り通詞」の働きの一端を具体的にみることができた。対外関係における「情報」の「収集」と「提供」にあった、と察せられる。

4　長崎の阿蘭陀通詞の世界において、昇任人事・就任人事において、いろいろな運動の展開がみられたであろうことは、想像にかたくないことであった。本稿において、具体的に一例をみることができた。言葉と視点をかえて言うとすれば、長崎から他所へ活躍の場を求めて移動した先から、中山氏の本稿の場合でいうならば、江戸の有力筋を通じて、長崎の通詞の昇進運動が強力に展開されることもあった、ということである。こんな具体例を指摘できるのは本稿が初めてである。

5　蟄居の罪に問われている通詞吉雄幸左衛門は、もちろん、その時期、通詞の職務に従事していない。しかし、紅毛流医師としては、その活動は依然として継続されていたようで、驚かされる。中山良補に授与された医師免状が雄弁に物語っている。こんな注目すべき事実の判明したのも初めてのことである。姓を急遽「善積」と改めているのは、そのへんの事情を反映してのことか、とも察せられる。しかし、その「家学」が「西洋」に由来しているものであると表明し続け、「吉雄之章」の印はそのまま使用、その「人」は「崎」の「耕牛子」であると、臆することなく、名の存在を誇っている。

長崎奉行の任免する阿蘭陀通詞としては蟄居の処分に服しているとはいえ、余技・副職としての吉雄流紅毛医術・医学は「当流」としての活動を継続、依然として隆盛を誇っていた、ということであろう。そのようなことを許す土地が長崎であったのである。

6　阿蘭陀通詞家としての中山文庫と、紅毛流医家中山文書・資料が、併せて検討されることによって、蘭学

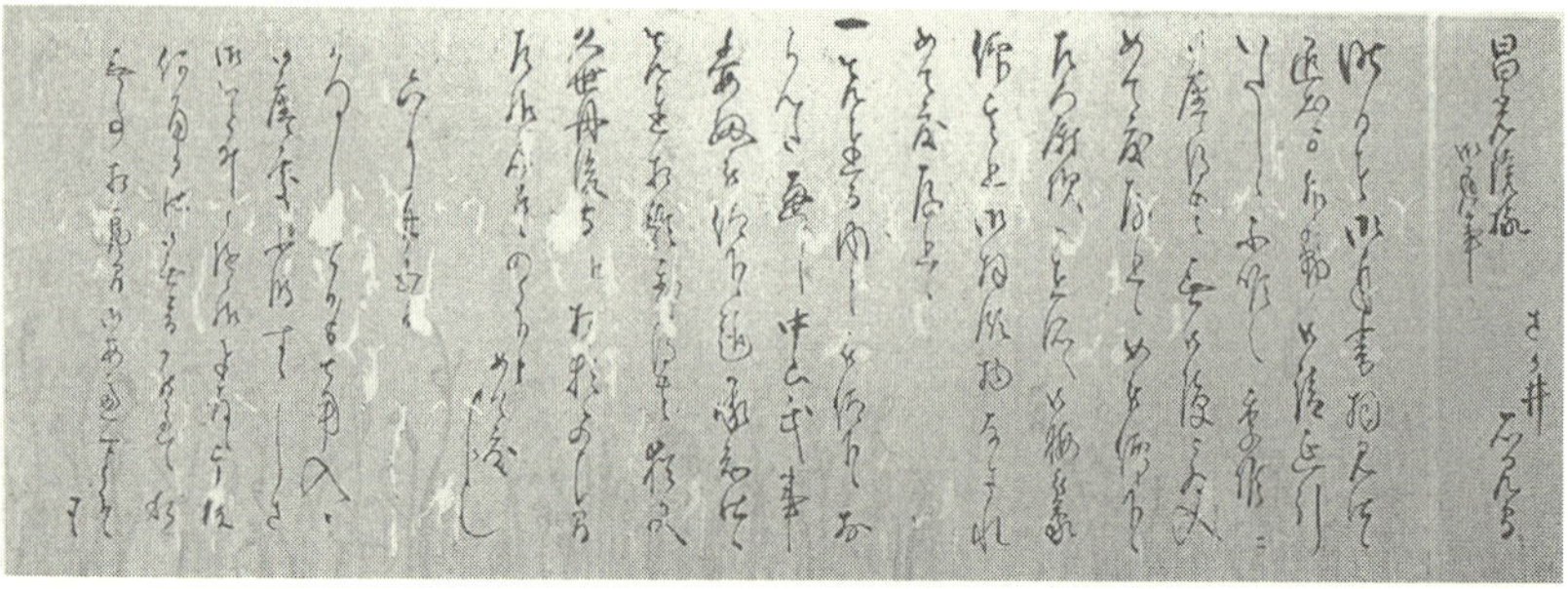

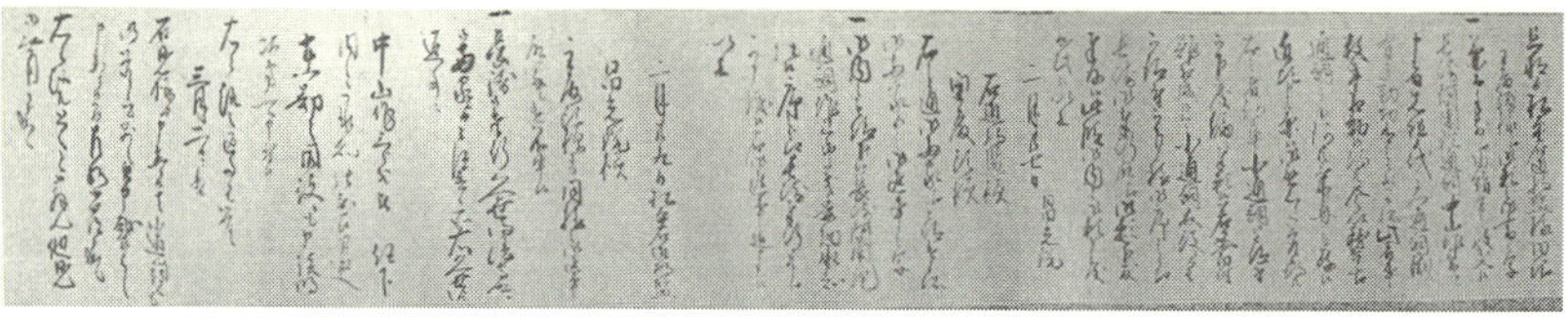

上　昌光院宛　酒井石見守書状
下　右近将監・主殿頭宛　昌光院書状

（上、下、「中山家文庫」シーボルト記念館蔵）

史のうえでも、長崎史のうえでも、新生面の開かれることを痛感した。類似のことは、他の通詞家においても、医家においても言い得ることと確信する。紹介した史料の多角的検討・活用を望む次第である。

二　鶴岡中山家文書

1　覚

覚

私祖父中山道補儀、本国生国共肥前長崎御座候、於江戸表医術家業仕罷在候所、
珪徳院様御代六拾年以前明和八夘年、
昌光院様数年御疥瘡、且御痔疾御療治被　仰付、御薬指上候所、
被遊御相応候付、
御医師被　召出、御知行高百三拾石被下置候
同御代五拾八年以前安永二巳年十一月
昌光院様御持病之御積強御発動被遊候付、御療治被　仰付、御薬
差上候所、追日　御全快被遊、其後御積之御様子茂不被為在候
付、御加増七拾石被下置、弐百石高被成下
昌光院様御匕被　仰付、外科而本道兼帯可仕旨被　仰付候、同五
中年七月
昌光院様御風邪御強證被遊御座候處、御療治申上、被遊　御全快
候付、御使番席被　仰付、

「覚」冒頭部分　（中山喬氏蔵）

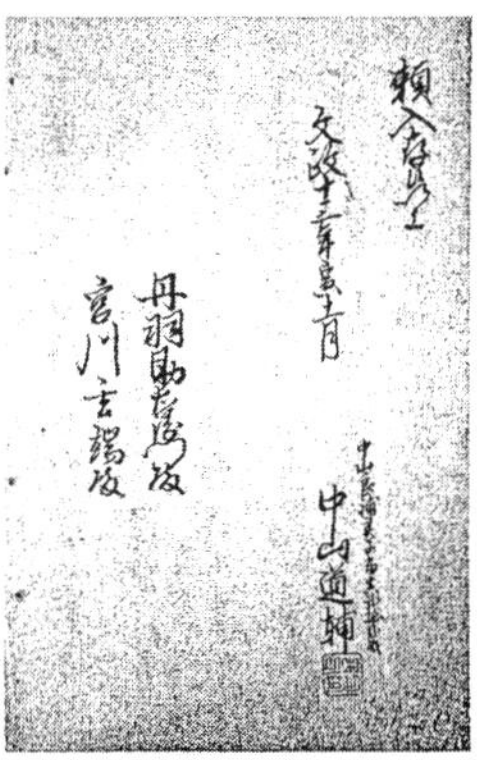

「覚」末尾部分（中山喬氏蔵）

昌光院様御台所料ゟ、為御薬種料、年〻五拾石宛被下置、其上　御紋附御羽織被下置候、同八亥年三月、
精勤仕候付、是迠従
昌光院様被下置候御薬種料五拾石従御表御加増被成下、都合弐百五拾石高被成下候
同御代五拾年以前天明元丑年七月
昌光院様被遊　御遠行、御新葬之節、芝清光寺江詰切相勤申侯、同年九月、表御医師被　仰付侯、是迠御
附相勤候内、御時服等度〻拝領仕候、同四辰年庄内勝手被　仰付、翌巳年引越罷下申候、同八申年御巡見
御下向之節、御廻村中、本道而御附添被　仰付、相勤申候、右御用無滞相勤候付、銀壱枚被下置候
同御代四拾弐年以前寛政元酉年十一月、親良補儀、長崎表江罷越外科修行仕度旨奉願候通被　仰付、翌戌年
長崎江罷越、出入三ヶ年修行仕、同四子年五月、庄内江罷下申候、同年十月、祖父道補儀病死仕、跡式高
弐百五拾石之所、拾人御扶持方親良補江被下置、表御医師被　仰付候
同御代三拾年以前享和元酉年十二月、親良補儀西御門炉燃出候節、早速馳着消留候段達
御聴　御意被成下候、同年御医師書会無懈怠出席仕、医案認差上候付、御家老中御称誉被成下候、其後右
同様付、度〻御家老中御称誉被成下候
當御代弐拾五年以前文化三寅年、親良補儀江戸表江罷登内治外治修行仕度段奉願候通被　仰付、同年六月罷
登申候、同年八月　於江戸表奥御医師加被　仰付、相勤申候、其節
乙次郎様　力之助様江奉診被　仰付候、鎌之介様江茂御膏薬等差上申候、翌夘年六月
蓮香院様御入輿之節、従
御同所様御目録頂戴仕候、同年十二月　上〻様江御煎薬御膏薬等指上候様被　仰付、差上申候、同月奥御

番相勤候付、為御手擬御金被下置候、翌辰年正月
殿様御肩御打被遊候付、初而奉診被　仰付候、同年　御帰城御供下被　仰付、罷下申候所、御道中出精相勤
候付、御意被成下候、同年七月奥御医師被　仰付候、同七午年医業出精仕候付、為御称誉新知高百石被下
置候、翌未年三月、御痔疾被為　入候付、御療治被　仰付、御煎薬御膏薬差上候所、追日　御全快被遊
候、同年五月、　御参府御供立帰登被　仰付、御道中出精相勤候付、　御意被成下候、翌申年九月　御腰江
御瘡癤被遊御発候付、御療治被　仰付、御膏薬指上、　御全快被遊候、同年十一月
珪徳院様御尊骸御下之節、大督寺江勤番被　仰付、相勤申候、同十三子年閏八月
智光院様御胎毒御発被遊候付、御療治被　仰付、少〻宛御快方之処、其後御変証而御大切被為及候、同年九
月
智光院様御遺物御小袖一重御内〻被下置候、翌丑年三月、御足痛被遊候付、御療治被　仰付、御薬差上被遊
　御全快候
一拾弐年以前、文政二夘年三月　御参府御供立帰登被　仰付、本道兼帯可仕旨被　仰付、同年五月御供仕罷
登申候、同月御鞍摺被遊候付、御膏薬指上　御全快被遊候、其後度〻御薬差上申候、同年六月詰中
鏻姫様御附被　仰付候、同年七月来年迠詰越被　仰付候、同月御側女中妊娠付、御産掛被　仰付候、同年
八月、御参府之節御道中出精相勤候付　御意被成下候、同年十二月
哲次郎様御誕生被遊候付、御七夜迠詰切、其後隔日泊番相勤候、御七夜之節、御金弐百疋被下置候、同月
鏻姫様　哲次郎様ゟ御目録金五百疋被下置候、同月従
鏻姫様御小袖拝領仕候、同月

哲次郎様御誕生後
鏻姫様御同様奉診被　仰付候、翌辰年正月御側女中四人風邪付、療治被　仰付、薬差遣、孰茂全快仕候、
同年二月　御前江被　召出　御意被成下、其上御内ゝ八丈嶋御小袖　御手自被下置候、其後女中療治度ゝ
被　仰付候、同年三月御匕格被　仰付候、同年七月御腫物御療治被　仰付　御全快被遊候、同年八月　御
帰城御供被　仰付罷下申候、御道中出精相勤候付　御意被成下、其上御目録金弐百疋被下置、其後　御上
下御供被　仰付、其毎度　御意被成下、御目録被下置候、同年九月御用屋敷
御子様方奉診被　仰付候、同月
哲次郎様御持病之御疝痛御療治被　仰付追ゝ御快方被為向候、同年十二月従
於鋹様　哲次郎様長綿二把被下置候、翌巳年正月御側女中風邪付療治被　仰付、全快仕候、同月　御前江
被　召出　御意被成下、其上御内ゝ御羽織　御手自被下置候、同年三月　御腹合御不和付、御薬差上候様
被　仰付　御全快被遊候、同月専御匙相勤候様被　仰付候、其後　御在城中　御在府中共、度ゝ奉診被
仰付、御薬差上申候、同年五月
御出生様奉診被　仰付、産婦茂折ゝ相診候様被　仰付候、同月御灸治申上、且　鍬五郎様江茂御灸治申上候
付、御意被成下、且御内ゝ　御手自縞縮被下置候、同月御参府御供被　仰付罷登申候、同年六月詰中
鏻姫様御附被　仰付候、同月出火之節
殿様御出馬之砌、御供仕候様被　仰付候、同年七月御側女中妊娠付、御産掛被　仰付、同月
御誕生後御七夜迠詰切、御七夜後隔日泊番相勤申候、御七夜之節、御肴料被下置候、同年九月御側女中御
産掛被　仰付、泊番相勤申候、同月御側女中積聚甚敷差発候付、療治被　仰付全快仕候、同月　御前江

被　召出、御内ゝ御手自縞御給羽織被下置候、同年十二月、古川綱之丞揚家屋敷被下置候、同月従
鏻姫様八丈嶋御小袖御目録被下置候、翌午年二月、鏻姫様神田明神江御参詣之砌御供仕候、同年　御上京
御供被　仰付罷登申候、右御用向御道中共出精相勤候付、同年六月中、　御意被成下、其上御酒御吸物被
下置候、同月御産有之候付、　御出生様奉診被　仰付、産婦茂折ゝ診候様被　仰付候、同年八月　御帰城御
供被　仰付罷下申候、同年十二月　本道兼帯付、御手擬金三両宛、以来年ゝ被下置候旨被仰渡候、翌未年
二月、私儀初而　御目見申上、嫡子並御奉公申上候、同年五月、親良補儀　御参府御供女中附添詰登被仰
付罷登申候、同月詰中
鏻姫様御附被　仰付候、同月　御前江被　召出、御内ゝ　御紋附黒縮緬御羽織　御手自被下置候、同年七
月
鏻姫様御用相勤候付、御目録被下置候、同月御側女中妊娠付、御産掛被　仰付候、同年八月
法雲院様御中暑ゟ御吐乳被遊御難証之御容子之趣申上候所、隔日泊番相勤候様被　仰付候、詰中
鏻姫様所ゝ　御出之節、御供被　仰付相勤申候、同年十月
芳春院様神田明神江御参詣之節、御供被仰付相勤候、同年十二月
鏻姫様御附相勤候付、御目録被下置候、翌申年二月　御帰城御供女中附添被　仰付候、同月御倹約被
仰付、御供御免勝手次第罷下候様被　仰付候、同年三月
鏻姫様御附相勤候付、御目録被下置候、同月御前江被　召出、　御意被成下、御内ゝ縞御小袖　御手
自被下置候、同月
御麻疹被遊候付、御薬差上御酒湯迠御差留被　仰付候、同月御酒湯被為済候付、御酒御吸物被下置、御

目録頂戴、其上御内ゝ　御手自御裏御紋附黒縮緬御羽織被下置、同月庄内江罷下申候、同年六月御用屋敷
御子様方御麻疹中奉診仕候様被　仰付候付、罷出奉診仕候、翌酉年正月
御子様方御痘瘡前被　召上候、御丸薬差上候様被　仰付、調上仕候、其後
御子様方奉診被　仰付、度ゝ御薬指上申候、翌戌年九月酒田海濱通　御覧御出之節、御供被　仰付、相
勤申候、同十一子年二月
若殿様御下之節、御迎立帰登被　仰付候、其節私儀自分物入を以桂川甫周様江入門為仕度旨、親良補奉願
候通被　仰付、同道罷登申候、同年六月中、親良補儀
若殿様奉診被　仰付候、同月
若殿様御下御供仕罷下申候、其節、私儀茂一趣罷下申候、同年七月、親良補儀中台元倫　於鍥様御供立
帰、罷登候付、御用屋敷御用有之候節者罷出候様被　仰付候、同年八月
若殿様温海御入湯御供被　仰付、罷越申候、同年九月
若殿様少ゝ御痰氣被為在、御薬指上申候、其後茂御薬指上、御在城中、月ゝ御灸治申上候、翌丑年五月
若殿様御参府御供立帰登被　仰付罷登申候、同年六月、御匕被　仰付候、尤、以来本道家而外治兼帯可仕
旨被　仰付、外治兼帯付御手擬金被下置候、同月於江戸表
若殿様御前江御内ゝ被　召出、御意被成下、且御裏御紋附御帷子拝領仕候、同年、御参府之節、御道中御
供精勤仕候付、従
若殿様御意被成下、且御目録被下置候
一　当年　御帰城御迎登被　仰付候處、其後御滞府之御模様付、立帰登御免被　仰付候

一　親良補儀、当八月中ゟ痰飲之證相煩、同十月六日六拾壱歳而

病死仕候

右者従祖父御奉公申上候品、乍憚以覚書申上候、此段御小姓頭中

江宜様御申上可被下頼入存候、以上

文政十三年寅十一月

中山道輔（中山良補実子当寅弐拾弐歳）［中山之印］

丹羽　助右衛門殿

宮川　玄端　殿

2　由緒并親類書

明和四亥年

由緒并親類書

中山友右衛門

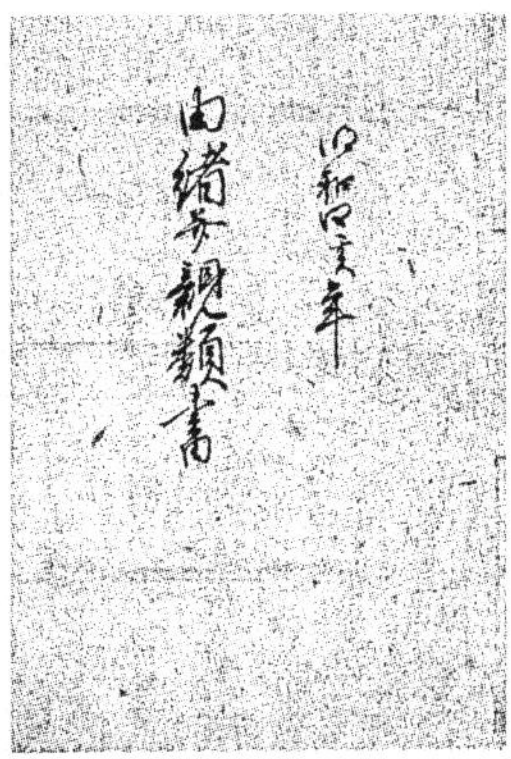
明和四亥年
由緒并親類書

表　紙
（中山喬氏蔵）

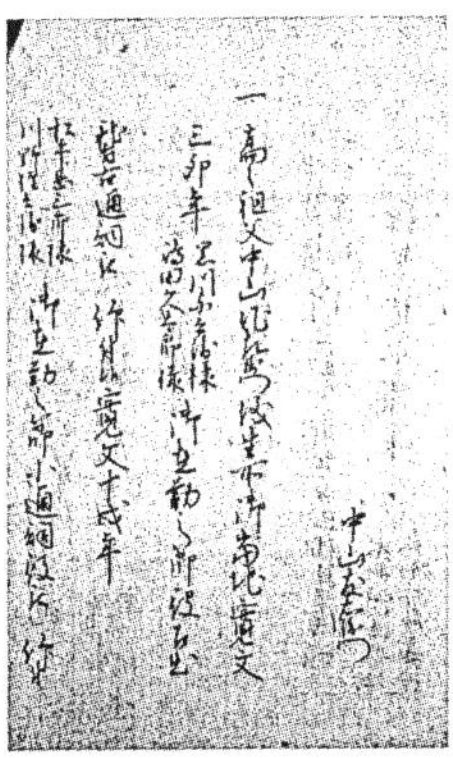

冒頭部分
（中山喬氏蔵）

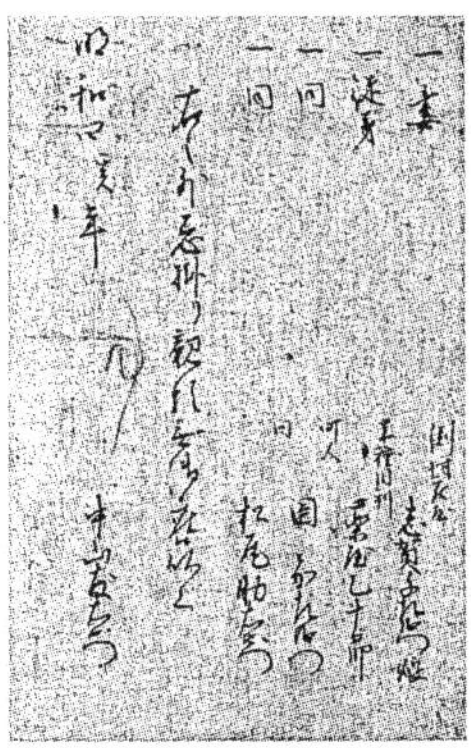

末尾部分
（中山喬氏蔵）

一高ゝ祖父中山作左衛門儀、生所御当地、寛文三夘年黒川与兵衛様嶋田久太郎様御在勤之節、被召出、稽古通詞被　仰付候、寛文十戌年松平甚三郎様川野権兵衛様御在勤之節、小通詞役被　仰付、元禄九子年近藤備中守様丹羽遠江守様御在勤之節、御役儀御暇奉願候処、願之通被　仰付、都合三拾四年相勤申候

一高祖父中山㐂左衛門元録（マヽ）三午年川口源左衛門様山岡十兵衛様御在勤之節、被召出、稽古通詞役被　仰付、宝永二酉年永井讃岐守様別所播磨守様御在勤之節、小通詞役被　仰付、宝永七寅年佐久間安藝守様久松備後守様御在勤之節、大通詞役被　仰付、享保十三申年渡辺出雲守様御在勤之節、痛身ニ罷成、御役儀御暇奉願候所、願之通被　仰付、三拾九年無懈怠相勤申候

一曽祖父㐂左衛門儀、宝永五子年永井讃岐守様別所播磨守様御在勤之節、被召出、口稽古被仰付、正徳四午年駒木根肥後守様久松備後守様御在勤之節、稽古通詞被　仰付、享保十三申年　渡辺出雲守様御在勤之節、高祖父跡直ニ小通詞役被　仰付、元文元辰年　細井因幡守様御在勤之節、大通詞役被　仰付、同三午年江府江参上仕候處、馬乗阿蘭陀人　御用被為　仰付、馬乗等被為遊御上覧候節、無滞相勤候ニ付、例格之外、以御書付御銀五枚拝領被為　仰付候

一寛保三亥年　田付阿波守様御在勤之節、通詞目付直組定立合加役被　仰付、延享元子年　松波備前守様御在勤之節、御定外荷物掛立合加役被　仰付候

　附、江戸参上阿蘭陀人ニ附添、四度罷越申候

一祖父㐂左衛門儀、元文五申年　萩原伯耆守様御在勤之節、稽古通詞被　仰付相勤候處、痛身ニ罷成、御暇奉願　御免被遊候

一父亥之助儀、宝暦七丑年　坪内駿河守様御在勤之節、稽古通詞被　仰付、明和元申年迠八ヶ年相勤候所、病身ニ罷成候、御暇奉願御免被遊候

一私儀、宝暦六子年　菅沼下野守様御在勤之節、楢林重右衛門嫡子ニ御願申上、稽古通詞被　仰付置候処、
明和元申年、同役中山亥之助病死仕候砌、私養子ニ御願申上、御赦免之上、同年三月　石谷備後守様御在
勤之節、直ニ右跡相続被　仰付、当亥年迄拾弐ヶ年相勤申候
一私先祖ゟ六代当亥年迄百五ヶ年相勤来申候

親類

元禄十六未年病死仕候
一高ゝ祖父　中山作左衛門
後ニ六左衛門与相改申候
正徳十六未年病死仕候
一高ゝ祖母　安山　助右衛門　娘
延享元子年病死仕候
一高祖父　中山　悠成
町人
享保十巳年病死仕候
一高祖母　打橋　甚右衛門　娘
延享四卯年病死仕候　前
一曽祖父　中山　㐂左衛門

水樋役
一曾祖母　倉田　猪七郎　娘
後
一祖父　中山　㐂左衛門
小通詞
一叔父　中山　唯八
一叔母　壱人
大通詞
一同　名村　勝右衛門　妻
引地町乙名
一同　中村　三郎右衛門　妻
明和元申年病死仕候
一養父　中山　亥之助
町人
一叔母　岡　嘉左衛門　母
一伯母　松尾　助右衛門　母
小通詞
一実兄　楢林　重右衛門

同末席
一同　　　楢林　栄左衛門
医師
一実姉　　福地　昌雲　妻
楢林重右衛門倅
一甥　　　稽古通詞
楢林　長次郎
同人悴
一同　　　楢林　勝之助
大黒町乙名
一姪　　　徳岡　太藏　妻
唐小通詞（マヽ）
一同　　　林　百十郎　妻
一同　　　楢林重右衛門娘　三人
一同　　　楢林栄左衛門娘　弐人
渕村庄屋
一妻　　　志賀　千左衛門　娘
薬種目利

一従弟　　薬屋　乙十郎

町人

一同　　岡　嘉左衛門

同

一同　　松尾　助右衛門

右之外忌掛り親類無御座候、以上

明和四亥年　　中山　友右衛門

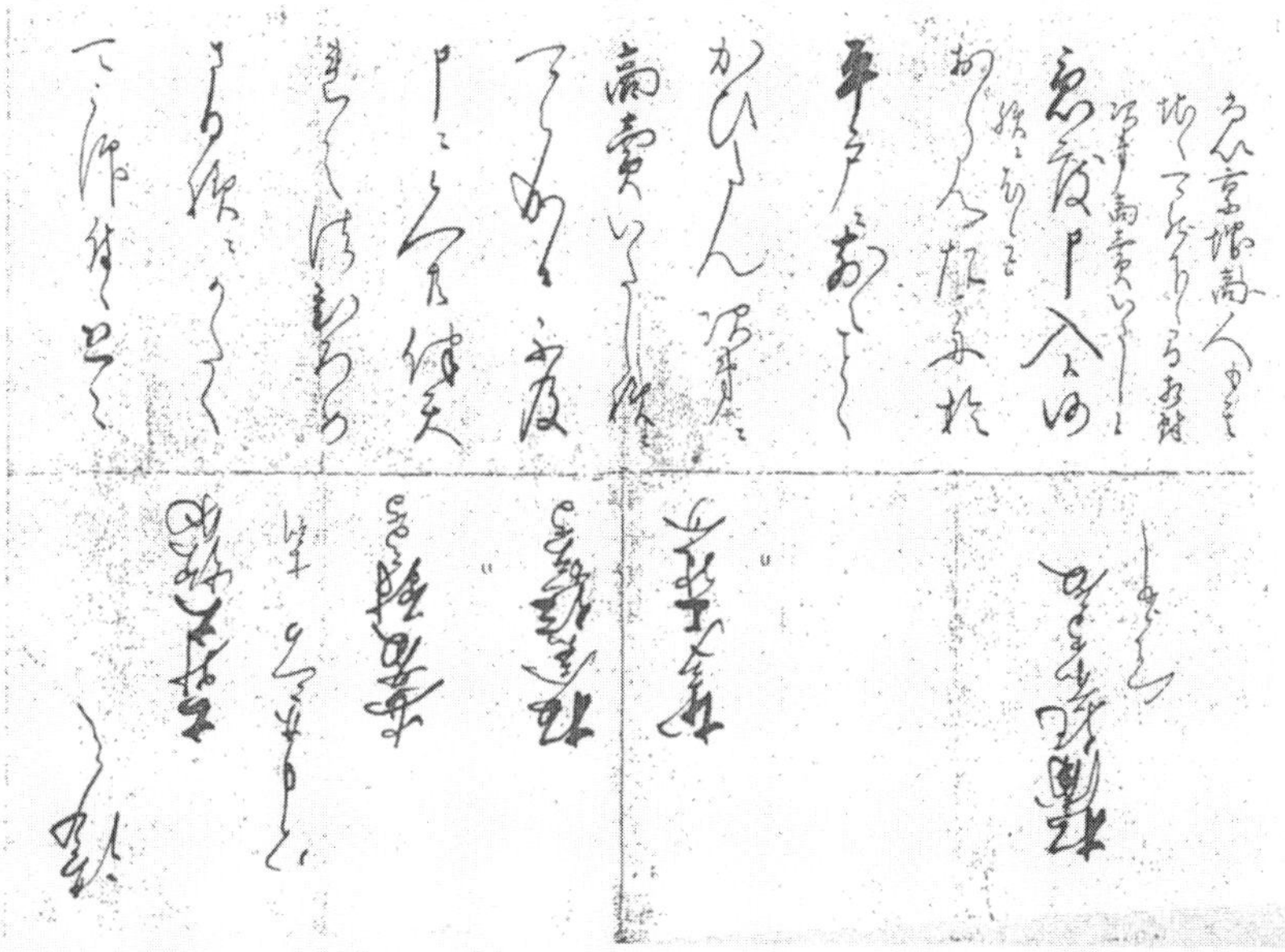

老中奉書（写）　（中山喬氏蔵）

3　老中奉書

急度申入候、仍おらんた舟於平戸ニ前之ことく
かひたん次第ニ商売いたし候様ニ可被成候、不
及申ニ候へ共、伴天連之法ひろめさる様ニ、か
たく可被仰付候、恐々謹言

土井大炊頭　書判
安藤対馬守　〃
板倉伊賀守　〃
本多上野介　〃

八月廿三日

松浦肥前守殿
人々御中

尚以、京堺商人も其地へ可罷下候間、相対
次第商売いたし候様ニ尤ニ候、以上

4　覚

覚

一道中泊宿之儀は不及申、江戸・京・大坂之定宿に逗留中、先格無之輩と阿蘭陀人と直段(談カ)仕らせ間鋪事

附、先格阿蘭陀人と直段(談)仕らせ候分をハ、其訳書付検使迠差出可任差図候事

一江戸・京・大坂・小倉・下関宿々におゐて、阿蘭陀人居所江先規より出入仕来候ものゝ由申出候共、検使差図無之して一切出入仕らせ間鋪事

附、大小通詞ハ不及申、阿蘭陀人部屋附之者并料理人・小使其外大小通詞之下人ニ至迠、自分之知人名付、阿蘭陀人居所江呼入候事、一切可為停止候、尤道中ハ不及申、定宿等ニ而、以御威光かさツに無之様ニ相心得可申候、於船中船頭・水主は格別、此方阿蘭陀人召連候もの共、小歌・浄瑠璃可為無用候、於湊々一切検使江無断陸江猥上り申間敷候事

一江戸・京・大坂・小倉・下関定宿之儀は不及申、何れ之宿ニ而も、阿蘭陀人買物仕候節は、大小通詞之内より検使江申談、検使之差図之上、前々之通、弥足軽小頭・町使立会、大小通詞之内并部屋附之者共肝煎候而、買物仕らせへく候、商人と阿蘭陀人計出会候而買物仕らせ間鋪事

附、本條之ことく阿蘭陀人買物之儀、商人と直談仕らせ候儀堅く令停止候上ハ、大小通詞其外部屋附之もの共精出、肝煎候而、阿蘭陀人買物手支不申様に可仕候、且亦、江戸・京・大坂定宿之者共若内々より阿蘭陀人と直談仕候歟、又は買物之取次等之事仕儀於有之は、宿主へ急度相断、差置、早速検使江申出、在府同役江可相達候、尤江戸相仕廻罷帰候節も右に准シ相心得、当地江着之已後、早速可申出候事

一泊宿におゐて、阿蘭陀人居候所程近く大小通詞居候様に可相心得候、若宿々住居ニより難成儀有之候共、

一夜之事ニ候條如何様にも乍繕、右之通可相心得候事
一大小通詞并召仕、且又阿蘭陀人部屋附、其外料理人・小使等に至迄、検使ニ不申達候而宿ゟ外江出あるき候儀可為無用候事
右之條〻堅可相守、聊違犯之儀於有之者、後日に相聞候共、急度可為曲事者也

戌
正月

5．覚（冒頭部分）

附記

本稿を草するにあたり、鶴岡市在住の中山家御当主中山喬氏には家蔵文書・資料の複写をはじめ、種々教示にあずかった。鶴岡市郷土資料館の秋保良氏には庄内藩関係史料をはじめ、参考資料の数かずを調査し、教示いただくことができた。シーボルト記念館学芸員扇浦正義氏には中山文庫の復写と編集でお世話いただくことができた。あわせて深甚なる謝意を申しあげる。

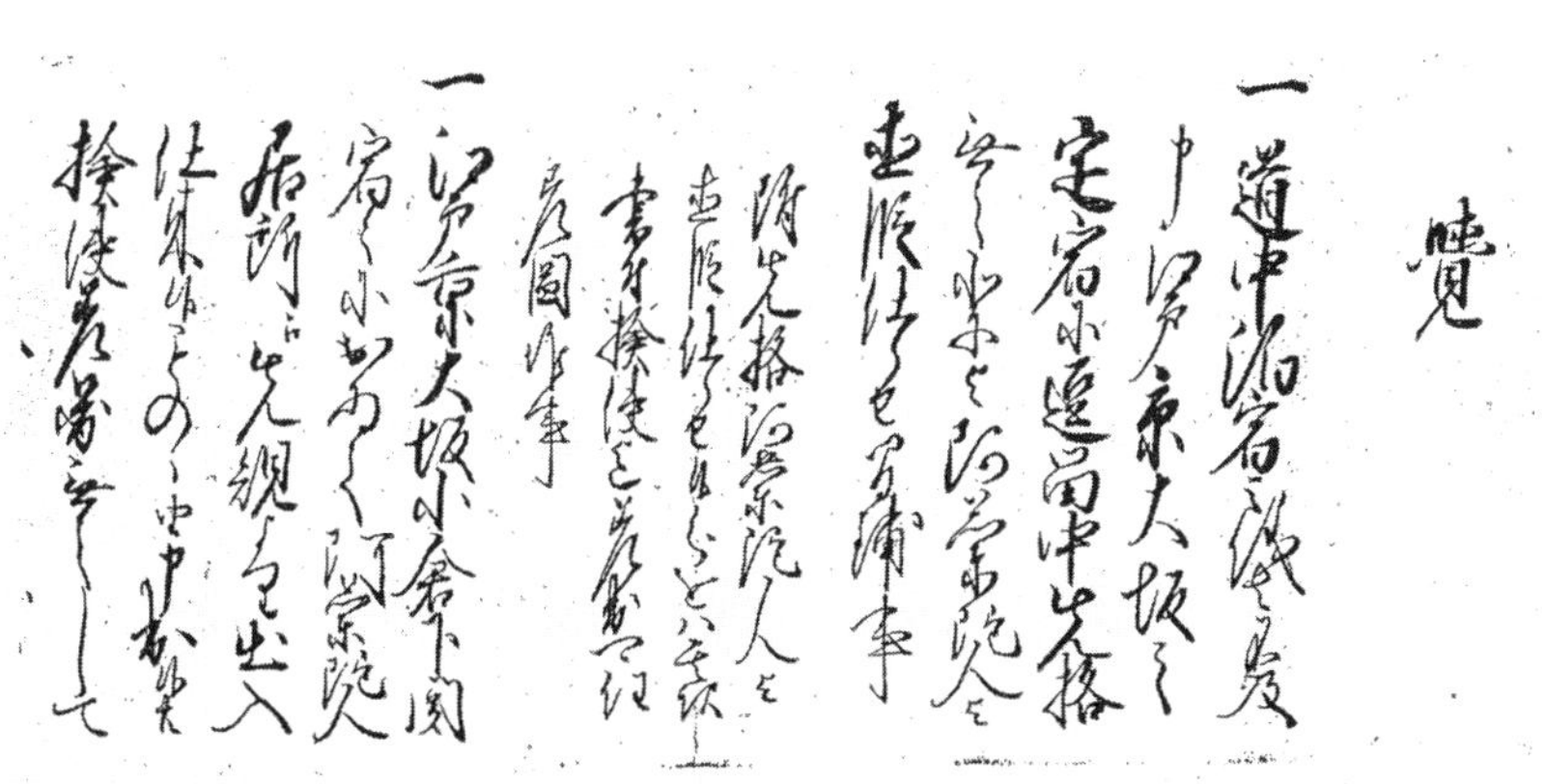

「覚」（冒頭部分）　　（中山喬氏蔵）

（シーボルト記念館『鳴滝紀要』第一七号二〇〇七年、より再録）

三　阿蘭陀通詞馬場為八郎の伝えたオランダ語表記

Ⅰ　問題の所在

Cat'sanとか、Kat'sanとオランダ人が呼んだ日本人は誰のことか。これは、なんと発音されたものか。Mitzoéno Gendamoとオランダ人が記録した日本人の氏名を、どんな文字で翻字できるか。

小通詞の岩瀬弥七郎、カピタン部屋付で内通詞小頭見習の菊谷藤次郎は、オランダのカピタンや商館員に、自分の氏名を正確な発音で呼んでもらうために、どんなオランダ語表記で伝えていたか。(1)

江戸時代、来日のオランダ人が日本語の発音を、どのように表記していたか。

迎えた日本人が、日本語の発音をどのようなオランダ語表記で伝えようとしたか。

当時の阿蘭陀通詞や蘭学者は、どんな表記・表現に工夫を凝らしていたか。

シーボルト事件に連坐し、預けられた亀田城下で、通詞馬場為八郎がどんなオランダ語表記を伝えたか、『長崎譯官馬場為八郎書』(2)によって検証してみたい。

Ⅱ　亀田藩における馬場為八郎

文政十三年（一八三〇）五月二十一日　判決、永牢。

羽州秋田新田藩佐竹壱岐守家に、お預けとなる。

同月二十五日　亀田藩岩城伊予守へ渡し替えとなる。

六月二十日　亀田城下着。藩は、作事屋敷の北側に建てた牢に入れ、佐藤左門、吉田権蔵、上杉小左衛門の三人を掛役とし、給人席から大番士まで二十五人、ほかに足軽を番士として昼夜交替で警戒に当たらせた、という。

為八郎が携えていった荷物のうち、ギヤマンのコップやデキャンターなどが伝存している。

幕府から示された掟書には、鼻紙の他、筆墨や紙の類は与えてはならぬと定められていた。しかし、亀田藩の取り扱いは寛大で、一日一枚の割で紙を支給し、筆墨の使用も黙認されていたという。

三年ほどして（天保四年、一八三三年か）、藩主岩城隆喜は、

・城下最上町の妙慶寺の裏手に小宅を建て、
・為八郎をそこに移し、
・城下諸氏との自由な交際を許し、
・腰縄も付けずに城下の往来を認め、
・ときには、城下鶴が沢の温泉に入湯も許した。

馬場為八郎肖像（シーボルト『NIPPON』より）

天保八年（一八三七）、幕府巡見使の来亀に際し、藩から領内の肝煎連中に回わされた想定問

答集「御答覚書」には、もしも馬場為八郎について質問を受けたら、牢に閉じ込めて日夜厳重に警戒しているとだけ答え、他に一切余計なことを申してはならぬと記されていたという。幕府に内密で、藩主がとった寛大な処置であったことが知られる。

九尺四方のその小宅には、異国噺を聞きにくる人々で賑わっていたという。町で鍼医を生業とする青年和田杉雪（三折とも）に、為八郎は、オランダ語と蘭方医学を教え、蘭方医に育てあげたと伝えられている。オランダ語表記の伝授や、いろいろな食品の製法や改良について受講する者が多かったという。目薬の製法を授けられ、秘伝の妙薬として、のちのちまで使われていたという例もあったという。

天保九年（一八三八）十月十九日　歿、七十歳。

十二月一日　検死。亡骸は妙慶寺の墓地に葬られたが、和田杉雪が荼毘に付し、遺骨を長崎に届けた。

長崎の聖林山本蓮寺の「過去帳」には、

「天保九年十月出羽国亀田城妙慶寺葬
慈眼院貞斎日量居士馬場為八郎七十歳　春徳寺納骨」

と記されているという(3)。

Ⅲ　『長崎譯官馬場為八郎書』の構成

現在、岩城歴史民俗資料館に、「長崎譯官馬場為八郎書」と墨書表題を有する十八丁ばかりの右綴じ小冊子が伝存している。

その内容は、オランダ語表記に関する九項目を中にして、「和蘭暦大畧話」と、デュールコープの墓誌銘についての記事が前後に付けられたものである。かつ、オランダ語表記関係の九項目はその内容からして、後から前へ進む内容に構成されている。そこで、この小冊子の内容順序に番号を付して示してみれば次の通りとなる。

（1）和蘭暦大畧話
（10）（オランダ語会話例）
（9）いろは　首尾　表記
（8）同　一体
（7）板行文字又印符文字頭書
（6）同　　　　頭書
（5）同字　別体
（4）書翰文字
（3）Het Naamen van het Hemel en Aard in het algemeen　乾坤門
（2）（音節の表記例）
（11）（デュールコープ墓誌銘関係記事）

Ⅳ　オランダ語表記の内容・順序

そこで、オランダ語表記に関する内容九項目を、その順序によって複写で示せば次の通りである。

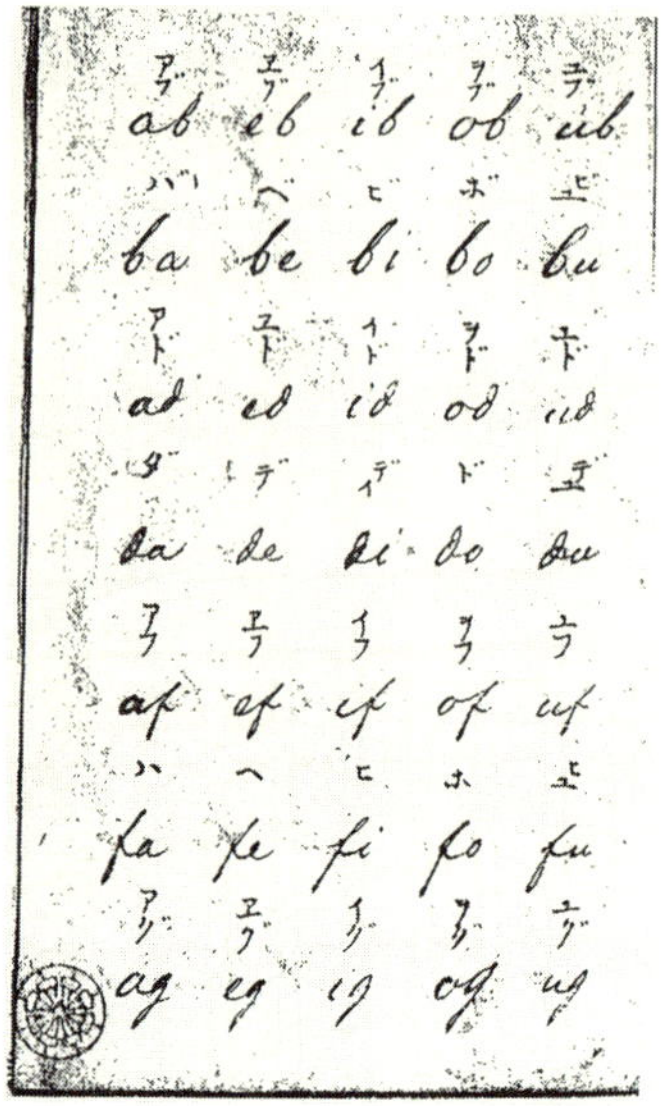

(2)（音節の表記例）　(1)

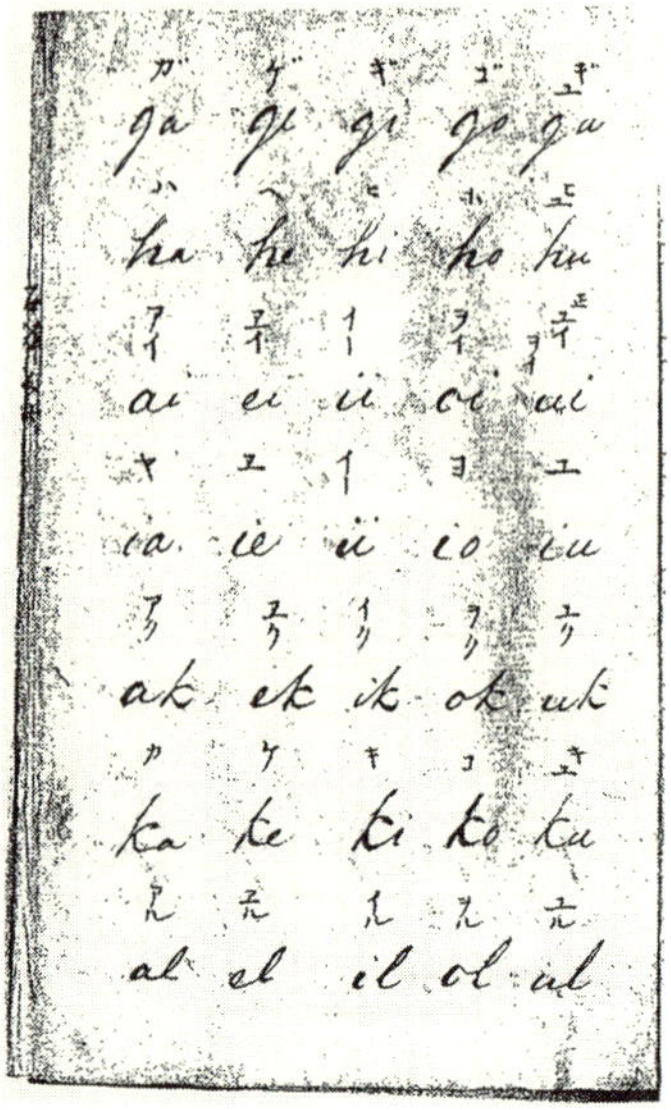

(2)

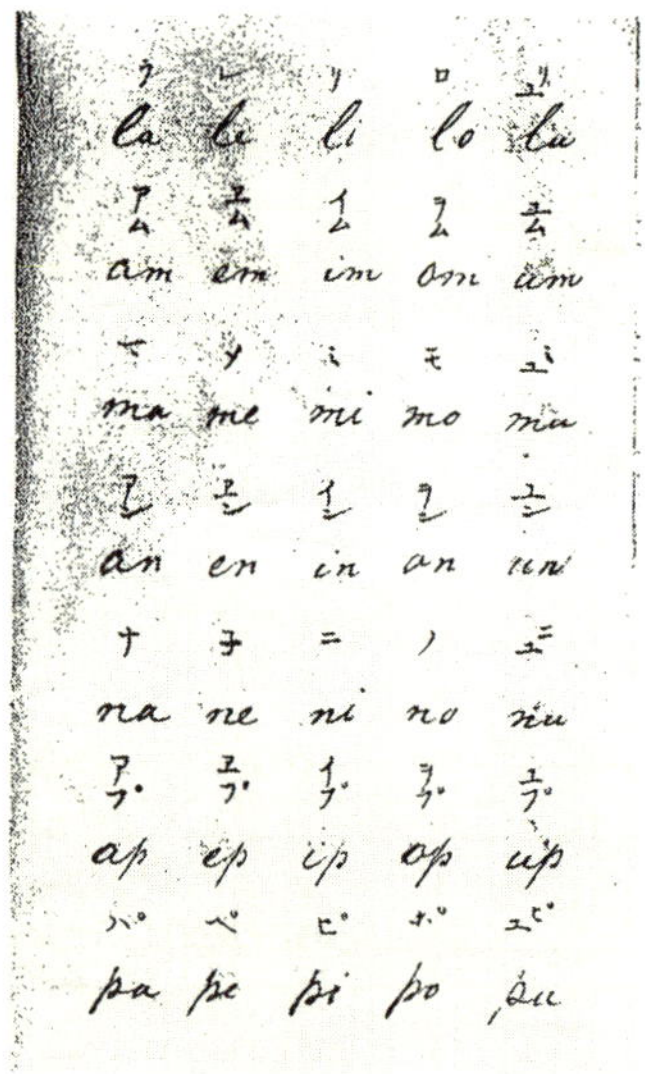

(3)

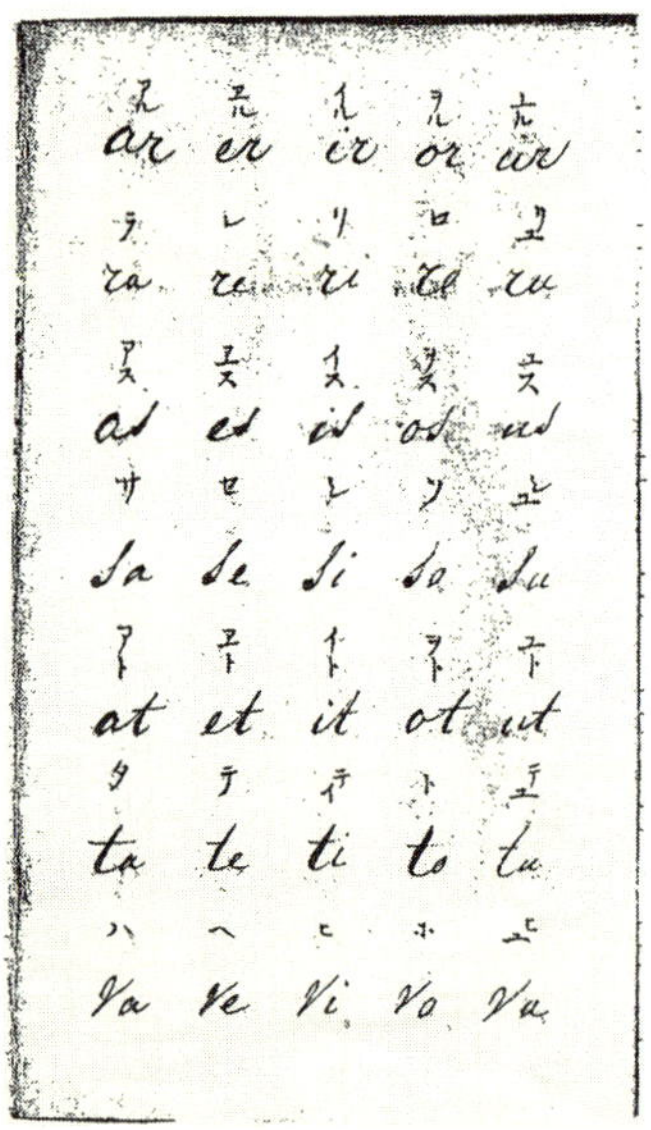

(4)

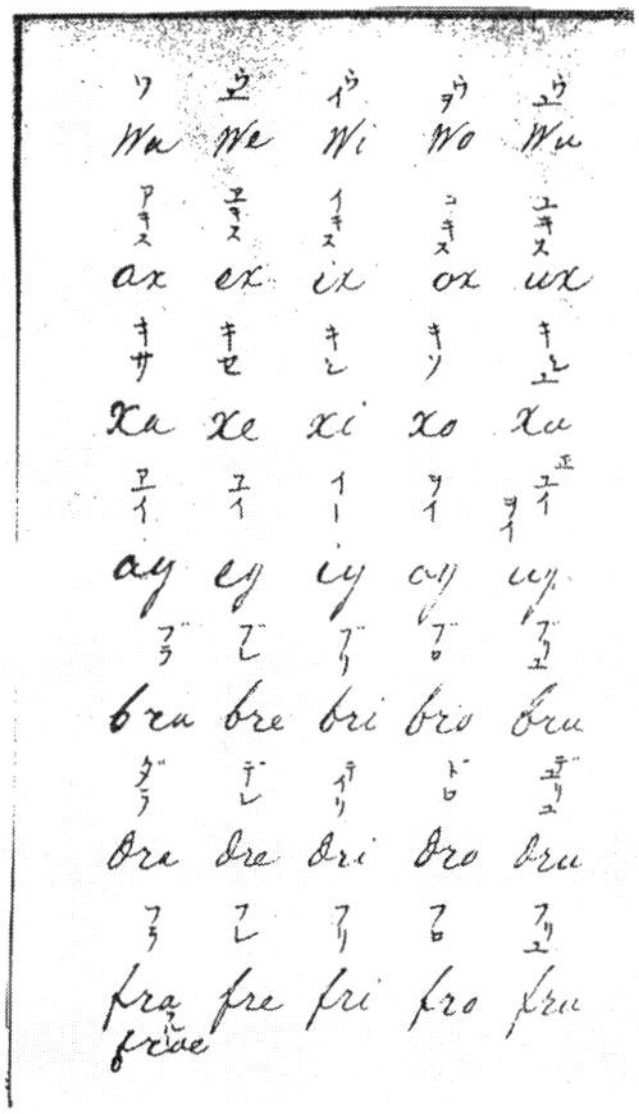

(5)

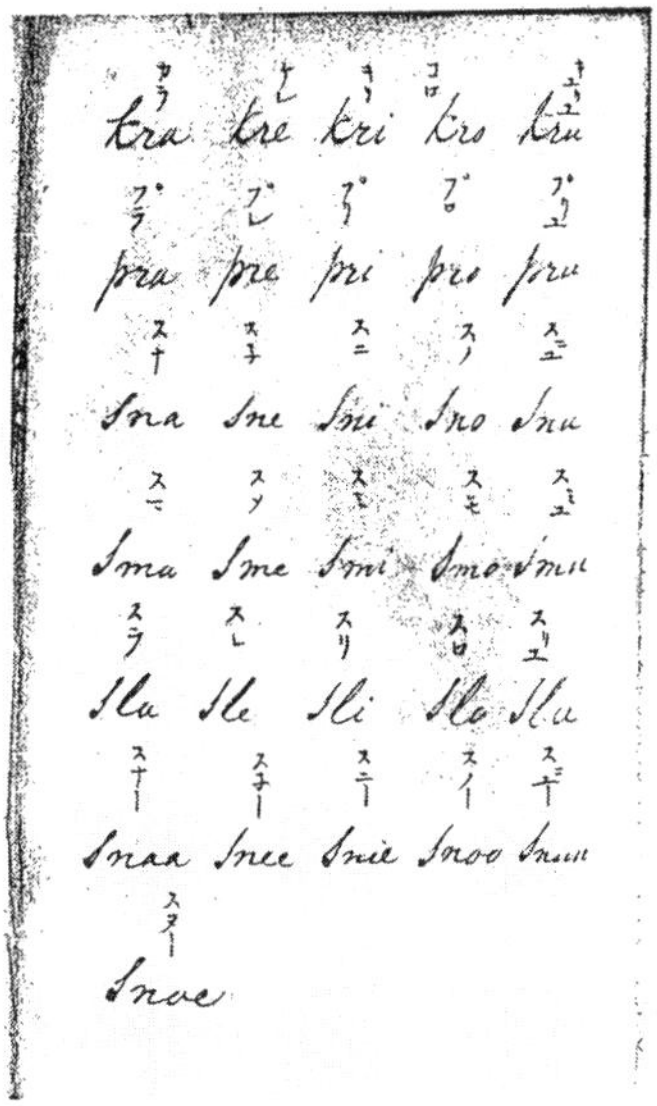

(6)

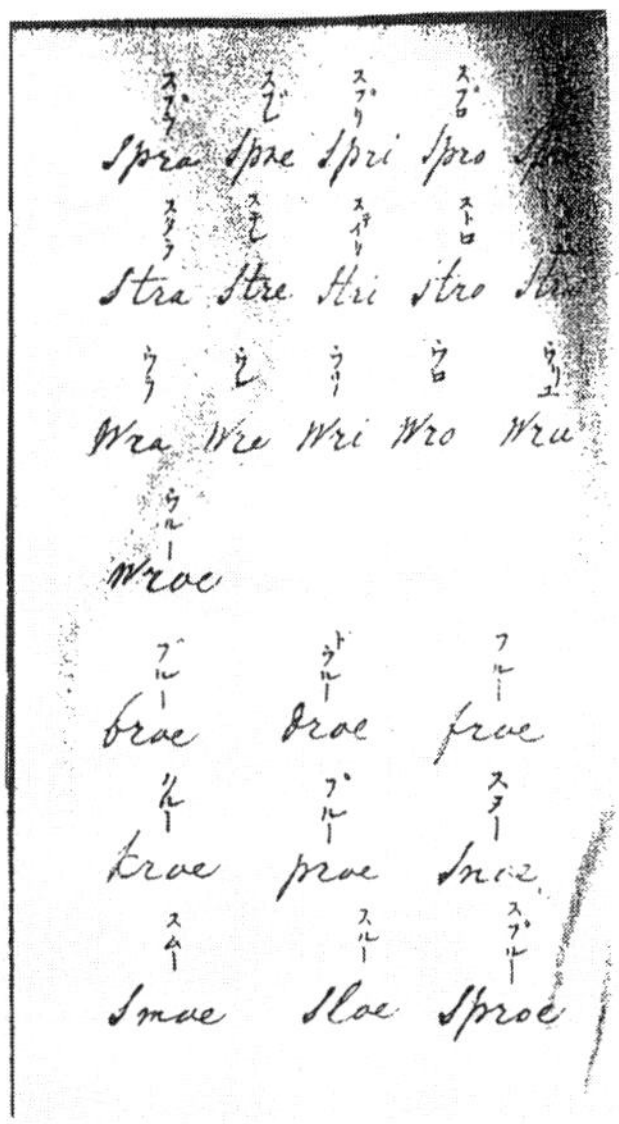

(7)

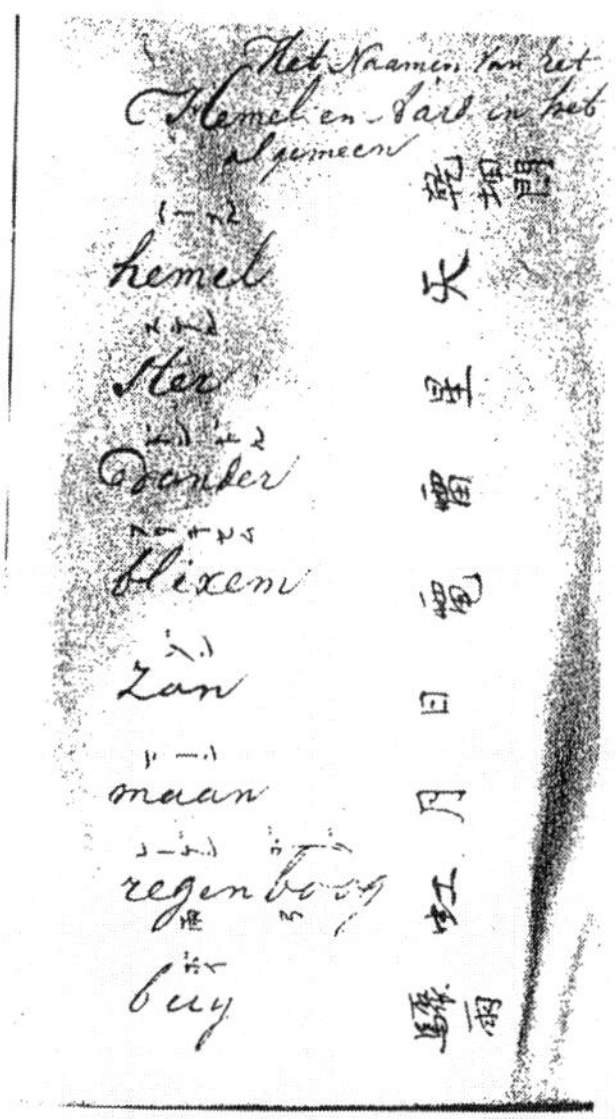

(8)

(3)　Het Naamen van het Hemel en Aard in het algemeen　乾坤門

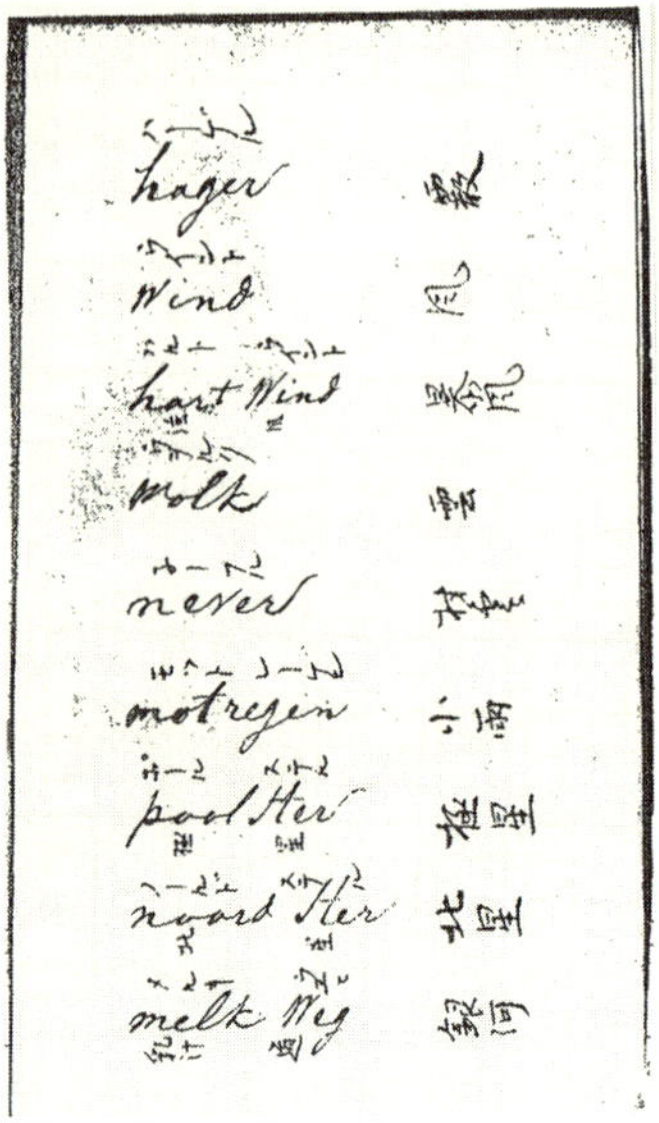

⑽

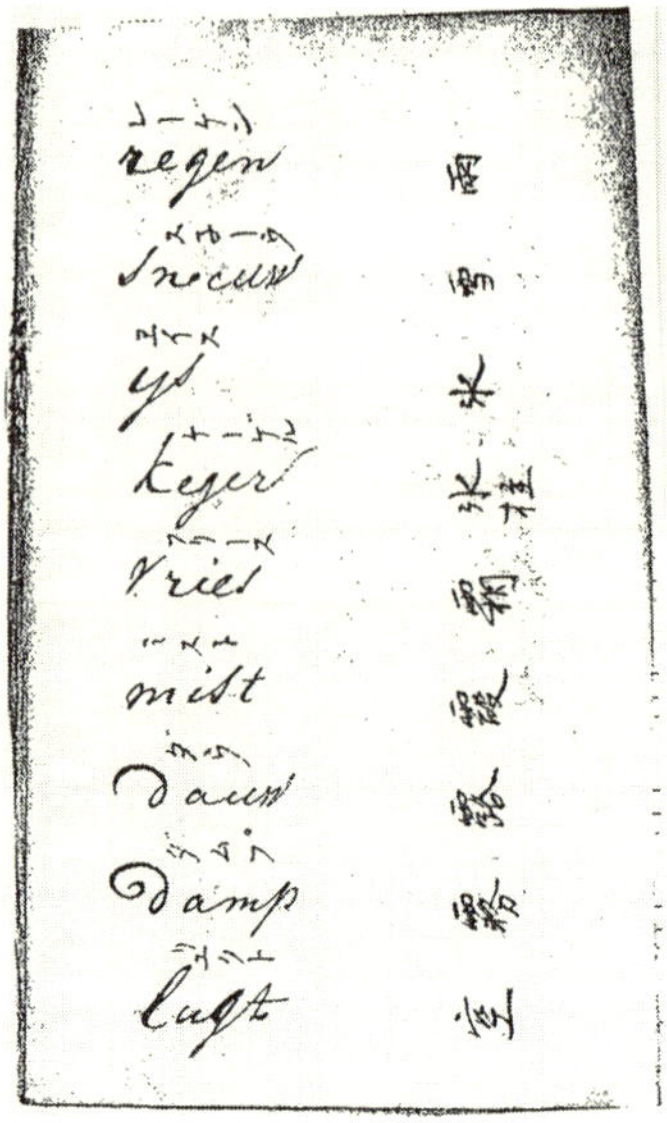

(9)

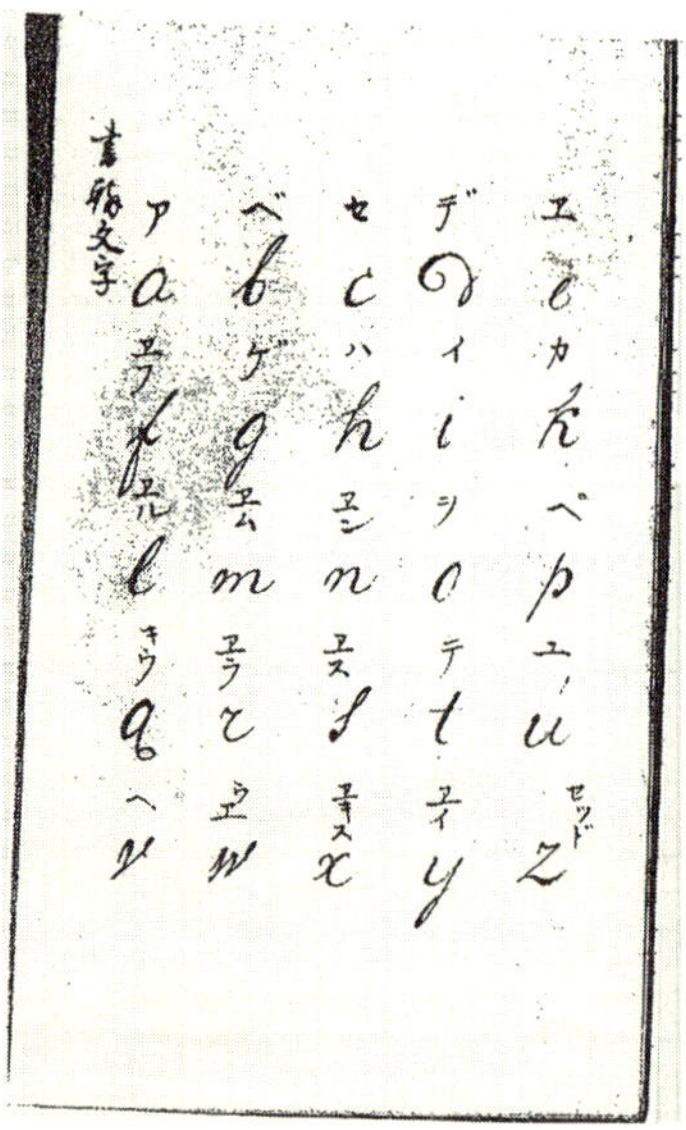

(4)　書翰文字　⑿

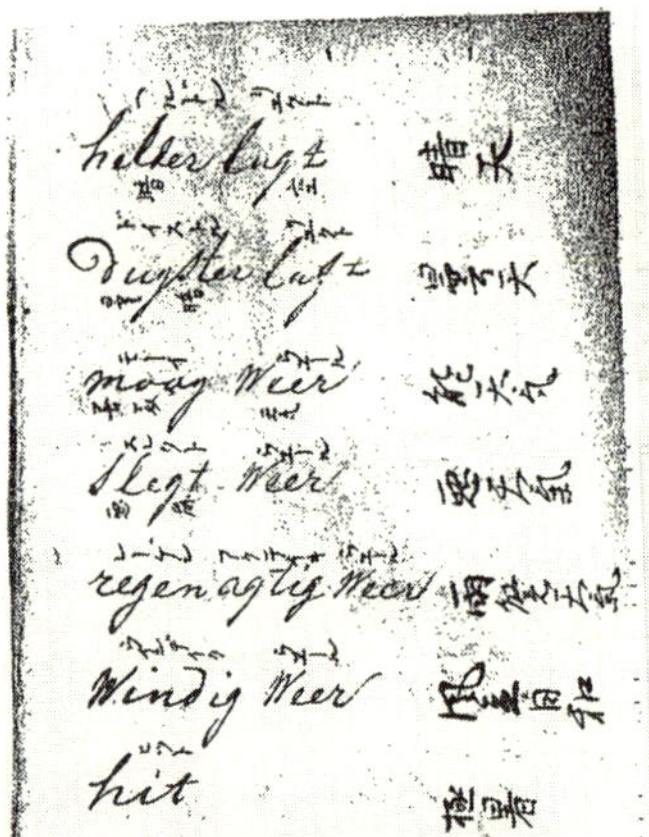

⑾

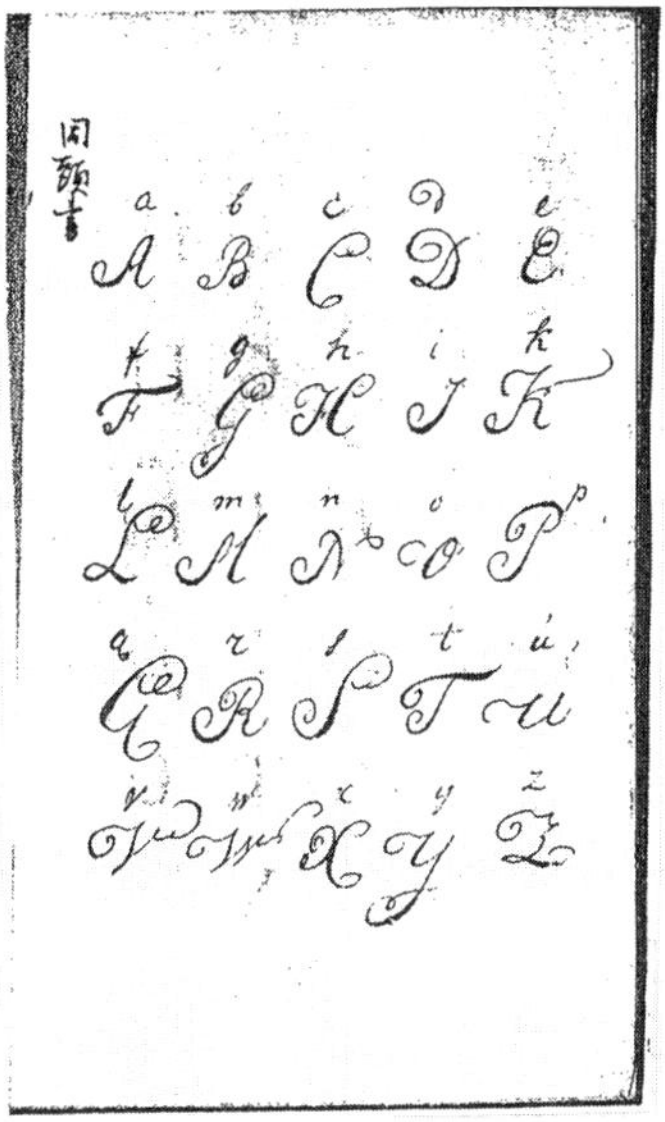

(6)　同　頭書　(14)

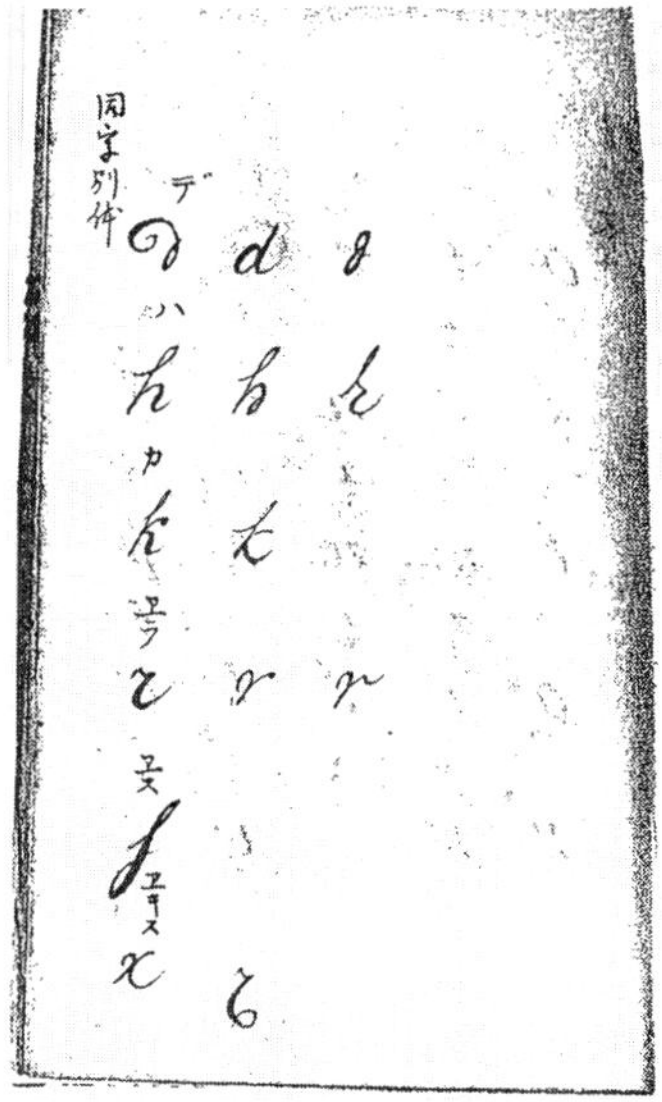

(5)　同字　別体　(13)

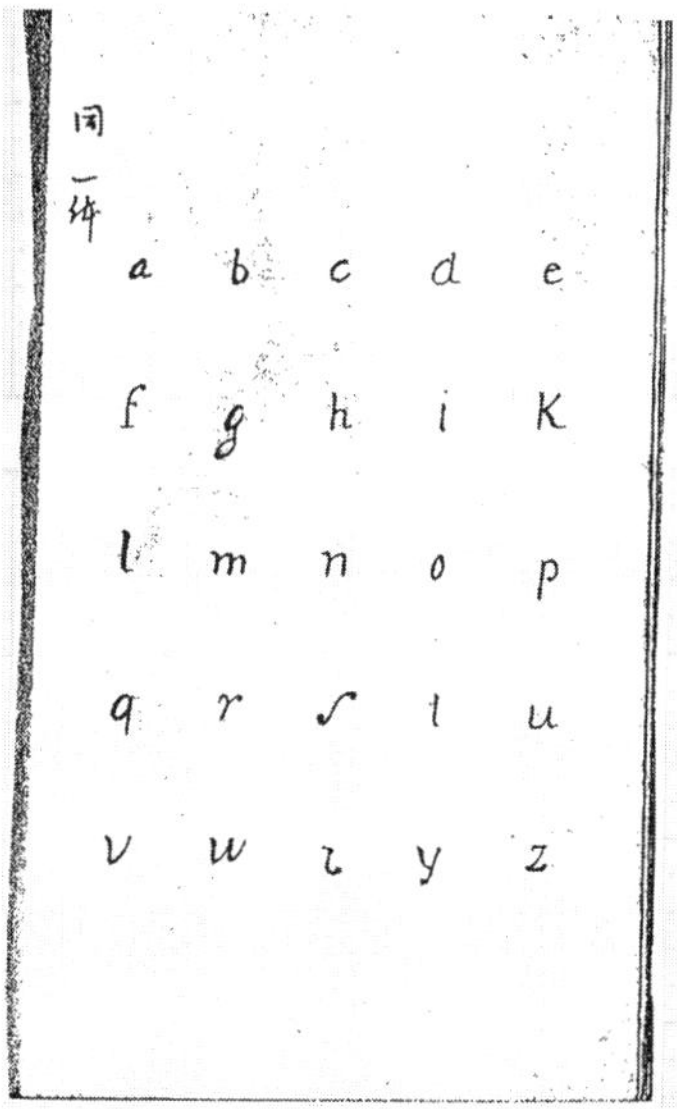

(8)　同　一体　(16)

(7)　板行文字又印符文字頭書　(15)

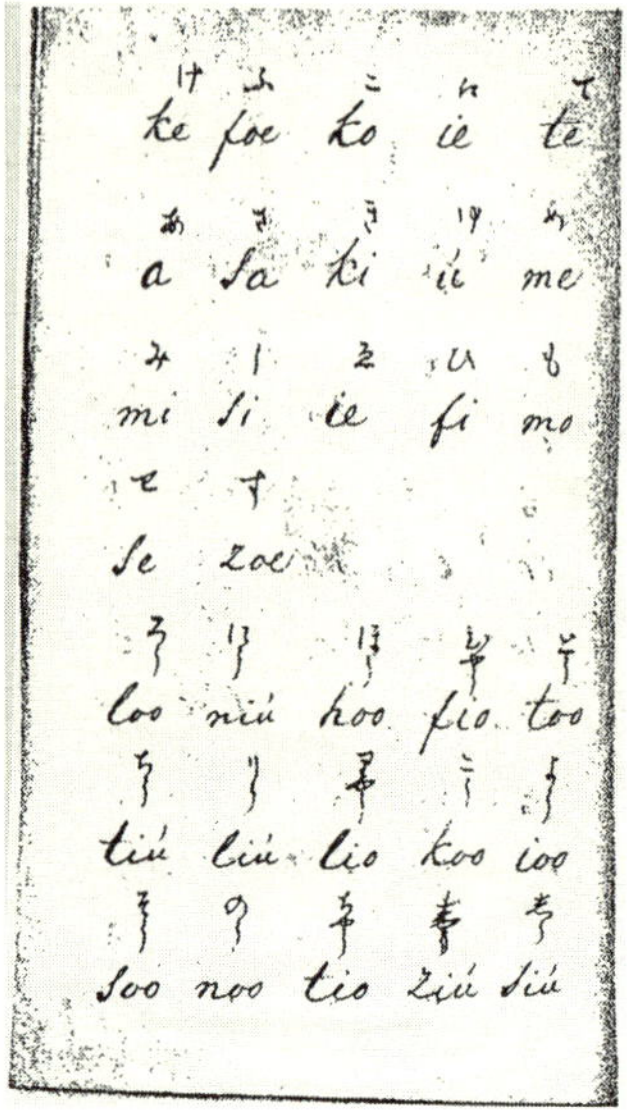

(18)

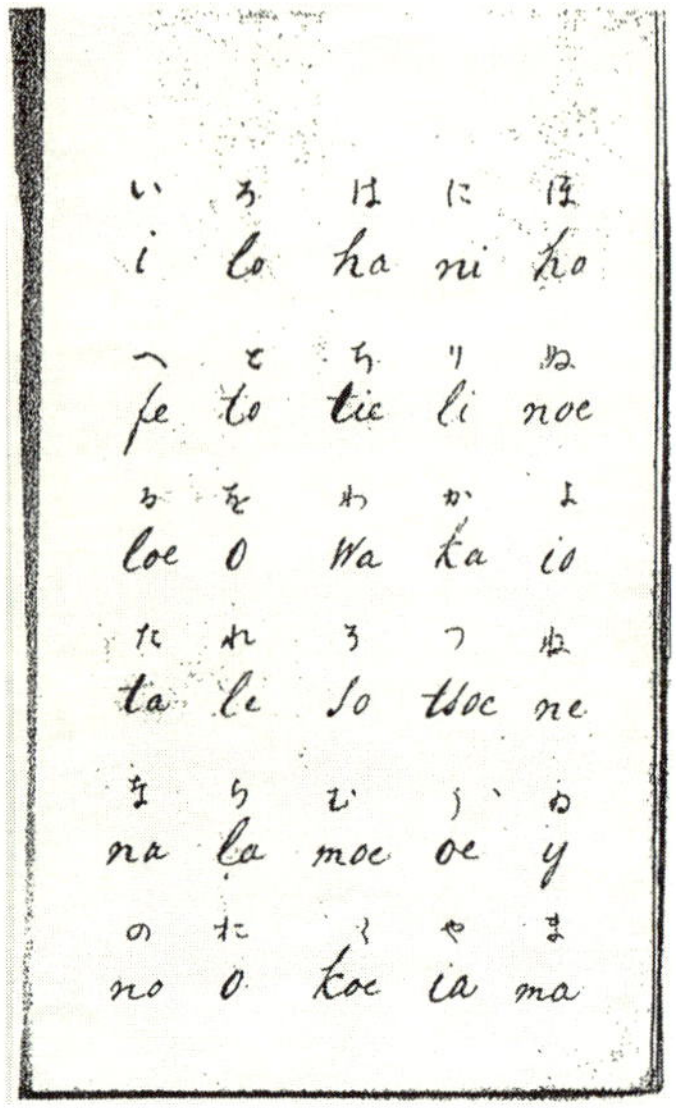

(9) いろは　首尾　表記

(17)

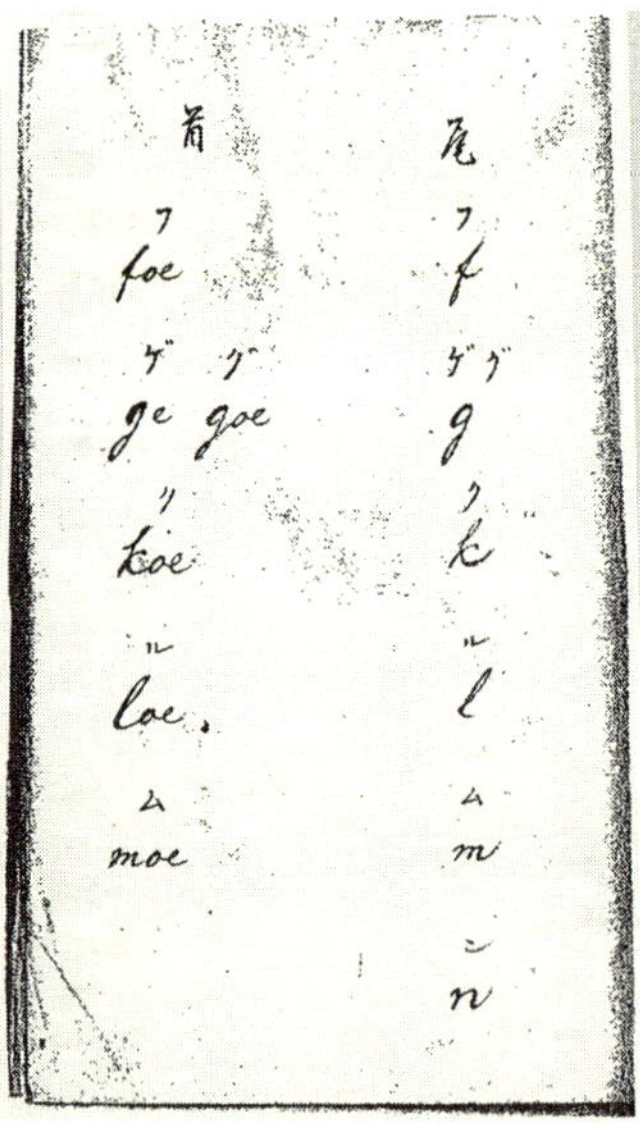

(20)

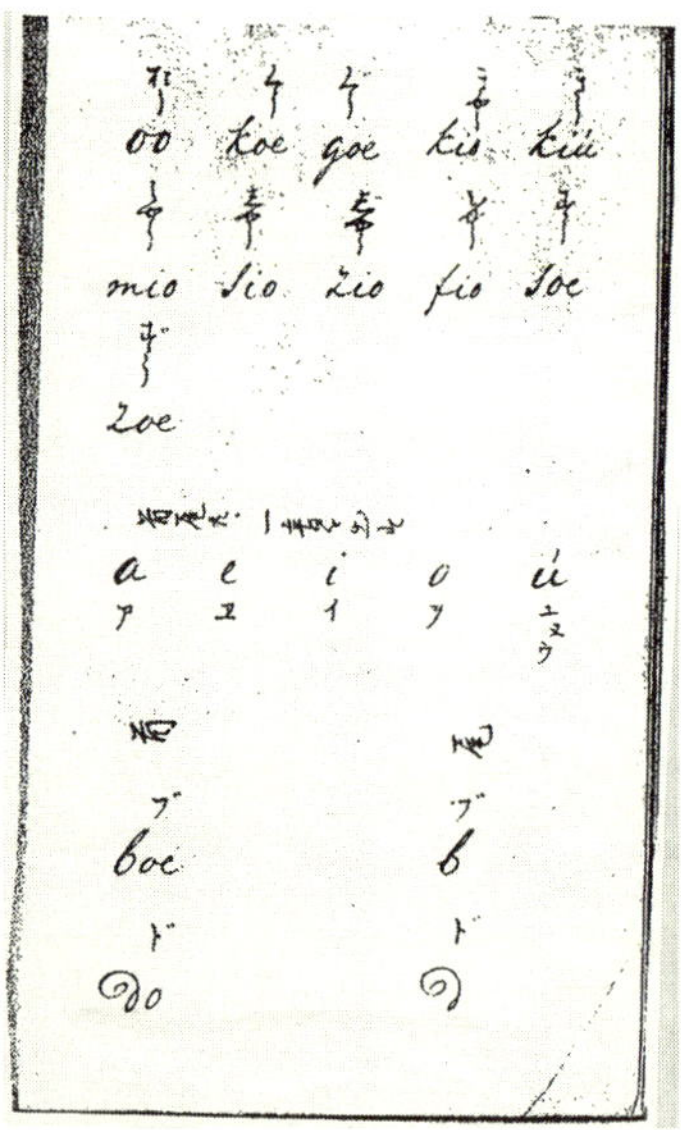

(19)

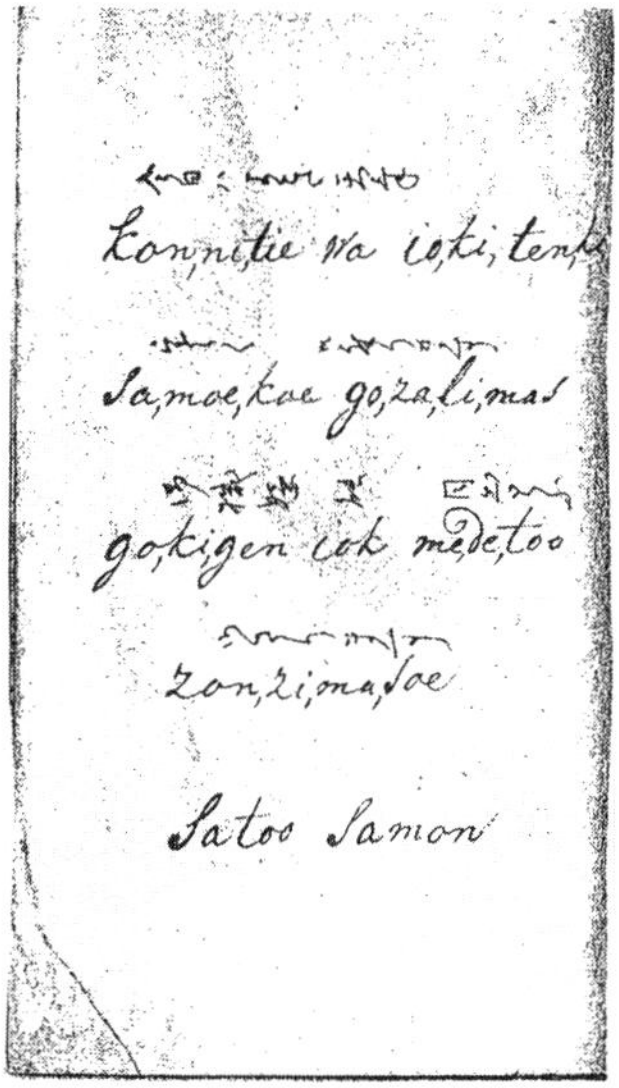

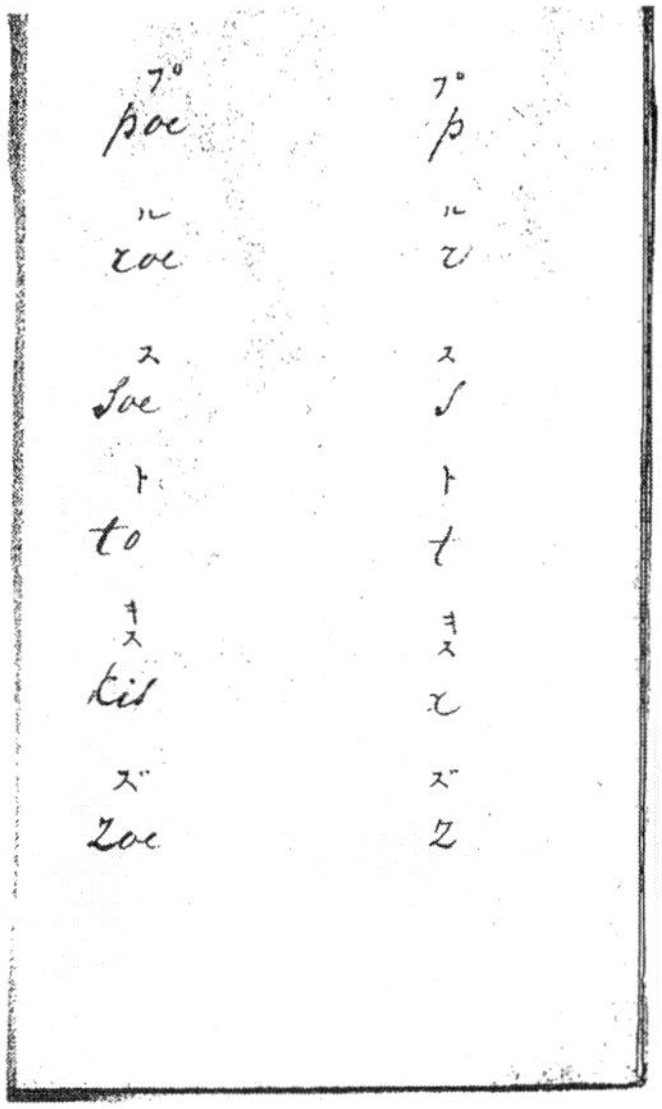

⑽　（オランダ語会話例）　㉒
『長崎譯官馬場為八郎書』

㉑
（岩城歴史民俗資料館蔵）

（2）（音節の表記例）

（3）Het Naamen van het Hemel en Aard in het algemeen　乾坤門

（4）書翰文字

（5）同字　別体

（6）同　頭書

（7）板行文字又印符文字頭書

（8）同　一体

（9）いろは　首尾　表記

（10）（オランダ語会話例）

V　『蘭学階梯』などとの比較・検討

大槻玄沢の代表作『蘭学階梯』(4)にみえるオランダ語表記例と一致する点が多い。

（2）の音節の表記例は、大槻玄沢の『蘭学階梯』の「配韻」の項で紹介されている例とよく一致する。ただし、次の諸例は『蘭学階梯』にみられない。

ai　ei　ii　oi　ui
ay　ey　iy　oy　uy　froe
kra　kre　kri　kro　kru
sna　sne　sni　sno　snu
snaa　snee　snie　snoo　snuu　snoe
spra　spre　spri　spro　spru
stra　stre　stri　stro　stru
wroe
broe　droe　froe
kroe　proe　snoe
smoe　sloe　sproe

例示の順番は一致しない。原書引用の際、改行やタテ・ヨコの配列順序、ページのかわりめなど、両者の引用の仕方が異なったものかもしれない。

（3）の「Het Naamen van het Hemel en Aard in het algemeen　乾坤門」は、表題のごとく、「hemel（ヘーメル）　天」のようにオランダ語の単語に、オランダ語の読みを片仮名で付け、日本語訳を対応させて付けた単語集で、全三五語から例示されている。本稿が主題としているオランダ語表記には直接関係するものとは思えないが、他の諸項目の内容とともに亀田の受講生たちに例示した単語の一部かと見受けられる。

この表題を見たとき、筆者は直ちに、阿蘭陀通詞や蘭学者の間に転写され、流布した「単語帳」を想起した。なかんずく、蘭和対訳の形式になっている単語帳『Holland Woorden Boek』と『西語名寄』を想起した。(5) 部類分けした諸部門のうちの最初の部門の表題「Van dezelfstandige naamen het hoofdste van hemel en aarde in 't algemeene　總而天地ノ間ニ有物ノ名目」と類似していると直感したからである。収載されている単語も三分の一以上は共通したものである。「乾坤門」と添え書きされている点も、いろいろな部門別の単語集の一部であることを伝えている、と見受けられるからである。両者に共通していない単語の多くは、日頃よく耳にするその日の天気に関する用語などで、馬場為八郎が来訪の聴講生に挨拶などに含めて伝えた実践的教示であった、とも見受けられる。

となると、当時、通詞や蘭学者の間には、この種の単語集が、次第に増補されながら流布していったことを読み取ることができ、注目に値する。

(4)の「書翰文字(abcd……)」は『蘭学階梯』の「文字」の項で紹介されている例と一致している。『蘭学階梯』が「書牘等」に用いる体としている意である。

(5)の「同字(書翰文字)別体」は『蘭学階梯』にみられない。

(6)の「同　頭書」(筆記体の大文字・小文字)のうち大文字は『蘭学階梯』にみられない。小文字は(4)「書翰文字」と同じである。

(7)の「板行文字又印符文字頭書」は、活字体の大文字で、『蘭学階梯』の「文字」の項に掲出されている。なお、筆記体の小文字(書翰文字)が添えられている。前項(6)の場合も同じ趣旨で添えられたものと見受けられる。

（8）の「同　一体」は『蘭学階梯』の「文字」の項に「ロメキンセレツテル」として掲出されている。
（9）は、日本の「いろは」に配したオランダ語発音表記である。長音表記の例を附記している。
「首尾共、一音を出す」として、挙げている表記は、同じと思えるオランダ語の発音でも、単語の頭に出る場合の音と、末尾に出る場合の音とで、相異していることを、書き分けている例示である。

「いろは」オランダ語発音表記を、五十音図の配置に、し直してみると次のようになる。該当の表記が欠けているところは推定して（　）付きで補完してみる。

為八郎	カ ka	ケ ke	キ ki	コ ko	キ ユ ku
玄沢	カア Ka カ	カエ ke ケ	カイ ki キ	カオ ko コ	カユ ku キ｜ ユ
玄沢	セア Ca カ	セエ ce セ	セイ ci シ	セオ co コ	セユ cu キ｜ ユ
為八郎	ハ ha	ヘ he	ヒ hi	ホ ho	ヒ ユ hu
為八郎	ハ fa	ヘ fe	ヒ fi	ホ fo	ヒ ユ fu
玄沢	ハア Ha ハ	ハエ he ヘ	ハイ hi ヒ	ハオ ho ホ	ハユ hu ヒ｜ ユ
玄沢	エア フ Fa ハ	エエ フ fe ヘ	エイ フ fi ヒ	エイ フ fo ホ	エユ フ fu ヒ｜ ユ

あ	い	う	え	お
a	i	oe	ie	o
か	き	く	け	こ
ka	ki	koe	ke	ko
さ	し	す	せ	そ
sa	si	zoe	se	so
た	ち	つ	て	と
ta	tie	tsoe	te	to
な	に	ぬ	ね	の
na	ni	noe	ne	no
は	ひ	ふ	へ	ほ
ha	fi	foe	fe	ho
ま	み	む	め	も
ma	mi	moe	me	mo
や	(い	ゆ	(え	よ
ia	ij)	ú	ie)	io
ら	り	る	れ	ろ
la	li	loe	le	lo
わ	ゐヰ	(う	ゑヱ	をヲ
wa	ij	oe)	ie	o
ん				
n				

次に発音表記を比較してみる。

為八郎	アブ ab	ヱブ eb	イブ ib	ヲブ ob	ユブ úb
玄沢	アベ A b アップ	ヱベ e b ヱップ	イベ i b イップ	オベ o b ヲップ	ユベ u b ユップ
為八郎	バ ba	ベ be	ビ bi	ボ bo	ビ ユ bu
玄沢	ベア B a べ	ベエ b e べ	ベイ b i ビ	ベオ b o ボ	ベユ b u ビ｜ ユ

玄沢の場合は、Abの例のように、Aとbの上にそれぞれアとベと発音を書き、下にAbと続けてアップと発音すると表記している。

発音表記は馬場為八郎のほうが断然良い。「首尾共、一音を出す」などと、同じ音でも、単語の首または末尾に出る場合で、表記の異る用例を示しているなど、オランダ人に、日常的に接して、実践経験を積んだ阿蘭陀通詞ならではの解説と表記である。

(10)のオランダ語会話例は、「いろは」を「五十音図」に配置替えしてみたことによって、より一層、検証しやすくなり、実践例として理解しやすくなった。まず、一読してみる。

今日ハ　よき　天気
Kon, ni, tie　wa　io, ki, ten, ki
寒く　　御座ります
Sa, moe, koe　go, za, li, mas
御機嫌　　能　　目出とふ
go, ki, gen　iok　me, de, too
御さります
Zon, zi, ma, soe
（佐藤　左門）
Satoo　Samon

一音ずつ（こ）を入れて、表記して、見せている。会話文に出てきた一音ずつの表記のうちで、上記五十音図にみえない音は、go, za, S, ge, k, deの六音である。このうち、上記の「首尾」のなかに、S、kは見えている。goとgeは、同じく「首尾」のなかのge, goe, gから応用して理解できよう。Zaは、同様にしてzoe, zから応用して理解されるであろう。deも、同様にしてde, dから応用して理解されるであろう。このようにして、濁音も組織的に理解されていったものと察せられる。

Satoo Samonは佐藤左門と翻字が可能である。さすれば、馬場為八郎が来亀の当初から、藩が警戒のために付けた士であったことがわかる。このように、日常、身近かに接した番士のなかから、馬場為八郎の人物と学才に感化を受けて、教えを請う者が現われ、増加していったものと察せられる。それが、やがて、三年ほど後に、更に藩主の寛大な処置を得、街の人々までも教示を請うというふうに発展していったものと察せられる。

なにしろ、馬場為八郎は、レザーノフ来航時の応接通詞団の一員として働き、蝦夷地御用で蝦夷地出向、英船の出島乗っ取り事件の際はカピタン・ドゥーフと協議、事件解決に尽力、『諳厄利亜語林大成』編纂に加わるなど、輝やかしい経歴をもつ、当代一流の知識人だったわけであったから、その教導は、最新の海外情報と豊富な経験・知識に裏打ちされていたから、確実で、説得力のあるものであったと察せられる。なによりも、本書がそれを雄弁に物語っていると判断される。

なお、本書の二箇所に捺された紋印は、東北地方、佐藤一族が広く使用する「源氏車」紋であるという(6)。さすれば、馬場為八郎から教授を受け、さらに本書を書いてもらって押印のうえ佐藤左門が愛蔵していた記念の一書ということになろう。その筆跡は、殊にオランダ語スペルの書き振りは、伸びやかで、的確、筆勢を保っ

a	ka	sa	ta	na	fa	ma	ja	la	wa	n	ga	za	da	ba
ji	ki	si	ti	ni	fi	mi	ji	li	ji		gi	zi	zi	bi
oe	koe	soe	toe	noe	foe	moe	joe	loe	woe		goe	zoe	zoe	(boe)
e	ke	se	te	ne	fe	me	je	le	e		ge	ze	de	be
wo	ko	so	to	no	fo	mo	jo	lo	wo		go	zo	do	bo

ており、書記の仕方は阿蘭陀通詞の筆法であると、筆者は鑑定する。となると、この一書は亀田の地で著した馬場為八郎の貴重な自筆本一書ということになる。すこぶる注目に値する。

大槻玄沢の門下生長崎浩斎が百人一首をオランダ語表記で書き留めている。これを材料に、一音ずつ分解のうえ、あらためて五十音図に並べかえてみたのが上の表である。(7)

これを得て、馬場為八郎、大槻玄沢、長崎浩斎の、それぞれ書き留めたオランダ語音表を比較してみると、よく合っている。いま、三者の間で異同のある表記のみを一覧表にしてみると、次のようになる。

馬場為八郎	大槻玄沢『蘭学階梯』	長崎浩斎
i い	i	ji
oe う	ú	oe
ie え	e	e
o お	o	wo
koe く	kú クユ	koe
zoe す	sú スーユ	soe
tie ち	ti テーイ	ti
tsoe つ	tú テーユ	toe
noe ぬ	nú ヌーユ	noe
ha は	Fa ハ	fa
foe ふ	fú フーユ	foe
ho ほ	fo ホ	fo
moe む	mú ミーユ	moe
ia や	ya ヤ	ja
ú ゆ	yú イユ	joe
io よ	yo ヨ	jo
loe る	lú ルーユ	loe
ij ゐ ヰ	wi ウーイ	ji
ie ゑ ヱ	we ウーヱ	e
o を ヲ	wo ウーヲ	wo

Ⅵ　まとめ――判明点など

1　馬場為八郎の書き留めた『長崎譯官馬場為八郎書』にみえる「オランダ語表記」に関する記述部分は、小冊子ながら組織だったものであることが判明した。

2　音節の表記例は、大槻玄沢の『蘭学階梯』と共通の例語が多い。

3　大槻玄沢は、例語をオランダのオランダ語入門書「「タラップデルヱウグド」と云フ書より抄出シテ」と明記している。"Trap der Jeugd（青年の階梯）"である。(8)

4　したがって、馬場為八郎も"Trap der Jeugd"によって学習し、著作に用いていたことがわかる。と同時に、玄沢よりも、より多く採用していることもわかる。

5　同一の原書によりながら、その発音の表記については、大槻玄沢よりも馬場為八郎の方が正しく、すぐれている。

6　「いろは」に配したオランダ語発音表記を「五十音図」に配置替えしてみたことによって判明したことは、日本の五十音図発音をオランダ語でどのように表記していたかが、組織的に理解されたことである。

7　馬場為八郎、大槻玄沢、その門下生長崎浩斎と、三者が書き留めた、五十音図に当たるオランダ語発音表記は、三者一致している点が多い。したがって、当時、通詞・蘭学者の間で共通した組織的表記の存在したことが判明する。ただし、異同の認められる表記もかなりあって、完全に統一的に確立した表記に至っていないことも判明する。

8　三者の表記を点検すると、馬場為八郎の表記が大槻玄沢の表記よりも長崎浩斎の表記に共通する点が多く認められる。

かつ、馬場為八郎の表記が、当時、通詞や蘭学者の間で、より共通して使用されていたように思われる。これは筆者の経験にもとづく判断である。

9　最後のオランダ語会話例で使用されている表記は、そのほとんど全てが、上記の表記に見られるものであって矛盾するところがない。上記の表記に見られない若干の表記も、組織性によって容易に理解できる表記となっている。

10　以上のような諸点が判明してみると、通詞馬場為八郎が永牢で預けられていた地の亀田城下で伝えたオランダ語表記が、すぐれて組織だった表記であったことがわかる。

11　このような正確で、組織だった表記を、馬場為八郎が暗記にのみ頼って伝えたものとは、とても考えられない。

馬場為八郎が携行した荷物のなかには、洋酒壜や軸物、布類のほかに「洋書数部」もあったと伝えられている[9]から、本書に含まれている暦の話やデュールコープの墓誌銘を含む記録類も含まれていたことかと察せられる。オランダ語表記や単語集、文法書なども含まれていたことかと察せられる。

12　いずれにしても、馬場為八郎が亀田の地で、思いのほか組織だった教示に従事していたことが判明して、驚嘆に値する。

亀田において、門下生から慕われ、藩主から破格の厚遇を与えられた要因が、このようなものであったのかと思われてならない。

註

（1）Cat'san も Kat'san も、長崎海軍伝習期間中に、オランダの教師団や出島のオランダ人が、勝海舟のことをこのように呼び、表記していた。何と発音していたか。カツサンかカッツァンか、テープレコーダーで録音されているわけではないから、断定はできない。教官のカッテンディーケから勝海舟に贈呈されたオランダ語の文法書 Nederlandsche Spraakleer のタイトルページに見える献辞には「Katsan カツアン」と明記されている。（長崎歴史文化博物館『勝海舟と幕末長崎』平成一九年一一月、三三ページ参照）。

Mitzoëno Gendamo は、嘉永三年（一八五〇）江戸参府をしたカピタンのレフィスゾーンが参府人名簿のなかで表記した日本人名で、このままでは日本人名を推定し、翻字することはできない。京の阿蘭陀宿海老屋の「御用書留日記」（片桐一男校訂『阿蘭陀宿海老屋の研究Ⅱ史料篇』思文閣出版、一九九八年、所収）によって、はじめて水野鉉太夫と知り得る。（片桐一男『レフィスゾーン　江戸参府日記』新異国叢書　第Ⅲ輯6、雄松堂出版、二〇〇三年と、片桐一男『阿蘭陀宿長崎屋の史料研究』雄松堂出版、二〇〇七年に、「一八五〇年江戸参府人名表」は収載されている）。岩瀬弥七郎は Jwase Jasitsiro と、菊谷藤次郎は Kikja Toosiroo と、伝えられている。（上記、一八五〇年江戸参府人名表）。

（2）岩城歴史民俗資料館（秋田県本荘市岩城亀田亀田町）所蔵。

（3）この章、吉田昭治『馬場為八郎』一九八六年、岩城町教育委員会、による。

（4）『日本思想体系　蘭学上』（岩波書店、一九七六年）所収本による。

（5）片桐一男「阿蘭陀通詞・蘭学者の単語帳―辞書に見えない世界を覗く―」（『未刊蘭学資料の書誌的研究』書誌書目シリーズ43、ゆまに書房、二〇〇六年）。

（6）二〇〇七年三月一日、洋学史研究会、月例研究会席上において、佐藤賢一氏より教示を得たことを鳴謝する。

（7）片桐一男『蘭学、その江戸と北陸――大槻玄沢と長崎浩斎――』（思文閣出版、一九九三年）所収。

（8）"Trap der Jeugd"は、現在、日本国内で見付かっていない。筆者も未見である。オランダ国内の大学図書館、古書界の動向を検索してくださった横塚啓之氏の教示によれば、三種類ほどの刊本が存在するようであるが、そのうちのどの版に該当するものか、決めかねている。博雅の教示を得たい。検索の労をとって下さった横塚啓之氏に鳴謝する。

（9）前（3）及び、呉秀三『シーボルト先生　其生涯及功業』（吐鳳堂書店、一九二六年）による。

〈付記〉

1．「和蘭暦大畧話」と（デュールコープ墓誌銘）については、他日の検討を期したい。

2．『長崎譯官馬場為八郎書』は、会員の河元由美子氏が二〇〇七年九月八日史料採訪をされ、岩城歴史民俗資料館の斉藤雅子氏の好意によって、複写を提供して下さったものである。両氏の高配に対し、深甚なる謝意を表すものである。

（『洋学史研究』第二五号、二〇〇八年、より再録）

3．なお、二〇一四年五月六日、秋田県由利本庄市岩城亀田亀田町字田町41の岩城歴史民俗資料館と岩城亀田の妙慶寺宝物殿馬場為八郎関係遺品を採訪する機会を得た。その調査資料を盛り込んで「シーボルト事件で流罪となった阿蘭陀通詞馬場為八郎」と題する蕪文を『鳴滝紀要』第二五号（平成二七年三月三一日）に寄稿している。参看いただけたら幸いである。

四　米沢配流の吉雄忠次郎

Ⅰ　シーボルト事件で配流の三通詞

シーボルト事件で流罪となった阿蘭陀通詞は、

大通詞　　馬場為八郎
小通詞助　吉雄忠次郎
小通詞末席　稲部市五郎

の三通詞である。

三通詞は三大名の在所へ配流と達せられた。

大通詞馬場為八郎は、最初、秋田藩新田佐竹壱岐守家へお預けと達せられたが、羽州由利郡亀田城主の岩城伊予守へお預け替えとなった。小通詞助吉雄忠次郎は、羽州置賜郡米沢新田上杉佐渡守へお預け、小通詞末席稲部市五郎は、上州甘楽郡七日市藩前田大和守へ預けられた。

本稿においては、米沢が終の住処(ついのすみか)となった吉雄忠次郎のその後を追ってみることにしたい。

Ⅱ　お預け人引き請け三家の情報共有

まず最初に確認しておきたい一事がある。流人としての通詞を預けられた大名家は、通詞を実際どのように扱ったらよいか、幕府、具体的には江戸の町奉行に「伺い」をたてた。「伺い」の各条に対して、「附け札」をもって、即刻回答、取り扱い上の指示を与えられている。この取り扱いの指示情報を、幕府が三大名の藩役人たちが共有して取り扱うように仕向けていることである。これは、まず注目しておくべき一点である。各家、各藩にのこる資料の残存のちがいから、三通詞が、それぞれ終いの住処の地に至るまで、次いで到着してから死去に到るまでどのように取り扱われていたか、従来、不明の点が多かった。

今回の確認で、今後は、三家三藩に伝存している資料を共通資料として活用が可能となる。重大な点と思えるからである。

三通詞が三大名のそれぞれの在所へ送られる際の注意記事に次のような文言がみえる。

一、此度被　仰渡候ニ付、佐竹様　前田様　上杉様　御家来共申談、取扱候事

通詞を実際に取り扱う担当の三家の家来が連絡を取り合い、共通理解のうえに立って、預けられた通詞を取り扱うことがもとめられていた、と読み取れるからである。この幕府の基本方針がわかってみると、従来、見過されてきた文言が鮮明にみえてくる。例えば、

此度被　仰渡候一条ニ付、佐竹様　上杉様ゟ御案内御願、御家来中（中略）申談可給候様ニ（下略）

とか、

（前略）案内状を以申来、即刻　上杉様江順達

とか、

右ニ付、岩城伊予守様　上杉佐渡守様江も以奉札御案内出候事

などとみえる文言、命令書の「順達」の様子が具体的にみえていて、理解を明白にする（「喬梁連累公案」による）。

Ⅲ　吉雄忠次郎　請け取り

「文政十三寅年五月廿一日夕大久保加賀守殿御宅江銘々呼出し相達」

上杉駿河（マヽ）守江
阿蘭陀小通詞（マヽ）
吉雄忠次郎

右之者不届之品有之永牢申付候、長崎表には難差置筋に付、其方江引渡候間、在所江差遣、流人之取扱ニ而生涯取籠置候様可被致候、尤請取方並途中手当等之儀は筒井伊賀守江可被承合候

五月

これは、文政十三年（一八三〇）五月二十一日の夕、老中大久保加賀守が上杉佐渡守に阿蘭陀小通詞助吉雄忠次郎を永牢に処し、長崎に置くことはできない、身柄を引渡すので流人の取り扱いで、生涯取り籠い置くよう達したものである。

文政十三年五月二十一日の「喬梁連累公案」には、

一佐竹壱岐守様、上杉佐渡守様江も壱人ツヽ御引渡ニ付、万端談候事

一筒井様御門前ニ而、佐竹様、上杉様御類役江申談候得者、尚又申談、今晩四ツ時頃迠ニ筒井様御役所江請取ニ出可申旨手紙ニ而申遣ス

一夜五ツ時、居所御用意出来ニ付、左之通召連罷出候而、筒井様御門前ニ而待合申候処、
　佐竹様　上杉様相揃候而、八ツ時御役所江出、御評席ニ而伊賀守様、其外、与力・同心、御用人立合ニ而、
御引渡有之、与力当番所前ニ而、駕籠乗セ召連候事

江戸の町奉行筒井伊賀守の門前で、佐竹家上杉家の役人が、「今晩四ツ時頃（午後十時頃）」迄に馬場為八郎と吉雄忠次郎を請け取りに来るように、「手紙」で達した、という記録である。

「夜五ツ時（午後八時）」、請け取って置くべき「居所」の「用意」ができて、町奉行筒井伊賀守の「門前」に「待ち合せ」、「八ツ時（午前二時）」に「御役所」に「出」、「御評席」で伊賀守の引き渡しの口上があって、与力、同心、用人の立ち合いのもとに引き渡しが行われた。「与力当番所」の前で、馬場為八郎、吉雄忠次郎を、それぞれ「駕籠」に乗せ、佐竹家、上杉家へ運んだことがわかる。深夜の「引き渡し」「請け取り」手続きであったことが判明する。

Ⅳ　吉雄忠次郎の罪状

阿蘭陀小通詞助吉雄忠次郎
寅四十四

總而日本より阿蘭陀人江音信贈答は容易に不相成段、弁乍罷在、去る戌年江戸詰中、阿蘭陀人参府に付、高橋作左衛門願之上、対話致し候節に附添参り、通弁致し候上は、同人儀外科シーボルト江懇意を結び書籍贈答致し候はば、早速其筋江可申上の處、等閑に相心得、剰長崎表江帰着後、シーボルトより作左衛門江書籍等相送り候を取次候段、御用筋と心得候迚、右始末、通詞之身分、別而不届に付、永牢申付羽州置場郡米沢新田城主
上杉佐渡守勝義江引渡遣候
五月二十五日

これによると、吉雄忠次郎の罪状は、シーボルトと高橋作左衛門の間で行われた「書籍」贈答の「取次」をしたことが罪に問われたものであったと判明する。

Ｖ　江戸出立から米沢への護送

一上杉様江御渡相成候者左之通

阿蘭陀小通詞並
吉雄忠次郎
寅四十四歳
六月二日御在所に被差立候

これによって、吉雄忠次郎が、文政十三年の「六月二日」に、江戸の上杉邸から在所米沢へ送られるべく出立したことがわかる。

さて、江戸から米沢までの道中、吉雄忠次郎はどのようにして送られたか。米沢上杉家としてはどのようにして連れて行ったか。

上杉家から町奉行に「伺い」をたて、「御差図」があった。引用の都合上、番号を付けてみる。

(1)一栗橋　御関所罷通候節者　御證文御役所ゟ御渡被下候儀と奉存候
（御附札）同
屋鋪例を以取計候様可致、御役所ゟ手形不差出候
(2)一道中先触之儀者、御役所ゟ其筋江御達可被下候

御附札先触之儀達等者、屋敷ゟ取計可致候

（3）一道中ニ而、万一死去之節者、江戸江差戻可申哉、又者在所江差下シ可申候哉

同　御評議中ニ付、追而御差図可申候

（4）一在所ニ而生涯取籠置候罪人之儀ニ付、厳敷可仕候得共、身分柄取扱向、番人等、如何可仕哉

同　御用達ニ准し候ものニ付、相応ニ手当仕、番人侍壱人、足軽両人程、昼夜附被置可被申候

（5）一夜具等之儀、何様ニ可仕候哉

同　蒲団を用ひ可被申候

（6）一右之外者、御並合ニ准し心得候而可然候

同　書面之通可被心得候

（7）一此度被　仰渡候一条ニ付、佐竹様　上杉様ゟ御案内御願御家来中ゟ家来之者江萬事申談可給候様ニと、
御使者御類役にて此方様ゟ拙者相勤候事

第一・二条（1）（2）では、栗橋の関所通過証文（手形）を役所から出してもらえるか、どうかという「伺い」である。これに対し、附札で、上杉家の「屋敷例」で取り計え、としている。幸いにもこのとき上杉佐渡守が出した「証文」が見付かった。後掲の通りである。

第三条（3）で道中で万一死去の場合の処置を伺っている。「評議中」で、「追而」差図するとしている。

第四条（4）では、吉雄忠次郎を在所で「取籠置」く際の「番人」について伺っている。「番人侍一人、足軽両人程」を付け、「昼夜」の警固を指示されている。

第五条（5）は「夜具等」についての伺いである。「蒲団」使用の指示であった。

第六条（6）は、右の「外」の扱いについては「御並合」いでよろしいか、と伺っている。伺いの通り心得よと指示されている。

第七条（7）は、佐竹家と上杉家の「家来之者」たちが「万事申談」して行えとしている。

両家が馬場為八郎、吉雄忠次郎両預り人を同程度に取り扱え、と指示、要請していることがわかる。

「安土堂古書・良書目録」第一号（一九七七）に「シーボルト事件吉雄忠次郎遠流通行証（原文書）」と題して掲載された一紙文書（32.5×45.5cm）である。八木正自氏から写真一葉の恵贈によってここに紹介できることを鳴謝したい。

「長髪」「網懸乗物」で、吉雄忠次郎が「腰縄付」にされていることがわかる。「房川渡中田御関所」が前述の（1）「栗橋　御関所通過」に相当する。

長髪男壱人、網懸乗物腰縄附、従江戸出羽國米澤新田迠差遣申候、房川渡中田御関所無相違罷通候様御手判可被下候、右者長崎阿蘭陀小通詞助吉雄忠次郎与申者ニ而御座候、町奉行筒井伊賀守ゟ拙者江引渡ニ相成、此度拙者在所江差遣申候、若此長髪男ニ付、以來出入之儀致出來候者拙者方江可被仰聞候、為後日證文仍如件

文政十三庚寅年五月　　上杉佐渡守　判

石川左近将監殿
曲渕　甲斐守殿
柳沢　佐渡守殿
佐藤　美濃守殿
松平　内匠頭殿

Ⅵ　米沢での幽囚生活

吉雄忠次郎が米沢で、どんな幽囚生活を送ったか。伝えられるところ、極めて少ない。以下、わずかな伝承と、藩の断片的記録を読み得るのみである。

護送されて、米沢に着いた吉雄忠次郎は、代官小島次左衛門の蔵役人渋谷安太郎寛仁の座敷牢に入れられ、次いで福田町の上村家に、さらに山上通町の石坂家に移され、石坂広次宅で死亡したと伝えられている（北條元一『米沢藩医史私撰』）。

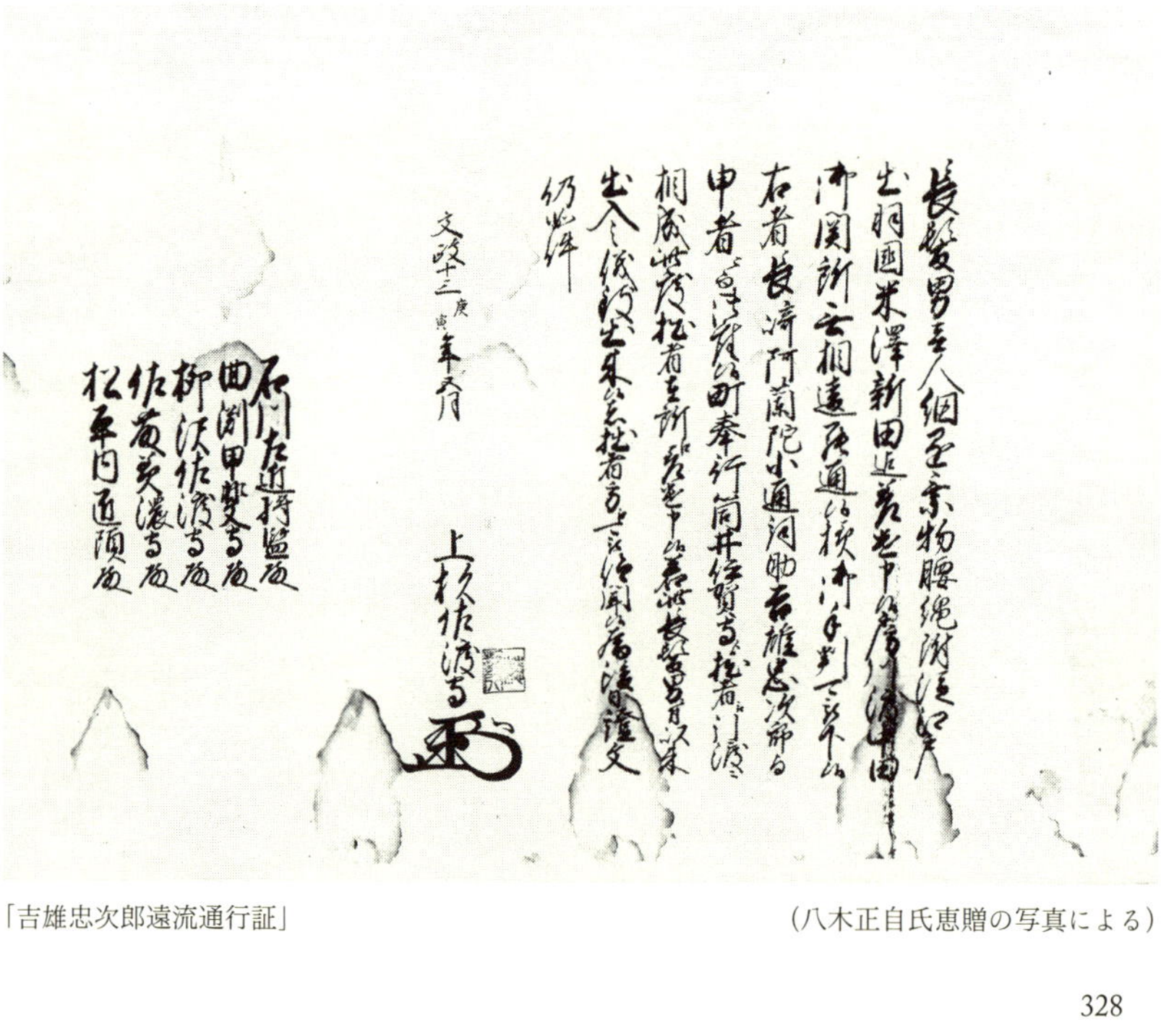

「吉雄忠次郎遠流通行証」　　（八木正自氏恵贈の写真による）

伊藤竜豊『西蓮寺史』には、渋谷家を買い取った鹿俣宅に「その時の古文書が保存されている」として、忠次郎を取り籠めに関する「掟」を記載している。西蓮寺住職伊藤竜豊氏が渋谷家の子孫に当たる渋谷弥太郎氏から見せてもらい写したものであるという。他に薬物処方の書かれたものもあったという。

写本として伝わった右の「掟」に筆者の校訂を加えて次に紹介して置きたい。なぜかというに、「附」の文を一ヶ条とみて処理されているが、「附」の一文は、あくまでもその右の一つ書きの文に附けられた文であるからである。かつ、読点を付し、形式を整えてみる。さらに、引用の便を考えて整理番号を（　）付でつけてみる。

掟

（1）一、今度吉雄忠次郎従公儀御渡に付、所定置ノ番人、昼夜無油断、厳重可相守事

（2）一、番人外、何方ヨリモ往来為致間舗事

附、番所江刃物差置申間舗、腰物之儀茂揚屋遠ク放置可申事

（3）一、筆墨望候（マヽ）相渡申間舗事

附、鼻紙ハ苦シカラザル事

（4）一、三時賄之儀、一汁一菜、折節ハ平付、惣而魚類相用候者、骨無之品者苦シカラザル事

附、酒ハ無用ノ事

（5）一、火入候事、不相成、尤煙草同断之事

（6）一、扇子団扇之類望候者、柄短之団扇限　其外不相成候事

（7）一、行水入湯、稀々者望ニ可相任事
（8）一、髪詰候儀者、望次第、鋏遣ヒ候事不相成、尤月代不相成候事
附、手拭短尺ヲ相用可申候事
（9）一、夜具者蒲団ニ限、夜蚊帳不相成事
（10）一、病気之節、上番之者ヨリ早速滝田甚蔵へ申出候事
（11）一、揚屋之鍵、上番預置可申之事
（12）一、出火之節者、場所近辺者、近所住居中、伏嗅、同心之者早速罷越、内手鎖相掛、町奉行所揚屋江同道
可致事
附、急火ニテ、役目之者不罷越候者、下番之者如本文可相心得事、
右之条、屼想心得可申、若懈怠候者可為申（曲カ）事者也
文政十三年六月

米沢藩上杉家の吉雄忠次郎に対する警固振りは、前述した通り、江戸から米沢へ護送の際、その取り扱いについて江戸の町奉行に伺いをたて、「附け札」で指示された諸項目と右にみた「掟」によって察するのみである。


「番人」として「侍壱人」「足軽両人程」が「昼夜」油断なく付けられていた、ということになろうか。（1）

「番人」のほか「何方」との「往来」も禁じられていたようだ。「刃物」は斥けられていた。（2）

鼻紙以外の「筆墨」は与えられなかったようである。（3）

食事は、三時とも「一汁一菜」が常で、時折「平」が付けられた。「骨」のない「魚類」は許され、「酒」は「無用」とされていた。(4)

「火入」「煙草」は許されなかった。(5)暖国育ちの身にとって、米沢の寒気は厳しいものであったであろう。

「扇子」と「団扇」の使用は許されていたが、「柄」の「短」いものに限られていた。(6)

「行水」「入湯」は「稀」に許されていたようだ。(7)

「髪結」は「望次第」許されてはいたが、「鋏」の使用と、「月代」を剃ることは許されなかった。「手拭」も「短」いものに限られた。(8)前述した「長髪男壱人」の表現が想起される。

「夜具」は「蒲団」に限り、「蚊帳」を使用することは許されなかった。(9)

「病気」の節は、「上番」から藩に知らされ(10)、「揚屋之鍵」は「上番」が「預」った。(11)

忠次郎が籠い置かれている所が「出火」の際は「内手鎖」をかけ「町奉行所揚屋」に移されたようだ。(12)

右をみると、自殺、逃亡の防止に厳しく見張られ、日常生活、賄いは簡素なものであったと察せられる。馬場為八郎の預けられた亀田藩岩城伊予守家と稲部市五郎の預けられた七日市藩前田大和守家の取り扱い振りが、比較、参考になるが、ここでは深入りしない。

藩の「勤書」(文化十四年以来勤書)にみえる町医師吉田元碩良佐の記載中に、次の記事を見ることができる。

一天保元年六月中　佐渡守様江御預人長崎通詞吉雄忠次郎病氣ニ付、療治方被仰付、同四年三月中迠取扱候処、為賞毎年御目録被成下中候

これをみると、天保元年は文政十三年（一八三〇）と同じ年のことであるから、吉雄忠次郎は、米沢配流の当初から病身であったことになる。病身であったとすれば、どんな病状であったのだろうか。どんな病気であったのだろうか。従来、忠次郎の病状、病気についての報告を寡聞にして知らない。そこで思い出されるのが、忠次郎の出島での勤務状況である。後に詳述するが、商館長ヤン・コック・ブロムホフ Jan Cock Blomhoff に宛てた短い連絡文の数々である。出島の通詞部屋で夜勤・宿直のときのことと思われるが。

（前略）よろしかったら、医師殿から薬をいただきたいのです。といいますのも、今夜大変喘息で、息づかいが悪いのです。

とブロムホフに「薬」を所望し、追て書で「もしできましたら、今夜、薬をいただけますと有難いのです」と念を押して、懇願している。このほか、「申し訳なく思っております昨日以来食欲がないのです」とか、「胸と脇腹の痛みと熱がひけば、私は出島に詰めることができます」などと、病状を訴えることもあった。かと思うと「貴下に心を込めて赤ワインを一瓶下さるようお願いします。というのは、医師が私の衰えた体力にそれをすすめましたから」などと、小使に手紙を持たせたこともある。「私はチューリング氏 Heer Tullingen の世話によって殆んど元気になりました。」と知らせることもあった。「貴下に、赤ワインとオートミールを下さるように、心からお願い申しあげます。私は貴下にしばしばお願いしますが、私の病気に必要ですのでよろしく」と懇願している。「ミルクを少しいただきたく存じます」といったこともある。

右によって、吉雄忠次郎が「喘息」を煩っていて、出島勤務のころから、発熱、痛み、体力衰弱を訴えることがしばしばで、出島の蘭医にも診てもらい、急いで薬をもらったり、ミルクや赤ワイン・オートミールなどをもらっていたようである。

米沢藩が吉雄忠次郎に付けた医師は、文化十年（一八一三）八月に家督を継いだ町医の吉田元碩で、江戸への「勤学（＝遊学）」を文化十年から「六年」、一宮桃亭に寄宿して勤め、文政三年にも江戸「勤学」を果たした良医であった。文政八年の痘瘡流行時には療治に挺身、「徒罪療治」や「往来宿付之者」に対する療治に従事し、度々「御賞」にあずかった医師でもあった。忠次郎の死去が天保四年（一八三三）二月二十九日であったから、病没の年まで、ずっと療治に当たった医師であることがわかる。その「勤書」の記事は、さらに、

　一同（天保）四年十二（マヽ）月中、吉雄忠次郎煩ニ付、療治被　仰付、相勤罷在候内、昼夜度々相見舞、毎度菓子又は珍敷物を持参、相進め乱心同様者江永年懇ニ取扱候ニ付、為御賞金百疋被成下中候

と記している。吉田元碩医師は昼夜を分かたず、たびたび忠次郎を見舞い、毎度、「菓子」や「珍敷物」を持参、「乱心同様者」に永年懇に看病に当たっていた様子である。「仰せ付」けられ「療治」に当たっていたというから藩の忠次郎取り扱いに関する意向を受けて行動していたであろうことが読み取れる。

「西蓮寺過去帳」の「天保四癸巳歳」の条に、

二月二十九日
　誘譽性善居士吉雄忠次郎
　右者長崎之住人、咎ニ依テ佐渡守様江御預ケ、死骸当境内江埋葬
　　寺社奉行ヨリ被仰付、江戸ヨリ見分役人来ル

と記載されており、後代の別筆で「福田町石坂廣次宅ニテ死去　屍ヲ塩漬ケニス」の書き込みが見られるという（北条元一『米沢藩医史私撰』）。

阿蘭陀小通詞助吉雄忠次郎が四十七歳で、天保四年（一八三三）二月二十九日、米沢の地で永眠したことを知り得る。

『上杉家御年譜十四斉定公（2）』の天保四年三月二十五日の条に、

　於米府　去ル十七日支侯へ御渡人吉雄忠次郎死骸見分トシテ検使佐久間彦太夫
　由井儀三郎同心三人召連下着　同十八日於代官所見届アリ

と、検使の見分を受けたことが記録されている。

西蓮寺の墓石には、

還到院誘誉性善居士

とあり、長崎の禅林寺にある墓表には、

義道元理居士

と刻まれている。

Ⅶ　吉雄忠次郎の語学力

吉雄忠次郎の生涯と業績について、もとめられるままに短文にまとめたことがある。忠次郎の語学力を示す資料を検討するに先立って一読しておきたい。

よしおちゅうじろう　吉雄忠次郎（永宜）　一七八八―一八三三（天明七―天保四）　江戸後期の阿蘭陀通詞。名は永宜、字は永民、呉洲と号す。別家吉雄氏左七郎の子。文政五年（一八二二）馬場佐十郎病没後、後役として翌年天文台詰通詞として勤務。同七年、天文方高橋景保を助けて『亜欧語鼎』の洋語の部を再訂。同年六月英船の常陸大津浦来航に際し、足立左内と現地に出張、応接通弁に当る。翌年訳書『諳厄利亜人性情志』一巻を成す。同九年、参府随行のシーボルトと高橋景保らとの間に通弁として種々周旋す。同年六月、天文台の職を辞して長崎に帰る。長崎でもシーボルトのために翻訳を手伝い、高橋景保に書籍送付の斡旋をした。同十一年、黒田斉清・シーボルト応対の間に立って往復反訳に当り、『下問雑載』にのせるシーボルトの答案の翻訳をなす。シーボルト事件において、天保元年（一八三〇）江戸の町奉行に引渡され、五月二十五日、江戸で永牢と決せられ、米沢の上杉佐渡守勝義へ御預けとなり、同四年二月二十九日同地で病没。四七歳。墓は米沢の西蓮寺と長崎の禅林寺とにある。他の訳著に『駱駝考』がある。⇩諳厄利亜人性情志

《参考》呉秀三『シーボルト先生其生涯及功業』、（『洋学史事典』より再録）

1　英船に対する諭書作成

申年常州
申諭

此度其方共我国の近海に船を寄せるのみならす不法に上陸いたし候儀我国禁を犯し容易ならさる事なれ共其方共此儀一切弁へ知らす唯病人ありて是かために果実野菜之類を得度ゆへのよしに有之故此度ハ差免し是宗任セ薬用之品々我等の差略を以て差遣候間早〻帰船いたすへし此以後右様之始末有之に於てハ免しかたし此儀帰国之節鯨漁之者共又ハ其外之者へも急度相伝へし

六月

it is contradictory（コンタラデイクトリー） to our law, that you come near bij japan and stepped on shore after year self desire（デイセール） but you did it wethoud knowing(ノウキング) of our law, and only to obtain anij refresment for the sick persons, there fore we permit it, and with us self care give we you the refreshment, after your asking, there fore you must come no more back to Japan, if you come again in this country, you shall get fast a accident; you must warn to all fisshers, and other peoples, they must not come to Jappan.

Het is tegen 's lands wet strijdig, dat gij niet alleen dicht bij jappan, maar ook naar uw eigen wil aan de wal gekomen zijt, dog dewijl gij onse wet niet wettende alhier gekomen zijt, slechts om groentens en verdere levensbehoeftens voor de zieken te hebben, wordt gij bij dezen toegelaten en door onse eigen zorg geven wij u eenige levensbehoeftens, volgens uw verzoek, dus moet gij van hier zo spoedig als mogelijk vertrekken, en niet in Jappan komen, indien gij niet tegenstaande weer in dit rijk mogt komt, zo zult gij zonder twijpel ongeluk krijgen, het geen moet gij wel begrepen verders moet gij het aan visschers en de andere waarschouwen in het vervolg niet naar Jappan te komen.

御　諭　書

我国の法にて常〻来らさる外国の船はいつれの所にても着岸を許さゝる事なれハ速に帰帆いたすへきなり

after our use can we not permit, that anij foreign ship come near bij the shore of jappan, where it is, except thee which have leave of coming everij year in Jappan, there fore you must depart from here as speedlij as can.

Volgens 's lands met mag geen vreemde nation hier in dit rijk komen, dit genomen die, welke van ouds of gepermitteerd zijn, jaarlijks in jappan te mogen komen, dus moet gij zo spoedig als mogelijk van hier vertrekken.

「中年常州申諭」と「御諭書」は、文政七甲申年（一八二四）に常陸国大津浜に上陸した英国の捕鯨船に与えた諭書であって、通航一覧第六巻四六三―四頁掲載の諭書と同文で、実例の文である。大津浜へ出張した幕府天文台の足立左内と天文台詰通詞であった吉雄忠次郎らが作った実例の文例が筆写されたものである。特に足立・吉雄両名のうち吉雄忠次郎の作成になるものといえよう。吉雄忠次郎の英作文、蘭作文の語学力をみることができる。（『海事史研究』十号、昭和四十三年四月拙稿より再録）

2　ブロムホフ宛蘭文書翰の数々

オランダ国、ハーグ市に在る国立中央文書館の日本関係文書の一つとして、出島のオランダ商館長を勤務したヤン・コック・ブロムホフ　**Jan Cock Blomhoff** の収集した古文書群がある。「ブロムホフ関係文書」（Stukken afkomstig van Jan Cock Blomhoff）である。これに収められている阿蘭陀通詞からブロムホフに宛てられたオランダ語の書状群には興味の尽きないものがある。出島の「通詞部屋」から出したと思われるものが多く、江戸町の「通詞会所」において出したもの、通詞の自宅から出したと思われるものもある。発信年月日を欠く日常的な連絡文ばかりであるが、ブロムホフ滞日中、それも商館長として在日した期間一八一七年（文化十四年）――一八二四年（文政七年）に属するものばかりと思われるから、史的考察には十分役立ち得る。一一一通のうちに見える発信人通詞名は十余人である。このうちに吉雄忠次郎発信のもの、実に三十一通を数える。突出した多さに驚かされる。これを大胆に要件別にしてみると、

1	新年の挨拶	1
2	贈答・所望	7
3	訳業を巡って	3
4	蘭書の借覧	2
5	物品の斡旋	5
6	町年寄等の頼みと注文	12
7	その他	1

3と4は、いかにも通詞らしい用件である。5と6は断然多く、町年寄など役人とオランダ商館の間に立って気苦労な用件が多かったようだ。前述の薬、赤ワイン、ミルク、オートミール等の2所望は、忠次郎の持病にかかわることが多くを占めている。

全体の印象として、持病に苦しむことの多かった忠次郎が身に付けた語学力を頼りにされて、町年寄など地役人、ときには諸侯や幕府役人からの依頼事や交渉事を引き請けて立ち働いていた様子を読み取ることができる。二、三の具体例を挙げてみよう。忠次郎の書いたオランダ語文の古文書書翰をまず判読し、活字にしてみる。それに、筆者の拙訳をつけてみる。そのうえで、必要に応じて小察を加えてみる。

Wel Edel Agtbaar Heer

Blomhoff

den ondergeteekende verzoekte UWelEdel zeer vriendelijk dat UWelEdel Schikt dat ik van den Heer dochter medecijn kan krijgen, wijl hij van avond zeer benaemden moeijlijk ademhaling heeft.

UWelEdel Agtbaar Heer

UWelEdel Dienaar

Teuziro

NB alto 't mogelijk
gelieve te maeken
dat ik van avond
medecijn krijgen
kan.

いとも尊敬せる

ブロムホフ様

下名の者は貴下に心からお願いいたします。よろしかったら、医師殿から薬をいただきたいのです。といいますのも、彼は今夜大変喘息で、息づかいが悪いのです。

いとも尊敬せる

貴下の下僕

忠　次　郎

注意　もし出来ましたら、今夜、薬をいただけますと有難いのです。

本翰によって、吉雄忠次郎が喘息を煩っている人であることが判明する。出島の泊り番に当たっているのであろうか。オランダ商館付きの蘭医から、早く薬を欲しい、といっている。

WelEdel Achtbaar Heer

Opperhoofd

Blomhoff

den ondergeteekende verzoekt UWelEdel zeer vriendelijk om Een weinig milk

UWelEdel Bienaar

Teuziro

いとも尊敬せる

商館長ブロムホフ様

下名者は貴下の大層なる御親切によってミルクを少しいただきたく存じます。

貴下の下僕

忠　次　郎

本翰によって、忠次郎がミルクを所望していることがわかる。

Wel Edel Agtbaar Heer
Opperhoofd Blomhoff.
de ondergeteekende verzoekt UWEd Zeer vriendelijk om Een bottel Roodwijn, want de dochter heeft dezelve mij ter verzurking van mijn leevens kragten aangeraaden.

U:W:Ed　　Dienaar

Teuziro

いとも尊敬せる

商館長ブロムホフ様

下名の者は貴下に心を込めて赤ワインを一瓶下さるようお願いします、というのは、医師が私の衰えた体力にそれをすすめましたから。

貴下の下僕

忠　次　郎

赤ワインを所望している。医師が忠次郎の体力の衰えに対してすすめている様子である。

WelEdele Agtbaar Heer

Blomhoff, opperhoofd.

Ik bedank UWelE. zeer hartelijk voor goede schikking over bezoek van den Heer dochter. ik word alle dingen van den Heer burgermeesters Zekiziro en Serodaju over de ligting van 2 stuk Taffacelassen en 3 stuk Chitsen die ik onlangs UWelEd. met lijst verzog heb gevraagd daarom verzoeke ik UWelEd zeer vremdelijk dezelve te schikken en ik verzuim in 't geheel niet 't geen ik UWelEd: heb beloofd, dog 't word door 't bezoelk van ons maate en Vriend beletword derhalven gaat 't spoedig voort.

Uwel Edel agtbaar Heer

UWelEdel Dienaar

Teuziro

NB. ik zal in 't kort medecijn die ik UWEd: beloofd zal stuuren.

いとも尊敬せる

ブロムホフ商館長様

私は医師の訪問についてのよい処置に対して貴下に心から御礼申し上げます。

私がこの間貴下に目録でお伺いした奥縞二反と更紗三反の請求について、私は毎日碩次郎と四郎太夫の二人の町年寄殿に催促されておりますので、私は貴下にそれをお渡し下さるよう心からお願い申し上げます。そして、私が貴下に約束したことを全くなおざりにしているわけではないのですが、私の同僚と友人が尋ねて来たことによって妨げられたのでした。だから、続けてすぐいたします。

いとも尊敬せる方
貴下の下僕
忠　次　郎

注意
私が貴下にお願いした薬を手早く送って下さいますように。

忠次郎が蘭医の往診に感謝し、薬を手早く欲しいと願っている。長崎町年寄の久松碩次郎と高島四郎太夫が奥縞と更紗を催促しているようだ。ブロムホフから頼まれた仕事が友人の来訪によって後れていることを詫びている。

WelEdel Achtbaar Heer

den ondergeteekende verzoekt UWelEdel Achtbaar Zeer vriendelijk om Een bottel wijn schoon hij zeer beschaamd is zulx menig maal UWelEdel Agtbaar 't verzoeken, wijl hij zedert gisteren geen Eetlust helft

WelEdel Achtbaar Heer

UWelEdel Denaar

Tjeuziro

N.B. verzoeke hij teffens Eenige daegen 't grondbeginzel te leeven als hij met 't zelve gedoen heeft zal hij doucht UWelEdel Achtbaar te rug zenden

いとも尊敬すべき方へ

下名の者は、貴下に心からワイン一瓶をお願いします。彼はそれをしばしば貴下にお願いして申訳なく思っておりますが。昨日以来食慾がないのです。

いとも尊敬すべき

貴下の下僕

忠　次　郎

注意　もう何日か't grondbeginzelを貸して下さることを貴下にお願いいたします。彼(それがし)がそれをし終えたら、彼(それがし)はそれを貴下にすぐお返しいたします。

忠次郎が食欲がないときワインをしばしば所望していたようだ。ブロムホフから蘭書を借りて、おそらく訳業に励んでいたようである。

Wel Edel Achtbaar Heer

Blomhoff

opperhoofd

Ik ben thans zeer beter, als de pijn in de borst en aan de zij en de koorts over is, dan kan ik wel op 't Eijland weezen ; wat mijn blofte aan gaat, dezelve zal in 't korte klaar komen maar alles niet, tafel van de aankomst van verscheide volken is bijna aan 't Eijnde.

UWelEdel Achtbaar Heer

NB. verzoek ik UWelEdel zeer vriendelijk om Een bottel roodewijn

UWel Edel Dienaar

Teuziro

いとも尊敬せる

ブロムホフ商館長様

私はいま大変よいのです。胸と脇腹の痛みと熱がひけば、私は出島に詰めることができます。私の約束は近々果されるでしょう、全部ではありませんが。總民族到着表tafel van de aankomst van verscheide volkenはほとんど仕上っています。

いとも尊敬せる

貴下の下僕

忠　次　郎

注意、私は貴下に心から赤ワイン一本をおねがいいたします。

胸と脇腹の痛みと熱で出島勤務を休んでいたのであろう。体調が快復したので出島に詰めることができると知らせている。依頼されていた訳業も仕上っているようである。

また、赤ワイン一本を所望している。

WelEdele Achtbaar Heer

Opperhoofd

Den ondergetekende verzoekt UWelEdele zeer vriendelijk dat UWelEagtbaar maakt, dat de thee cervis, dekzelkom, bloempot en Inkkover wat gaeuw uit de Lelie uit gehaald kunnen worden, wijl ik alledaegen van der Heer burgermeester word gesraagd.

WelEdel Achtbaar Heer

UWel Edel Dienaar

Tjeuziro

NB. verzoen(k) in UWelEdel agt zeer vriendelijk om de roode wijnen gort Jezo on ik menigmaalz UWelEdele Agt b: nter durf vraagen, egter noodzaakje mijin de ziekte UWelEdelAgtbaar lastigk vallen.

いとも尊敬せる商館長様

吉雄忠次郎肖像　（早稲田大学図書館）

貴下がティーセット、蓋付の鉢、植木鉢とインク壷を、早くリリー蔵から出して持って来てくださることを、下名者は貴下に心からお願い申しあげます。何となれば、毎日町年寄から催促されていますので。

いとも尊敬せる
貴下の下僕
忠　次　郎

注意
貴下に、赤ワインとオートミールと□□を下さるように、心からお願い申しあげます。私は貴下にしばしばお願いしますが、私の病氣に必要ですのでよろしく。

船載の珍品ティーセット、蓋付きの鉢、植木鉢、インク壷を町年寄のために、出島のリリー蔵から早く出して渡して欲しい、といっている。忠次郎は町年寄たちから船載品の購入を常に頼まれていたようだ。赤ワインとオートミールなどを忠次郎自身の病気のために所望している。忠次郎の健康がすぐれないと、町年寄もオランダ人も困るのである。

3 「駱駝考」

ここでは、『駱駝考』にみえる一枚のラクダの図と忠次郎のオランダ語表記のサインを見てみよう。

一瘤(ひとこぶ)ラクダ二頭、雌雄であろうか。長崎の版画がよく取り上げる題材である。東陽が銅版図を倣って写したと書かれている。これに吉雄忠次郎がオランダ語で、

Kameel pleister Zonder Weerga.

と賛を入れ、

op 't verzoek van Kuekij

geschreven door

Tjeuziro

と署名している。Tjeuziroのサインはブロムホフ宛ての手紙にもよく見えていたサインである。そのまま木版刷にされているわけである。

『駱駝考』と吉雄忠次郎のサイン

Ⅷ　吉雄忠次郎の生涯点描

本稿で判明した点も含め、吉雄忠次郎の生涯を点描しておきたいと思う。

1、忠次郎は、長崎の名門通詞家に生を享け、オランダ語の素養を身につけた。

2、長じてオランダ商館長ブロムホフから、英語を学んだ。

3、語学力が認められて、文政五年（一八二二）馬場佐十郎病没後、後役として、翌年幕府の天文台詰通詞となった。

米沢の西蓮寺に在る吉雄忠次郎の墓（呉秀三『シーボルト先生其生涯及功業』より）

4、同七年、天文方高橋景保を助けて『亞欧語鼎』の洋語の部を再訂。
5、同年六月、イギリス船の常陸大津浦来航に際し、足立左内と現地に出張、応接通弁に当る。
6、異国船として英船を退去させる「諭書」を、英文と蘭文で作成。
7、翌年、訳書『諳厄利亞人性情志』一巻を成す。
8、「諭書」やブロムホフ宛蘭文書翰の多く存在することによって、忠次郎の蘭・英両語の語学力を十分察することができる。
9、同九年、カピタンの江戸参府に随行してシーボルトと高橋景保らとの間に通弁として種々周旋。
10、同年六月、天文台の職を辞して長崎に帰ったあともシーボルトのために翻訳を手伝い、高橋景保に書籍送付の斡旋をした。
11、同十一年、黒田斉清・シーボルト応対の間に立って往復反訳に当たり、『下問雑載』にのせるシーボルトの答案の翻訳をなした。
12、このように、吉雄忠次郎は、長崎奉行、天文方、天文台訳員、長崎に関係する諸侯、長崎の町年寄、同僚通詞らからも、オランダ商館長、医師や商館員からも頼りにされる存在であり、働きのある通詞であったことが判明。
13、しかし、吉雄忠次郎が、喘息の持病をもっていたことがブロムホフ宛の書翰から判明。

14、忠次郎の病状は、出島勤務の頃、すでに香しいものではなかった様子である。

15、シーボルト事件後、判決を受け、配流先に到るまで、ずっと、病状はよくなかったことが判明した。

16、米沢藩は忠次郎に良医を付けて、手厚い看護の手を差し延べてはいたようだ。

17、しかし、忠次郎の幽囚生活は二年六ヶ月の短かいもので終った。配流の三通詞のなかで最も短い。

18、したがって、吉雄忠次郎の身に付けた語学の力、世界知識等が米沢および米沢の人士に生かされることは、ほとんどなかった、といわざるを得ない。

19、幽囚の地・米沢で病苦と闘い、失意のうちに、天保四年（一八三三）二月二十九日、四十七歳の生涯を閉じた。

まとめにかえて

江戸時代における外来文化「蘭学」の発達・普及について、殊に長崎から遠隔の地・東北への影響を、具体例に見ることができるか探ってみた。

禁教・鎖国下、唯一、定期に唐・蘭貿易船を限って、その入港を許したのが長崎。長崎の出島にオランダ商館が在って、そこで行われた貿易交渉の契機のうえにたって、海外文化の流入がみられ、「蘭学」の発達をみた。

蘭学は、当初、医療面において受容が顕著にみられ、蘭方医学と呼ばれた。

世に、「関東の長崎」「東北の長崎」といわれる場合、それぞれの地に蘭方医学による医療活動と、その成果が顕著にみられたから、と思われる。

「関東の長崎」が「佐倉」、「東北の長崎」が「米沢」を指していることは知られている。具体的には、「佐倉」の「順天堂」である。では、「米沢」はなにか。やや漠然とした感がのこる。そこのところも考えてみたかったのである。

上杉軍団を支え、指導した智将の直江兼続が、転戦の間にも医書の収集に努め、その後の、領国経営に生かした様子を、兼続の書写資料から察することができた。

徳と行動を通じて、破綻した米沢藩の財政建て直しに挺身した若き藩主上杉治憲（のちの鷹山）は、直江兼続を心の糧として改革政治に取り組んだという。

外から迎えられた藩主として、全く新しいことを始めることは難しい。既存の制度を生かして、目指す改革政治を推進する方が、老臣たちの抵抗を避け、実現しやすかったわけである。具体的好例を米沢藩医の遊学制度にみることができた。

苦しい藩財政のなかで、藩医の質的向上を目指して、確かな蘭方医師のもとへの遊学が奨励された。江戸は杉田玄白の天真楼塾、長崎は吉雄耕牛の成秀館塾に学んだ実例をみることができた。鷹山の指導が功を奏した好例といえる。

本草・物産家佐藤平三郎の招聘によって、藩医に対する指導が行われ、薬園が開設された。ところが、内容の詳細が具体的に伝わっていない。残念なことである。

天然痘の大流行に際して、江戸の痘瘡医津江栢寿が招聘された。栢寿の活動と業績について、従来、ほとんど知られるところがなかった。著作物の発見と、堀内家文書に見られる十三通の栢寿書翰から、米沢藩における活動と江戸・長崎とのかかわりも、鮮明に見えてきた。

天然痘は大昔からもっとも怖れられていた病気であった。江戸時代、痘瘡を乗り切ったときに、はじめて子供に名前をつける地方もあったという。痘瘡をまぬがれる有効・確実な術(すべ)のなかった時代だったのである。米沢藩医堀内家においては、堀内忠意において「痘論」の著作があり、「痘疹説」を論じ合うなど、すでに「家学」になっていたことが判明した。こんななかで、次世代の堀内素堂は鷹山の理解も得て、フーフェランドの書に出会い、その訳読につき進んだ。

堀内素堂が訳書『幼幼精義』に用いた原書について、従来、区々とした説のまま荏苒日を送ってきた。原書名とその蘭訳者名さえも明確に伝わっていなかったのである。ましてや、どんな書名の書物を原書として用い、そのどの箇所を訳出したものかなど全く明確でなかったのである。

今回の米沢市医師会の堀内家文書解読事業推進によって、フーフェランドのドイツ語版、サクセによるオランダ語訳版、堀内素堂の重訳版が一堂に揃ったことは画期的なことといわなければならない。

右によって次の解明を得た。ドイツ語版フーフェランドの原書をオランダのサクセが蘭訳し、その蘭訳本を原書として堀内素堂が重訳したものが『幼幼精義』である。サクセの蘭訳本のどの箇所を重訳したかも明確となった。

『幼幼精義』の公刊をめぐっては、多大な困難に遭遇させられた。すなわち、幕府の大きな改革政治のなかで、出版手続きの停滞、官医である漢方医多紀家の反対活動によって蘭学・蘭方医書の公刊が冬の時代を迎えた。そんななかで、ようやく公刊に漕ぎつけた様子は、堀内家文書のなかにも見えている。

痘瘡に対する治療書は世をあげて待たれる書であったこともあって、公刊をみた『幼幼精義』は江戸の蘭方医界に絶賛を以て迎えられた。幾人もの医師たちから寄せられた書翰による証言によって生き生きと伝わっている。

稀少で高価な輸入薬に対する国産の薬物による「代薬」の開発は、蘭方医の取り組んだ最大の仕事であったといってもよい。堀内家文書にも具体的に見えている。

救荒食物の選定・指導に、米沢藩が成果をあげていた様子は、堀内家文書に読み取ることができる。

米沢藩医堀内家の代々が江戸への遊学を果たし、素堂にみるような蘭学界における幅広い交流と翻訳活動に従事したことから、堀内家文書には、米沢藩をはじめとする江戸や長崎における蘭学界の動向がよく見えている。その間に生じた成果や秘話を具体的に見ることができる。Ⅲで取り上げた諸点である。これらが総合されて「米沢が東北の長崎」と呼ばれているのかと気付かされる。敢えてその中心は、と問われれば、上杉鷹山の指導のもとに挙げえた堀内素堂の『幼幼精義』ということができよう。

外来文化摂取の窓口長崎で育った阿蘭陀通詞は海外情報を最も豊富に吸収した、当時最高の知識人であったといってもよかろう。その阿蘭陀通詞が東北の地に大きな足跡を記し、影響を及ぼしていた具体例をみることができた。

庄内藩医中山氏の例は、長崎のオランダ通詞が蘭方医学・医術を身につけて長崎以外の地へ、江戸・東北の地に活躍の場を求めた好例といえよう。

大通詞馬場為八郎が岩城の地を、小通詞助の吉雄忠次郎が米沢の地を、それぞれ終(つい)の住処(すみか)とせざるを得なくなったことは、シーボルト事件に連座したという不本意なことではあった。

しかし、馬場為八郎の例でみられるように、東北の配流地が厚遇をもってこの知識人を受け入れていたのである。及ぼした影響の大きさを確認することができた。それには、十二年間、この地で七十歳の寿を全うし得たことが幸いしたことであった点も大きかったと思われる。もちろん、馬場為八郎の人間性・資質による点の大きかったであろうことは言をまたない。

それに比して、吉雄忠次郎が米沢に在った年数は、わずか二年にすぎなかった。忠次郎の知識が生かされる機会はほとんどみられずじまいであったのである。米沢藩が良医を付けて看護に配慮を示していたとはいえ、精神の安定を欠いた病身の忠次郎がわずかの期間に何箇所も居場所を変えさせられていたことは何を示しているることであったか。失意のうちに悲惨な最後であったのではないか、と察せられてならない。

筆者は、お声がけの機会に恵まれて、堀内家文書に取り組んで四十五ヶ年。諸賢の教示に導かれて楽しんできたという感が強い。

本書の書名として設定した主題にしても、まだまだ向けてみなければならない視点は多い。大きな鉱脈も見えてきそうな気がしている。これを切っ掛けに、拡大し、深奥化に努めてもらえたら筆者の喜びこれに過ぎるものはない。

〈附　記〉

なお、故堀内淳一医博が米沢に寄贈された堀内家文書の全ては、米沢市医師会・米沢市上杉博物館刊『米沢藩医　堀内家文書』に収載されている。解読文・注記・解説文も施されており、「米沢の蘭学」の一文も付けておいた。せいぜい活用していただけたら幸いである。

著者略歴

片桐一男（かたぎり かずお）
1934年（昭和９年）、新潟県に生まれる。
1967年、法政大学大学院人文科学研究科日本史学専攻博士課程単位取得。現在、青山学院大学名誉教授。文学博士。洋学史研究会会長。公益財団法人東洋文庫研究員。専攻、蘭学史・洋学史・日蘭文化交渉史。

主要著書：

『阿蘭陀通詞の研究』（吉川弘文館・角川源義賞）
『杉田玄白』（吉川弘文館　人物叢書）
『開かれた鎖国―長崎出島の人・物・情報』（講談社現代新書）
『阿蘭陀宿海老屋の研究、Ｉ研究編、II資料編』（思文閣出版）
『京のオランダ人』（吉川弘文館　歴史文化ライブラリー）
『蘭学、その江戸と北陸』（思文閣出版）
『蘭学事始とその時代』（日本放送出版協会）
『全訳注　蘭学事始』（講談社学術文庫）
『杉田玄白と「解体新書」／緒方洪庵』（ぎょうせい　教養講座シリーズ55　歴史を動かした人びと）
『阿蘭陀通詞今村源右衛門英生』（丸善ライブラリー）
『江戸の蘭方医学事始』（丸善ライブラリー）
『阿蘭陀宿長崎屋の史料研究』（雄松堂出版）
『江戸のオランダ人―カピタンの江戸参府』（中公新書）
『出島―異文化交流の舞台―』（集英社新書）
『レフィスゾーン　江戸参府日記』（雄松堂出版　新異国叢書　第III輯６）
『未刊蘭学資料の書誌的研究、Ｉ、II』（ゆまに書房）
『平成蘭学事始―江戸・長崎の日蘭交流史話』（智書房）
『幕末・維新、いのちを支えた先駆者の軌跡―松本順と「愛生館」事業―』（公益社団法人秋山記念生命科学振興財団ブックレット№19）
『それでも江戸は鎖国だったのか―オランダ宿　日本橋長崎屋―』（吉川弘文館　歴史文化ライブラリー）
『蘭学家老　鷹見泉石の来翰を読む―蘭学篇―』（岩波ブックセンター・ゲスナー賞）
『知の開拓者 杉田玄白―『蘭学事始』とその時代』（勉誠出版）
『米沢藩医　堀内家文書』（米沢市医師会・米沢市上杉博物館）

伝播(でんぱ)する蘭学(らんがく)――江戸(えど)・長崎(ながさき)から東北(とうほく)へ――

2015年3月30日　初版発行

著　者　片桐一男
発行者　池嶋洋次
発行所　勉誠出版 株式会社
〒101-0051　東京都千代田区神田神保町3-10-2
〈出版詳細情報〉http://bensei.jp/

印刷・製本　平河工業社
装丁　宗利淳一
組版　一企画

ISBN 978-4-585-22113-5　C3021

知の開拓者　杉田玄白
『蘭学事始』とその時代

片桐一男　著

『蘭学事始』は杉田玄白が『解体新書』の原書の入手から翻訳・刊行にいたるまでの苦心談や、蘭学界の動向・推移などを書きつづった回顧録である。蘭学発達の道筋、玄白らの知恵と工夫と努力の過程を、玄白自身の言葉を手がかりに、時代状況や蘭学史研究の最新の成果、解明に到った新事実を盛り込んで紹介する。

四六判並製・312頁
本体2400円＋税

書物学 4
出版文化と江戸の教養

編集部　編

古今東西の知の宝庫に分け入り、読書の楽しさを満喫する！江戸時代に花咲いた出版文化のなかで、「教養」はどのように人びとの中に浸透していったのか。表題の鼎談ほか、いま改めて問われるべき政事と文学の関わり、日本文化における漢詩文の位置付け、文化財の保存と修補、そして料紙論まで、書物の世界を読み解く多角的な視点を提供する。

B5判並製・96頁
本体1500円＋税

長崎・東西文化交渉史の舞台
上巻　ポルトガル時代／オランダ時代
下巻　明・清時代の長崎／支配の構図と文化の諸相

若木太一　編

江戸と中国、朝鮮と琉球をつなぐ円の中心に位置し、東シナ海における当時の国際交流の中心地であった長崎という「場」に着目、人・モノ・文化の結節点において紡がれた歴史・文化の諸相を描き出す。
上巻では、ポルトガル・オランダとの交流にスポットを当て、長崎、そして日本の文化に大きな影響を与えたキリスト教や科学・医学など西欧の技術や思想の浸透・影響度を多角的に論じる。
下巻では、黄檗文化をもたらした明清時代の中国との交流、そして、幕府による長崎という場の支配、その中で培われた異文化交流の諸相を取り上げる。

上巻　A5判上製・392頁・本体4000円＋税
下巻　A5判上製・520頁・本体6000円＋税